# ベートーヴェンの愛弟子

## フェルディナント・リースの数奇なる運命

*Ferdinand Ries*

かげはら史帆
Shiho Kagehara

春秋社

# 序

ルートヴィヒ・ヴァン・ベートーヴェンは、金稼ぎやコネクション作りのために貴族の子女を教えることはあったが、それ以外の目的ではほとんど弟子をとらなかった。例外は三十代前半の頃だった。難聴に悩まされ、キャリアの岐路に立たされていた彼は、何か思うところがあったのか、プロ志望の若者をふたり門下に入れた。彼らは何年かピアノを学んだあと、それぞれ職業音楽家として巣立っていった。

ひとりはカール・チェルニー、もうひとりはフェルディナント・リースである。

カール・チェルニーが残した業績は、今日でもいくつか知られている。『チェルニー三十番』『四十番』などと呼ばれる数々のピアノの練習曲を書き残したこと。あるいは、十九世紀最大のピアニスト、フランツ・リストを門下から輩出したこと。これらは彼の膨大な活動のごく一部にすぎない。それでも、ピアノの専門家であり名教師であった事実はおのずとわかる。

いっぽうのフェルディナント・リースはどうか。彼について知られている事実は、チェルニーと比べるとはるかに少ない。知名度も劣るし、どういう音楽活動を行ったのかも知られていない。「ベートーヴェンの愛弟子」という一点によって、わずかな人びとに認知されているのみだ。

そのわずかな人びとは、どこでリースに出会うか。ベートーヴェンの伝記や研究書である。リースは、ルートヴィヒ・ヴァン・ベートーヴェンの人生のドラマを表現する上で、それなりに重宝されている脇役のひとりだ。ウィーン郊外のハイリゲンシュタットでの散歩中、遠くの羊飼いの笛の音が聞こえないと絶望するベートーヴェンの横で、おろおろしている青年が彼だ。あるいは、ナポレオン・ボナパルトがフランス皇帝になったというニュースに激怒するベートーヴェンの横で、やはりおろおろしている青年が彼だ。これらのエピソードには出典がある。『ルートヴィヒ・ヴァン・ベートーヴェンに関する伝記的覚書』という、友人の医師フランツ・ゲルハルト・ヴェーゲラーとともに書かれた一冊の本。これがフェルディナント・リースの名をベートーヴェンの伝記上に、あるいは音楽史上にとどめているほとんど唯一の業績である。

愛すべき人畜無害な証言者として、リースは三十代のベートーヴェンの行状を語る役目を果たす。そして師が難聴の苦しみをなんとか飼い慣らし、オペラ『フィデリオ』の初演にこぎつけた頃、彼はなんの説明もないまま、ふっと伝記上から姿を消す。その後、もう一度ウィーンを再訪したとか、どうやらイギリスに渡ったようだとか、いくつかのエピソードは現れるが、それもすぐにベートーヴェンの人生のダイナミックな物語にかき消されてしまう。

いったいこの「愛弟子」は、門下から巣立った後、どこで何をしていたのだろう。標準的なベートーヴェン伝を読むだけでは何もわからない。

だから、ほとんどの人は知らない。

一八一一年。ベートーヴェンが『大公トリオ』を書き、文豪ヴォルフガング・ゲーテと手紙を交わし、いよいよ大御所としての貫禄を身につけはじめた頃。

彼が、バルト海の海上でピストルを突きつけられていたことを。

「一艘目の船がやってきて、船長がメガホンで帆を下ろすように叫んだ。何もせずにいると、三発の弾が放たれた。当たらずに済んだ。風が味方してくれ、船長はこちらの船に乗り込もうとしたが失敗した。そこへもう一艘がやってきて逃げられなくなった。また二発が発射された。あっという間に、ピストルの撃鉄を起こした九人の男が僕らの船に乗り込んできた。他の私掠船員たちも来た。船員は十五人だった。ぼくたちは巨大な岩山と砕け散る波の間をとおって彼らの港に連行された。ロシア領の島だが、無人島だった」

フェルディナント・リース、ときに二十六歳。ナポレオン戦争のまっただ中。社会情勢が悪化するなか、平和な音楽環境を求めて、北欧を経由してロシアに向かおうとしていた矢先のこと。乗船した旅客船が、イギリスの船――本人いわく「私掠船」に目をつけられ、バルト海の無人島に強制連行されてしまった。友人に宛てられた右の手紙によれば、彼はその後、水没しかけた小さなジャンク船のなかに軟禁され、船員から与えられた「盗んだ仔牛肉」を食い、悲惨な三日間を過ごしたのち、ようやく解放されたという。

数年前まで自分の隣でおろおろしていた弟子が、ウィーンからはるか遠くの海上でこんな修羅場に巻き込まれていようとは。師が知ったら腰を抜かすような話だ。ところが緊迫感に満ちたこの手紙は、あっけらかんとした一言でしめくくられる。これしきのハプニングがなんだと言わんばかりに。

「ぼくは明日からまた旅を続けようと思ってる。〔……〕アデュー、親愛なる友よ。どうかお元気で[1]」

『伝記的覚書』のなかにも、知られていないエピソードは山のようにある。どうやらベートーヴェンとリースの師弟関係においても、おろおろしていたのは弟子の方ばかりではなかったようだ。あるときベートーヴェンは、リースに向かってこう叫んだ。「きみは我の強いやつだな！」――バルト海の事件からさかのぼること七年前。ピアニストとしてのデビュー演奏会の本番中にその一件は起きた。彼は師の事前の忠告に逆らって、禁じられていた高難度のカデンツァ（ソロ部分）をぶっつけ本番で弾くという暴挙に出てしまったのだ。演奏会が終わったあと、ベートーヴェンは弟子に向かってこう言った。

「しかし、きみは我の強いやつだな！　あそこでちょっとでも弾きそこなったら、破門するところだったぞ(2)」

リースは、『伝記的覚書』の執筆動機を「故人の完全な伝記を書こうと志す人に『正しい情報源』として活用してもらえるように(3)」と記している。しかし当然ながら、彼自身が主役となるエピソードはベートーヴェンの伝記に採用されにくい。このデビュー演奏会の話が、ナポレオンの皇帝就任の際のエピソードほどに世に知られていないのはそのためだ。

フェルディナント・リースが残した作品や手紙、その他のテキストは、何よりもまず彼自身の音楽人生の所産である。このシンプルな事実は、これまで約二百年にわたってほとんど意識されてこなかった。彼が発した言葉や音楽は、もっぱら、ベートーヴェンの人生を語るための補完的な素材として扱われ、不要な部分は容赦なく捨てられてきた。

しかし、捨てられた言葉、作品、人生は、ベートーヴェンの生涯の活動域を大きく越えたユニークな事件や事象を含んでいる。二十歳のとき、リースはやむを得ぬ事情でベートーヴェンの門下から巣立った。それから五十三歳で亡くなるまで、三十年あまりの冒険の日々が彼を待っていた。ちょうどナポレオン戦争の時代と重なった彼の前半生の遍歴は、同じ時代に生きた人びとをも驚かせた。ロンドンの音楽雑誌『ハルモニコン』は、彼を「フランス軍に四度襲われた音楽家」と書きたてた。それだけではない。彼は一八一〇年代から二〇年代を代表するピアニストのひとりであり、一時期はトップクラスの人気作曲家にもなり、後半生は音楽ディレクターとしてドイツ有数の音楽祭を指揮した。あるときは兵役から逃げまわり、あるときは所属する音楽協会の不祥事を告発し、あるときは最愛の末娘を喪った深い悲しみと抑鬱に耐えた。

作風はベートーヴェンに似ているとよく評された。しかし「似ている」のひとことで済ませられるほど一面的ではなかった。ベートーヴェンの愛弟子という肩書きを、彼は終生、大きな誇りをもって名乗り続けた。これまで世に出たベートーヴェン伝からも、彼の一途な師弟愛や忠誠心を見いだすのは可能だろう。いっぽう、それらが彼の音楽人生にどのように結びついていたかは、彼自身のまなざしを通してでなければ決して語り得ない。一八〇六年、二十一歳の彼は、はじめてのオリジナル出版作品『二つのピアノ・ソナタ』(op.1)を師ベートーヴェンに捧げた。この献辞のなかで彼は、まだ三十代半ばのベートーヴェンを「偉大なるクラシック作曲家」と表現した。そこには、師をたたえるとともに、自分もゆくゆくはその座に連なりたいという願望がはっきりとあらわれている。それは彼の個人的な夢であり、十九世紀前半の音楽シーンを象徴する言葉でもあった。

本書は、フェルディナント・リース（一七八四―一八三八）の生涯を単独で一冊の本にまとめた、おそらく世界初の伝記である（二〇一九年末時点）。彼の五十三年の生涯と業績を、幼少期から晩年まで全六章にわたって、時代背景や周辺事情を織り交ぜつつコンパクトに記している。これまではベートーヴェンを語る脇役であった彼を、語られる主人公の側に「転換」することによって見えてくる新しい世界を、本書を通してお届けしたい。「きみは我の強いやつだな！」――賞賛とも呆れともあきらめともつかないその一言は、リースを主人公の座に座らせるための推薦文として機能するだろう。

「転換」は、第一章の冒頭からすでにはじまっている。現在のドイツ中西部、ライン川の下流域沿いに位置する都市ボン。ルートヴィヒ・ヴァン・ベートーヴェンが生まれた町として世界的に有名なこの場所は、フェルディナント・リースが生まれた町でもあった。

当時のヨーロッパ
（国境は1815年時点）
トゥルク
サンクトペテルブルク
ストックホルム
イェーテボリ
リガ
至モスクワ→
ヴィーツェプスク
ダブリン
マンチェスター
コペンハーゲン
リヴァプール
ハンブルク
ベルリン
ロンドン
カッセル
ライプツィヒ
キエフ
ボン
ドレスデン
パリ
フランクフルト
プラハ
ケーニヒグレーツ
ミュンヘン
オデッサ
ウィーン
チューリヒ
ベルン
ジュネーヴ
ミラノ
ヴェネツィア
ジェノヴァ
フィレンツェ
ローマ
ナポリ

ベートーヴェンの愛弟子——目次

序 i

# I モラトリアムの時代

## 1 楽園のゆりかご
——幼少期、あるいは宮廷の終焉

「父なるライン」に抱かれた街 5
宮廷音楽一家の肖像——祖父ヨハンと父フランツ・アントン 8
啓蒙という土壌 12
選帝侯マクシミリアン——楽園の創造者 13
宮廷音楽家としての初期教育 16
宮廷の終焉——フランス軍「一度目」の襲撃 19

## 2 師の使命、師弟の葛藤
——青年期、あるいはピアニストの誕生

故郷から八百キロ離れて　29
フェルディナント育成計画　33
ピアノ、未完の大器　41
師弟、あるいは作曲家とピアニスト　45
「ヴィルトゥオーゾ・ピアニスト」の誕生　50

# II　キャリアの時代

## 3　マスケット銃かピアノか？

——二十代、あるいは若き音楽家の冒険

打ち切られた師弟生活——フランス軍「二度目」の襲撃　59
作曲家デビューとフリーメーソン入会　67
「不運」という名のパリ　77
ウィーンふたたび——フランス軍「三度目」の襲撃　81
因縁のカッセルから北欧へ　86
バルト海での大事件——そしてフランス軍「四度目」の襲撃　91
戦争から平和へ　98

4　よろこびとあきらめ
——三十代、あるいはクラシック音楽の誕生
ロンドン——摂政《リージェント》の大都市　103
「クラシック音楽」の目覚めと交響曲の作曲　113
ドイツ人音楽家招聘計画　122
革命と失墜　129
シラーとの再会——FreudeとResignation　136

Ⅲ　セカンドキャリアの時代

5　帰還から再起へ
——四十代、あるいはナショナリズムの台頭
イングランドへの告別　149
ようこそ、故郷の地へ！——ニーダーライン音楽祭　153
ラインへの挨拶とふたたびの告別　163
救済されるラウラ——オペラ『盗賊の花嫁』　168

6　楽園の再生
――最後の十年、あるいは世代のはざまで
成功と代償　177
ソナタの終焉と新世代の台頭　185
三つの大旅行――ロンドン-ダブリン、イタリア、ロンドン-パリ-アーヘン　190
最後の作品――『伝記的覚書』　199

終　215

あとがき　220

註　(2)
年表　(10)
主要音楽家生没年一覧　(20)
ジャンル別 全作品リスト　(21)
アルバムガイド　(40)
主要参考文献　(48)

〈凡例〉

・引用文中の傍点は、原文で強調のための下線が引かれた箇所である。
・引用文中の**太字**は筆者による強調である。
・引用文中の〔〕内の記述は筆者による補足である。また中略、後略は〔……〕で示す。

# ベートーヴェンの愛弟子　フェルディナント・リースの数奇なる運命

# I

# モラトリアムの時代

1 楽園のゆりかご
——幼少期、あるいは宮廷の終焉

2 師の使命、師弟の葛藤
——青年期、あるいはピアニストの誕生

（左）**父フランツ・アントン・リース**（1785 年）
（右）**母アンナ・ゲルハルディーナ・リース（旧姓ホルスト）とフェルディナント**（1785 年）
2 枚セットで描かれたと推測される肖像画。作者不明。のちにフェルディナントは父フランツ・アントンの 70 歳の誕生日を祝うため、このふたつの画を「フィリパール〔画家の名前〕のところでこっそりとぜんぶ修復して、額縁をつけて掛けた。父さんはとても喜んでくれた」と語っている（1825 年 1 月 5 日、弟ヨーゼフ宛の手紙）。その後、この 2 枚の画はフェルディナントの末弟フーベルトの家系に受け継がれた。

# 1　楽園のゆりかご

――幼少期、あるいは宮廷の終焉

## 「父なるライン」に抱かれた街

ボンは、いまも昔も決して大都市ではない。二〇一八年時点での人口は、ドイツ国内で十九位。隣の大都市ケルンの三分の一に満たない。一九九〇年まで西ドイツの首都であったとは想像できないほどの小ぶりな都市だ。

それでもボンは、「父《ファーター》なるライン」川沿いの美しい城下町として古くから愛されてきた。中心部の街並みは、二、三百年前までさかのぼっても大きな変化はない。歴史ある都市にふさわしく、マルクト広場を中心に通り《シュトラーセ》や小路《ガッセ》が血脈のように四方に走り、町の外周は城壁とひし形の要塞で囲われている。東端はライン川の船着き場に接し、南端には町のシンボルである壮麗な選帝侯宮殿がそびえていた。

選帝侯――正確には「ケルン選帝侯兼大司教」。ときの神聖ローマ帝国に属する領主のひとりである。ボンは十八世紀の終盤まで、このケルン選帝侯兼大司教が統べる領邦のなかの一都市だった。ドイツが今日知られるような近代的な国民国家として成立するのは、十九世紀後半のこと。それ以前のドイツ語圏は、大小の領邦を領主がおさめている状況にあった。

必然的に、それぞれの領邦には独自の個性が生まれ育つ。歴代のケルン選帝侯がもっとも力をそそいだ技芸――それが「音楽」だった。ボンの宮廷楽団は、二、三十人ほどの中堅の所帯ながら、質の高い演奏

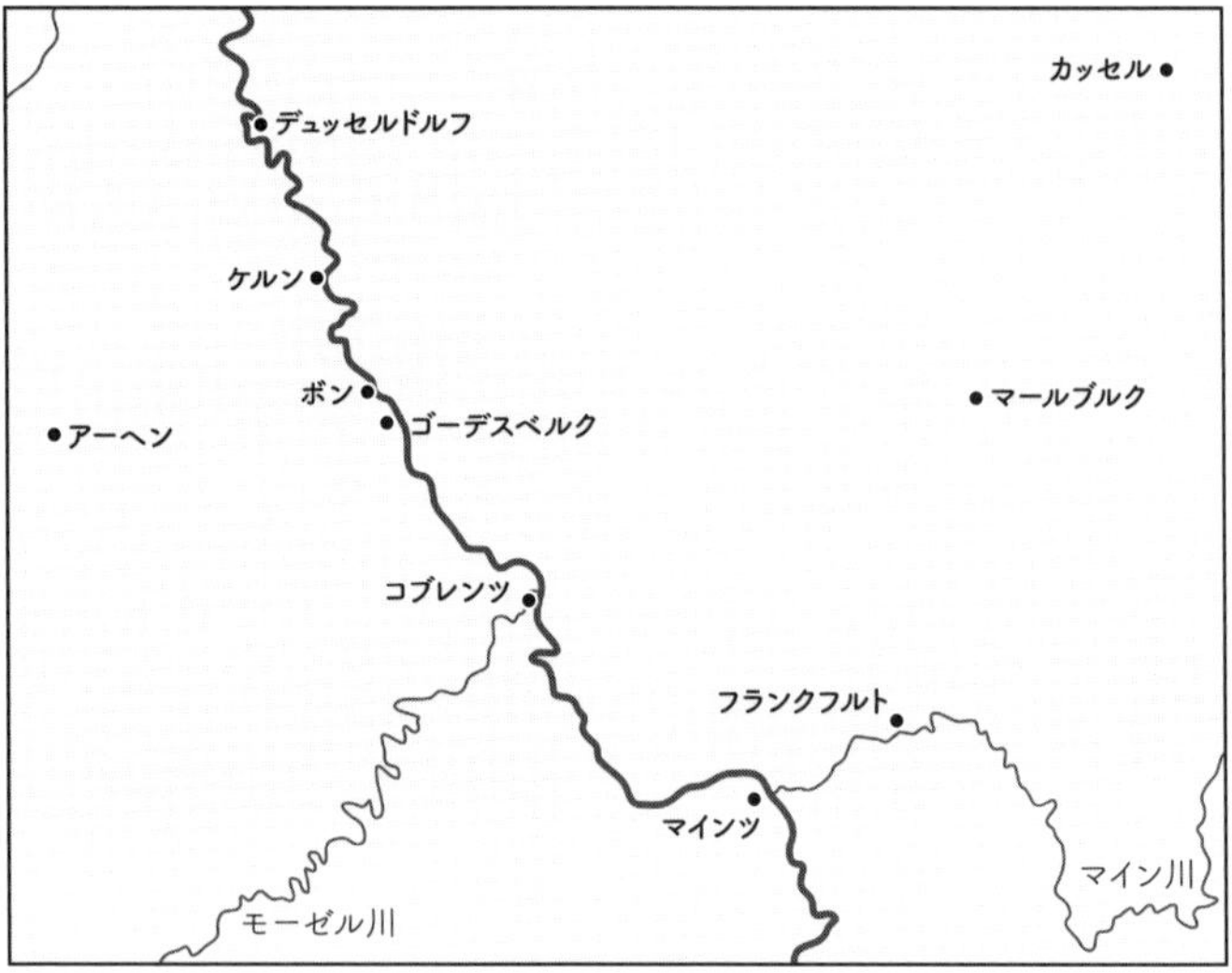

ライン川流域の都市

団体として定評があった。親から子、そして孫へと、何代にもわたって宮廷に仕える音楽家一族もいた。十八世紀半ばになると、彼ら一族は町の中心部にあるボン小路とケルン小路の界隈に固まって住み、職人長屋さながらの集落を形成するようになっていた。ボン小路の三八六番にはベートーヴェン家、北隣の三八七番はリース家、ケルン小路に面した五一五番にはザロモン家がそれぞれ暮らしていた。

一七八四年四月、この街に大きな出来事が起きた。二十三年にわたって選帝侯をつとめた老マクシミリアン・フリードリヒが亡くなったのだ。選帝侯は大司教を兼ねているため世襲ではなく、新しい選帝侯には、先代よりもはるかに高貴な身分の者が選ばれた。神聖ローマ帝国の皇帝位をもつオーストリア・ハプスブルク家の女帝、マリア・テレジアの末の息子――マクシミリアン・フランツ。当時まだ二十七歳だった。

マクシミリアン・フランツは着任まもなく、宮廷とボンの街の一大改革を構想しはじめた。加えて、宮廷音楽家たちのプロフィールをくまなくチェックし、待遇や今後の演奏計画について考えをめぐらせた。ハプスブルクの血は争えない。彼は兄の神聖ローマ帝国皇帝ヨーゼフ二世や、姉のフランス王妃マリー・アントワネットに優るとも劣らない、熱狂的な音楽ファンだった。

若く頼もしい選帝侯がやってきた。宮廷音楽家たちが期待に胸ふくらませていたその年の十一月。ボン通りの一角から、元気な赤子の泣き声が響きわたった。二十九日、赤子は近隣のミノーリテ教区教会（現：聖レミギウス教会）で洗礼を受けた。

宮廷音楽一家リース家、待望の長男の誕生だった。はじめて子の父になった宮廷ヴァイオリニスト、フランツ・アントンの喜びはひとしおだった。命名を託された伯父のフェルディナント・ドレーファーは、自分の名前を採ってその赤子に与えた。フェルディナント（Ferdinand）──「旅（fardi）」や「大胆さ、勇敢さ、冒険（nanthi）」を語源にもつ名前である。

## 宮廷音楽一家の肖像──祖父ヨハンと父フランツ・アントン

リース家の宮廷音楽一家としての歴史は、フェルディナントの祖父ヨハンの代までさかのぼることができる。

ヨハン・リースは、一七二三年にライン河畔の小さな町ベンスハイムで生まれ、一七四七年、二十四歳でケルン選帝侯の宮廷トランペット奏者になった。トランペットは、宮廷でももっとも重宝される楽器だ。仕事はオーケストラやアンサンブルの演奏だけではない。イベントや特別な客人があれば飛んでいって、力いっぱいファンファーレを吹かなければならない。彼は、自ら志願の上で、礼拝堂でのヴァイオリン奏者も兼任していた。

舞踏会、晩餐会、オペラの上演、軍楽隊の行進、あるいは式典や狩猟の場でのファンファーレ。宮廷での行事に音楽は必要不可欠だ。ルネサンス時代以降、何百年にもわたって宮廷は音楽文化の中心地であり、職業音楽家の多くは宮廷につとめていた。片田舎の大家族の末っ子だった「リース家のヨハン」がどういう経緯で音楽を志したのかは明らかではないが、宮廷への就職は当時もっとも盤石なキャリアコースだった。

ヨハンは上昇志向の強い人物だった。演奏だけでは飽き足らなくなり、宮廷での出世に有利になる「作曲」にも手を伸ばした。一七五六年には大作『聖フーベルト・ミサ』を書き上げている。ところが、作曲の勉強は彼に大きなストレスを与えた。精神を病んだ彼は仕事を続けられなくなり、やがて退職を余儀なくされた。病は癒えることなく、晩年はケルンのアレクサンダー病院に収容され、苦しみのなかで人生を終えた。

キャリアなかばで夢潰える宮廷音楽家は、決して珍しくない。ベートーヴェン家の宮廷テノール歌手ヨハンもそのひとりといえるだろう。ヨハンの父ルートヴィヒは、宮廷楽長をつとめたバス歌手だった。優秀な父をもつプレッシャーに耐えきれず、ヨハンはアルコールに走って心身を壊し、やがては職を追いやられてしまった。

しかしベートーヴェン家もリース家も、次世代で奇跡的に息を吹き返した。ヨハン・ヴァン・ベートーヴェンの長男ルートヴィヒは十四歳で宮廷オルガン奏者になり、ヨハン・リースの四人の子どものうちふたりも若くして宮廷音楽家になった。長女のアンナ・マリアは、輝くような美声の持ち主で、宮廷一のソプラノ歌手として活躍した。次男で末っ子のフランツ・アントンは、「神童」と呼ばれるほどのたぐいまれな才能をあらわした。特にヴァイオリンの演奏に長け、ザロモン家のヨハン・ペーターから指導を受けて腕をみがいた。彼はわずか十一歳にして、病身の父と交代する形で宮廷ヴァイオリン奏者となり、姉とともにリース家を支えた。

一七七八年、二十二歳になったフランツ・アントンは、宮廷に休暇を申請し、前借りした給与を足代にしてウィーンに旅立った。神聖ローマ帝国のお膝元であり、巨大な宮廷と大小の劇場やホールを擁する音楽の都。ドイツ語圏の音楽家にとっては憧れの地だ。フランツ・アントンと同世代で、幼少期に神童として名を馳せたヴォルフガング・アマデウス・モーツァルトも、一七八一年に故郷ザルツブルクからウィーンにやってきて、人生の最後までウィーンで音楽活動に明け暮れた。

「ボンの神童」であるフランツ・アントンにも、ウィーンに活動拠点を移す選択肢はあっただろう。「最高のヴァイオリニスト」「きわだった読譜力と初見能力」「力強く明確な運指」(1)と絶賛される腕前は、音楽の都においても決して見劣りはしなかった。ハンガリー系の貴族であるパルフィ伯爵のもとで、彼はソロや弦楽四重奏の演奏家として活躍し、当初半年だった滞在予定を二年まで延長した。ところがその後はあっさりとボンに戻り、ケルン選帝侯の宮廷に復職。一七八三年には、同郷の女性アンナ・ゲルハルディーナ・ホルストと結婚して家庭を築いた。

志が低かったわけではない。自分の天命を、音楽の都よりも故郷の宮廷のなかに見出したのだろう。フランツ・アントンは、父ヨハンとも、あるいはモーツァルトとも異なり、宮廷に仕える芸術家として理想的な資質を持ちそなえた人だった。彼が恵まれていたのはヴァイオリンの才能だけではなかった。人好きのするおおらかな気質、宮廷と音楽家たちの間をとりもつ交渉力、泥仕事をいとわない生真面目さ。当時の記録をみると、臨時給与を音楽家たちに渡す役目を選帝侯から仰せつかったり、同僚や部下に頼まれて賃上げや手当ての申し入れをしたりといった姿をいくつも発見できる。

ベートーヴェン家のルートヴィヒも、フランツ・アントンに助けられた部下のひとりだった。父が失職したり母が亡くなったりといった危機が訪れるたび、フランツ・アントンはベートーヴェン家の財政を気にかけ、宮廷に対して救済措置を願い出た。一時期、ルートヴィヒにヴァイオリンを教えてもいる。

フランツ・アントンがとりわけルートヴィヒに親切だったのは、自分もかつて彼の祖父に助けられたからだろう。わずか十一歳の少年が宮廷ヴァイオリニストの職に就けたのは、当時宮廷楽長だった大ルートヴィヒ・ヴァン・ベートーヴェンの口添えがあったためだった。フランツ・アントンは、こうした地縁の上に自分のキャリアがあることを承知している人物だった。

## 啓蒙という土壌

フランツ・アントンは、思想的な面においてもボンの中心的な存在だった。彼は、一七八〇年代にあいついで設立された思想団体「イルミナティ（イルミナーテン）」や「読書協会」の創立に携わった。のちに「フリーメーソン」の会員にもなっている。

イルミナティやフリーメーソンは、独特な儀式や徹底した秘密主義などのオカルティックなイメージが強いが、本来は決していかがわしい組織ではない。過激化があやぶまれて当局から牽制を受けることはあったが、十八世紀ドイツのベーシックな考え方である「啓蒙思想」に準じる団体だった。

啓蒙思想とは、中世以来のキリスト教教会のいきすぎた権力化を批判し、より人間の理性を重んじようという思想である。十七世紀末以降ヨーロッパ各地で流行し、神聖ローマ帝国内では統治者みずから、この思想に基づいた行政改革をおこなった。

この流れを受けて、一七七六年に南ドイツのインゴルシュタットで創設されたのがイルミナティだった。人類は身分や地域を超えてひとつの家族になりうるという「コスモポリタニズム（世界市民主義）」を信条とした団体である。ボンでは一七八一年に支部が設立され、フランツ・アントンのほか、同僚のホルン奏者ニコラウス・ジムロックも名を連ねた。主要メンバーには二つ名があり、フランツ・アントンは、古代マケドニアのアレクサンドロス大王の側近の武将になぞらえて「パルメニオン」と呼ばれていた。

読書協会は、イルミナティの後継団体として一七八六年に設立された。その名のとおり読書を主眼に置いた団体で、書籍の流通やそれにともなう情報の循環によって個々人の理性を高めることをモットーとしていた。宮廷オルガニストのクリスティアン・ゴットロープ・ネーフェや、ボン大学教授のオイロギウス・シュナイダーといった著名な人びともメンバーに加わっている。

現代の人びとがおおむね「平和」を共通の信条としているように、十八世紀のドイツ語圏の人びとは「啓蒙」の精神をつねに胸にいだいていた。フランツ・アントンはそうした土壌から生まれた時代の申し子だった。

## 選帝侯マクシミリアン――楽園の創造者

新選帝侯マクシミリアン・フランツが、ボン生え抜きの優秀な人材であるフランツ・アントンを気に入ったのは自然ななりゆきだった。

「ふとっちょマックス」――それが彼のニックネームだった。まんまるな身体に、田舎司祭さながらの地味な僧服。食べものと音楽と美しい女性が大好きで、ひょこひょこと町に現れては、庶民と気さくにおしゃべりする。そんな愛嬌たっぷりなキャラクターの陰には、人並み外れた知性と統治力がひそんでいた。母マリア・テレジアは、彼の将来性をいちはやく見抜き、兄姉たちには与えなかった厳しい宗教教育を課した。選帝侯はカトリックの大司教を兼ねており、この地位に息子を就かせたければ、まずは聖職者にさせる必要があったのだ。女帝の勘は当たった。マクシミリアン・フランツはわずか十年の在任期間に、ケルン選帝侯および大司教として高い功績を残した。

ケルン選帝侯領は、神聖ローマ帝国のもっとも北西の地域にあたり、フランスと距離が近い。この領邦を統治するとは、ドイツ語圏の啓蒙主義を世界に知らしめることにほかならない。その使命を理解していた彼は、歴代の選帝侯のあとを継ぎ、ボンを一流の学芸都市に育て上げるために心を砕いた。宮廷の使用人たちの雇用と財政を整理し、宮殿のなかに植物園と読書室を開設した。新しい劇場を建て、大学《アカデミー》を創設し、優秀な芸術家や学者を各地から招いて職を与えた。ボンは、清潔で、治安のよい、知と文化の息づく小さな楽園として名声を高めていった。

フランツ・アントン・リースは、選帝侯の命のもと宮廷楽団の首席ヴァイオリン奏者をつとめ、一七九一年には楽団の音楽ディレクターに抜擢された。折しもその頃、選帝侯は、ボン郊外の小さな町ゴーデスベルク（現：バート・ゴーデスベルク）を温泉リゾートとして開発する計画に乗りだし、「レドゥテ」という大ホールと宿泊客用の九軒の家を建設した。フランツ・アントンは、うち一軒を自ら購入している。ホテル経営をするつもりだったのか、あるいは一家で住むつもりだったのかはわからないが、フランツ・アントンが選帝侯の政策と一心同体の関

**ボンのケルン選帝侯宮殿**（1792 年）
ヨハン・ツィーグラー作「シュパイアーからデュッセルドルフまでのライン川沿いの美しい 50 の景色」からの 1 枚。ライン河畔付近の要塞（アルテ・ツォレ）から見たケルン選帝侯宮殿が描かれている。整備された美しいプロムナードをそぞろ歩く人びと、農作業に勤しむ人びとの姿がみられる。なお、ナポレオン戦争終結後の 1818 年、プロイセン王は宮殿の建物をボン大学（現：ライン・フリードリヒ・ヴィルヘルム大学ボン）に寄贈した。この建物は現在も大学の校舎として使用されている。

**ケルン選帝侯マクシミリアン・フランツ・フォン・エスターライヒ**（年代不明）
マリア・テレジアの子どものなかで唯一、宗教の道を歩んだマクシミリアン・フランツは、多くの肖像画で僧服をまとっている。1780 年よりローマ・カトリック教会の修道会であるドイツ騎士団団長をつとめ、1784 年、ケルン大司教兼選帝侯に就任した。

係にあったことは、こんな事実からも見てとれる。

ふとっちょマックスとフランツ・アントンが実際にどの程度親しく口を利く仲だったのか、そこに主従の域をこえた友情があったのかどうかはわからない。ただ、わずか一歳違いの若いふたりが、手を取り合い、ともにボンの発展のために力を尽くしたのはたしかだろう。フランツ・ゲルハルト・ヴェーゲラーは、のちに『伝記的覚書』のなかでこう回想している。「マリア・テレジアが愛した末っ子のマクシミリアン・フランツが、温情にあふれる選帝侯として在位したのはまさによき時代であり、ボンはすばらしく活気に満ちていた(2)」

## 宮廷音楽家としての初期教育

そんな「よき時代」の幕開けの年にフェルディナントは生まれた。マクシミリアン・フランツ統治時代を象徴する新しい命として、彼は多くの愛を注がれて育った。父の仲間の大人たちが、楽器を、あるいは読みかけの本を片手にリース家を訪れては、彼が眠るゆりかごを優しくゆらした。

赤子のフェルディナントが描かれた一枚の肖像画が残っている。母のアンナ・ゲルハルディーナに抱かれた彼は、右手に持ったおしゃぶりをしげしげと見つめている。母は、柔和で丸い顔立ちの父フランツ・アントンよりも面長でシャープな目鼻立ちの、どちらかといえば男性的な顔つきで、成人したのちのフェルディナントにうり二つだ。赤子のフェルディナントは、彼の外見の最大の特徴ともいえる力強い眉毛がすでにまぶたを厚く覆っている。

赤子の頃の肖像が残されている音楽家は、古今東西みてもかなり珍しいだろう。彼と同じく宮廷音楽家の息子であるモーツァルトやベートーヴェンにも、こうした肖像はない。愛に満ちたほほえましい画ではあるが、ここには、宮廷音楽一家に課せられたきびしい宿命も見え隠れする。長男には、ひとかどの音楽家にならねばならない宿命。母には、音楽一家に嫁いだ女として多くの子を生まねばならない宿命。いかにリベラリストの一家であろうとも、家父長制のくびきからは逃れえない。アンナ・ゲルハルディーナはその後、十八年の間に十人の子どもを生み、一八〇五年に四十三歳で亡くなっている。

フェルディナントへの音楽教育は、五歳の頃にはじめられた。

まずは父フランツ・アントンから、ピアノとヴァイオリンの手ほどきを受けた。ミュンスターからボンの宮廷に引き抜かれた若き実力派チェリスト、ベルンハルト・ロンベルクからチェロも教わっている。ソプラノ歌手の伯母や、フェルディナントの名付け親であるヴァイオリニストの伯父からも何らかの助言はあっただろう。周囲を見渡せば、オルガニストのネーフェ、ヴァイオリニストのアンドレアス・ロンベルク（ベルンハルトのいとこ）、ホルン奏者のジムロックなどの専門家ぞろいで、望めばいつでも教えを受けられる環境にあった。

複数の楽器を並行して習うのは、宮廷音楽一家の子どもにとって自然なことだった。最終的にどの楽器を選ぶかは、宮廷のポストの空きによって決まる場合も多いので、さまざまな楽器を弾けるに越したことはない。中小規模の宮廷では複数の楽器を兼任するケースも多い。ベートーヴェン家のルートヴィヒも、教会ではオルガン、オーケストラではヴィオラを担当していた。

音楽を聴く環境にも恵まれていた。宮廷の公開式典や、家庭や溜まり場のレストランで催されるサロン・コンサート。一七八九年にはボンに新しい劇場がオープンし、ゲオルク・ベンダ、カール・ディッタース・フォン・ディッタースドルフ、ジョヴァンニ・パイジェッロやアントニオ・サリエーリによる、ドイツ語やイタリア語の人気オペラ作品が次から次へと上演された。一七九三年には、ゴーデスベルクの「レドゥテ」でモーツァルトのオペラ『魔笛』が上演され、父フランツ・アントンが指揮を執っている。ウィーンでの初演から二年後。大のモーツァルト・ファンである選帝侯マックスにとって悲願の上演だった。フリーメーソンの教義を盛り込んだこの作品は、ボンのリベラリストたちにとって親しみがわくものだっただろう。

国内外の音楽家の巡業公演もさかんだった。フェルディナントは八歳の頃、演奏旅行中のヨハン・ネポムク・フンメルのピアノ演奏を聴いている(3)。フンメルは当時十四歳。モーツァルトの愛弟子として知られ、のちには世代を代表するピアニストとして大成する人物だ。天才少年の華麗な指さばきは、幼い彼に強い印象を残したにちがいない。

順調にいけばフェルディナントも、彼の父や、ザロモン家、ベートーヴェン家の少年たちと同じく、十代で宮廷音楽家として働きはじめていただろう。幼い頃の彼が、ずばぬけた音楽の才能を示したという証拠はない。神童と呼ばれるほど早熟なタイプではなかったのだろう。ただ、彼が周囲からの期待に素直に応え、音楽を愛する少年に育ったことは、十一歳のときのエピソードからうかがえる。父の誕生日に自作の弦楽四重奏曲をプレゼントしているのだ。フランツ・アントンは息子の成長に感激して、この自筆譜を後年まで大事に保管していた。

しかしフェルディナントの少年楽団員への道は、叶うことなく閉ざされてしまった。ケルン選帝侯の宮廷が消滅してしまったのだ。

きっかけはフランス革命だった。

**宮廷の終焉——フランス軍「一度目」の襲撃**

当初、ボンの人びとはフランス革命を歓迎していた。

パン屋や農民ならさておき、宮廷から日々の糧を得ている音楽家までもが革命を支持するのは奇妙に感じられるだろう。だが、ドイツとフランスとの関係性を考えれば決して不自然ではない。ドイツの人びとは、神聖ローマ帝国の啓蒙専制君主による改革路線こそが善であり、フランスのブルボン王朝を保守的で腐敗していると考えていた。敵国の宮廷がいよいよ倒されるとあっては、その流れに加勢するのは当然だ。

実際、ボンのもっともラディカルな思想団体である読書協会は、革命を支持する姿勢を取りながらもケルン選帝侯の宮廷や神聖ローマ帝国とは友好的な関係にあった。一七九〇年に皇帝ヨーゼフ二世が亡くなった際には、進んで追悼式を企画し、『皇帝ヨーゼフ二世の死を悼むカンタータ』の制作を行っている。神聖ローマ帝国の皇帝であり、われらが選帝侯マックスの兄の死を悼むのは、リベラリストの彼らにとって自然なことだった。このときに彼らが白羽の矢を立てたのが、当時十九歳のルートヴィヒ・ヴァン・ベートーヴェン。青年にとってははじめての大規模な声楽作品の作曲依頼だった。

「社会の一員として、私たちは互いに兄弟のように愛し合っています」(4)——ホルン奏者のジムロックはこう語った。反逆とも暴力ともかけ離れたある種の従順さのなかに、彼ら「兄弟」のリベラリズムはあった。隣国フランスの混乱は、自分たちの築いた楽園をより盤石にするにちがいない。彼らは一途にそう信じていた。

詩人フリードリヒ・シラーが、自作の詩雑誌に『ラインのターリア（ラインの女神）』というタイトルを冠したのも、ライン河畔の人びとのそうした精神に対する共感があったからだろう。この詩集は、一七八五年に第一巻、翌年に第二巻が出版され、ドイツ語圏で爆発的なブームとなった。第二巻に収められた「歓喜に寄す」や「あきらめ――ある幻想」といった詩作品は、のちにベートーヴェンやフェルディナント自身の人生に大きな影響をおよぼすことになる。

「貧しき人びとは君主の兄弟となる」

「歓喜に寄す」の初版に刻まれたフレーズは、まさにジムロックの言葉に通じるものだった。

しかし、フランス革命は彼らが夢見た形にはならなかった。いったい誰が想像しただろうか。革命がフランスの宮廷を滅ぼすにとどまらず、国境線を超え、ケルン選帝侯の宮廷までも破壊してしまおうとは。

ヨーゼフ二世の後を継いで皇帝になった弟レオポルト二世は、革命が激化するにつれフランス王妃である妹マリー・アントワネットの身を案じるようになり、革命を牽制する「ピルニッツ宣言」を発令した。これがフランス革命政府の怒りに火をつけ、やがてヨーロッパ全土を巻き込む侵略戦争にまで発展した。

フランス革命軍によってラインラントが占領されたのは、一七九二年から九四年にかけてのことだった。ボンはフランス領となり、選帝侯の宮殿は封鎖され、マルクト広場には革命軍を象徴する「自由の木」が植えられた。宮殿の建物はフランスの学校として利用され、街にはフランス語の看板が掲げられ、フランスの通貨が使われるようになった。選帝侯マクシミリアン・フランツはボンを追われ、最終的にはウィーンにまで退却させられた。彼は病を抱えて寝たきりの状態になり、一八〇一年、失意のままウィーンで亡くなっている。

宮廷楽団は解散させられた。ロンベルク家のふたりやネーフェ、アントニーン・レイハなどの他都市からやってきた名手たちは、新たな活躍の地を求めてボンを去って行った。先祖代々この地で働いてきた宮廷音楽家さえも、故郷を捨て、よその地で食いぶちを探さざるを得なくなった。フェルディナントの伯父と伯母も、涙ながらにボンを離れていった。

ボンに残ったわずかな人たちのなかでもっとも巧みに舵を切ったのは、ホルン奏者のジムロックだった。かねてより写譜業や出版業に興味を抱いていた彼は、一七九三年に楽譜出版社を設立。フランスにおもねる態度を見せながら、順調に事業を拡大していった。十九世紀の音楽史に名をはせる「ジムロック音楽出版社」の興りである。

フランツ・アントン・リースは、ボンを出て行くことも、ジムロックのように割り切ること

**ボンの広場に植樹された「自由の木」**（1795年）
フランツ・ルソー作。「自由の木」はフランス革命の精神の象徴として、フランス軍が占領したさまざまな都市に植樹された。ボンでは町の中心のマルクト広場にこの木が植えられた。木の上部にフランス国旗がくくりつけられており、背後の市庁舎の窓にも国旗が掲げられている。木の横の記念碑（オベリスク）は選帝侯マクシミリアン・フリードリヒによって1777年に建造され、当初は頂に選帝侯の冠のモチーフが飾られていたが、フランス軍によって破壊されてしまった。フランス軍がずらりと整列している一方、ボン市民の姿はまばらで、どことなく困惑した様子に見える。

もできずにいた。それまでの彼の人生は、ボンの宮廷や思想文化とあまりに一心同体だった。宮廷の復活を信じて待つ、それが彼の選べる唯一の道だった。郊外に土地を買って農地にしたり、徴税人として働いたり、ヴァイオリンを教えたりというその場しのぎで、彼はなんとか家族を養った。

生活の苦しさに反比例して、子どもはどんどん増えた。フェルディナントと弟妹たちは、父が金策に奔走するなか、ゆとりのあるジムロック家の世話になることが増えた。フェルディナントにこのまま無為な時間を過ごさせてよいものか。宮廷の復活の可能性が薄れていくなか、フランツ・アントンの悩みは深くなっていった。まだ幼い弟妹たちはさておき、この長子には音楽家になるための教育と夢をすでに与えてしまった。育ちかけた芽を枯らしたくはない。だが、人の絶えたこの街には、ピアノと作曲を教えられる人材が不足していた。「自由の木」は、閑散とした広場の一角でむなしく揺れていた。

勉強のチャンスは一度だけやってきた。一七九七年、フェルディナントが十三歳の頃。フランツ・アントンは、ボンから約百二十キロ北東の街アルンスベルクのオルガニスト、ヨハン・ティルマン・ペルツァーと知り合った[5]。彼が優れた音楽教育者であると聞かされたフランツ・アントンは、息子をアルンスベルクまで作曲と通奏低音の勉強に行かせた。ところがこれは大失敗に終わる。このオルガニストはまったく期待はずれの人物で、逆にフェルディナントが先生にヴァイオリンを教える羽目になってしまった。

およそ九か月を棒に振った失意とともにボンに帰ってきた少年は、自力で勉強に励んだ。『三つの弦楽四重奏曲』（WoO1）を皮切りに、『チェロ・ソナタ　ハ短調』（WoO2）、ピアノとヴィオラによる『主題と変奏曲　イ短調』（WoO3）などの作品が、十代の半ばに書かれている。それらの最初期の作品群からは、フェルディナントがだんだんとピアノに強い関心を示していく過程がうかがえる。「ハイドンやモーツァルトの弦楽四重奏曲、〔ハイドンの〕『天地創造』『四季』、モーツァルトの『レクイエム』などをピアノに編曲していた[6]」と、のちに彼は回想している。しかし指導者のいない状況はすでに限界に達していた。

もう宮廷の時代は戻ってこない。世紀の変わり目に至って、フランツ・アントンも悟らざるを得なくなった。天才的な軍師ナポレオン・ボナパルトの出現により、フランス軍はますます強さを増し、ボンは支配から逃れる道を失っていった。せめてフェルディナントだけでもこの街から逃がしてやるしかない。そう決意したとき、彼の脳裏にひとつの希望がきらめいた。

「ベートーヴェン家のルートヴィヒ」――

かつて自分が生活を助け、ヴァイオリンを教え、『皇帝ヨーゼフ二世の死を悼むカンタータ』を作曲する機会をあたえた、あの色黒の青年ルートヴィヒ。

息子を彼に弟子入りさせたらどうだろう。

ルートヴィヒは、すでにボンを去って久しかった。フランス革命直後の一七九〇年。フランツ・ヨーゼフ・ハイドンが、ロンドンに赴く旅の途中でボンを訪れた。ハイドンはルートヴィヒが書いたカンタータに目を留め、この青年の才能を見出した。そして二年後の一七九二年、ロンドンからの帰路にボンを再訪した際、弟子入りを許可。その年の暮れ、ルートヴィヒはウィーンに旅立った。

いまや三十歳となったルートヴィヒは、ウィーンでピアニストとして大成し、最近は作曲家としても評価を得つつあった。その噂はボンにも届いている。無理を言ってでも、与えた恩を返してもらうしかない。それがボンの宮廷音楽家の絆なのだから。

「リースの息子についてはまた書くことにするが、ウィーンよりパリの方がいいのではないかと思う。ウィーンは人が多すぎて、もっとも優秀な人でさえ食べていくのは難しいからね」(7)

ベートーヴェンは、やや困惑した様子の手紙を、同郷の親友ヴェーゲラー宛に書き送っている。日付は一八〇一年六月。どうやらフランツ・アントンは、ヴェーゲラーを介して事前に相談を持ちかけていたようだ。だが、その手紙がボンに着いた頃、フェルディナントはすでに街を発っていた可能性が高い。もう息子も十六歳。返事がどうであれ直談判に行かせるしかないと踏んだのだろう。

ベートーヴェンもフランツ・アントンも、若かりし頃にウィーンに音楽修業に行った身だ。しかし当時と今とは状況がちがう。宮廷や貴族からの旅費の手当もなければ、給与の前借りもできない。少年は、父が必死でかきあつめた、片道分にも満たない旅費だけを持たされた。

ボンからウィーンまでの旅路は長い。中間地点のミュンヘンまでは、父の友人が付き添ってくれた。その友人が帰ってしまうと、フェルディナントは見知らぬ大都市でひとりきりになってしまった。一時期は、オペラ作曲家として有名なミュンヘンの宮廷楽長ペーター・フォン・ヴィンターに師事したとも伝えられているが、いずれにしてもその指導は長く続かなかった。金は底をつき、レッスンで稼ごうにも弟子が集まらない。彼は歩合制の写譜のアルバイトをして、爪に火をともすようにウィーンまでの旅費を貯めた。

「この地〔ミュンヘン〕で彼は自分の腕ひとつでやっていくことになった。つらい、くじけそうな状況が、わずかな例外をのぞけば、その後何年かにわたって続いた。しかしそうしたなかで、彼のかたくなさ、活力、独立心が現れだしたようにも見える(8)」

のちに『ハルモニコン』誌は、フェルディナントへの取材をもとに、ミュンヘンでの試練の日々をこう綴っている。もちろん、不安や心細さもあっただろう。だがそれ以上に彼を突き動かしたのは、人生の危機を乗り越えようとする興奮だった。まだ見ぬ楽園を遠方に見いだし、自分を励ましながらひた走る。フェルディナント（Ferdinand）——旅に生きる「大胆な冒険者」の片鱗は、このときすでに現れていた。音楽の都で、必ずやベートーヴェンに弟子入りする。手のひらに落ちるわずかな小銭に夢を託しながら、フェルディナント・リースの音楽人生が、船出のときを迎えようとしていた。

# 2　師の使命、師弟の葛藤

——青年期、あるいはピアニストの誕生

## 故郷から八百キロ離れて

フェルディナントがいつウィーンに到着し、ベートーヴェンと対面したかはわかっていない。時期を正確に特定できる史料は今もってない。本人の証言として参照できるのは、一八二四年三月の『ハルモニコン』誌の特集記事[1]、一八三〇年六月十八日付のヴィルヘルム・クリスティアン・ミュラー宛の書簡[2]、一八三七年十二月に脱稿した著書『ルートヴィヒ・ヴァン・ベートーヴェンに関する伝記的覚書』の三点であり、それぞれウィーン到着の時期を「一八〇一年」「一八〇〇年」「一八〇〇年」と述べている。

今日では一八〇〇年（十五歳）説はほぼ否定されており、一八〇一年秋（十六歳）にウィーンに到着したという説が主流となっている。ベートーヴェンと彼が交わした手紙には、一八〇二年に書かれたと推測できるものが何点かあり、『伝記的覚書』には、一八〇二年にウィーン郊外の保養地ハイリゲンシュタットに滞在した際の出来事がいくつか書き残されているからである。

いっぽう、近年では一八〇三年初頭（十八歳）説も浮上している。『伝記的覚書』に書かれたエピソードのほとんどが一八〇三年以降であること、出会ってまもなくの出来事だと彼が証言しているオラトリオ『オリーヴ山上のキリスト』の初演リハーサルが一八〇一年秋ではなく一八〇三年四月であることがおもな理由である。(3)

いずれにしてもフェルディナントは、ミュンヘンを脱出し、ウィーンにやってきた。旅費を自力で稼ぐという試練を乗り越えて。そして夢にまで見たベートーヴェンの前に、父からの紹介状を差し出した。

「ベートーヴェンはそれを読むとこう言った。『すぐに返事は出せないけれども、君からお父上に手紙で伝えてほしい。母が亡くなったときのことは忘れてはいないと。そう言えばわかってもらえるだろう』あとから知ったことだが、父はベートーヴェンの一家がとても貧しかった

**ルートヴィヒ・ヴァン・ベートーヴェン**（1804-05 年）
ヨーゼフ・ヴィリブロルト・メーラーによる、ベートーヴェン 33、4 歳頃の肖像画。フェルディナントが彼に師事していた時期に描かれた。後年の有名な肖像画とはイメージが異なり、青年風の面差しがまだ残る作品であるが、左手にはピアノやヴィオラではなく古代を彷彿とさせる竪琴（一説にはリラ・ギター）、背後には神殿が描かれており、すでにベートーヴェンを神格化しようというきざしが見られる。

折に、あらゆる方法で彼を支援していたのだ(4)」

無理を言ってでも恩を返してもらう。フランツ・アントン・リースの目論見は当たった。なつかしい筆跡を前に、遠い故郷の記憶が「ベートーヴェン家のルートヴィヒ」の心を照らした。同じ街に暮らし、同じ音楽を奏で、同じ釜の飯を食う運命共同体として過ごした日々。いまや宮廷はなくなり、ウィーンに追いやられた選帝侯マクシミリアン・フランツは失意のうちに亡くなった。記念すべき『交響曲第一番 ハ長調』を選帝侯に献呈したいというベートーヴェンの想いは、その死によって断ち切られた。しかし、旧き良き時代の最後の落とし子は、生き延びてウィーンにやってきた。わずかな小銭だけをポケットに蓄えた、みすぼらしい旅装の青年として。

状況がちがえば、ベートーヴェン家とリース家の長子たちはボンの選帝侯宮殿で正式な挨拶を交わしていただろう。鍵盤楽器のセクションを担当する上司と新人部下として。しかし彼らは、故郷から八百キロ離れた場所で、若い生き残り同士として出会った。一八〇一年にせよ一八〇三年にせよ、それは時代がもたらした不可思議なめぐり合わせだった。

「ウィーンよりパリのほうがいいのではないか」当初そう言っていたベートーヴェンは、結果的にこの青年を門下に受け入れる決断をした。フェルディナントはのちにこう回想している。

「最初の数日で、ベートーヴェンはぼくが使いものになると気づいた(5)」

## フェルディナント育成計画

「使いものになる」――当時のフェルディナント・リースを言い表すのに、これより適切な言葉はないだろう。充分な音楽教育には恵まれなかったが、とにかくも自力で金をこしらえてウィーンにやってくる根性のある若者。朝五時に来いと命じれば元気よく現れて、手慣れた様子で写譜をこなし、どんな泥仕事もいやがらない。冗談には冗談で応じ、たちの悪いからかいは平然と受け流し、愛をこめて故郷の家族や仲間の近況をしゃべる。なるほどたしかにリース家の血筋らしい人物ではないか。

ベートーヴェンの腹は決まった。無愛想で喧嘩っ早い三十代の気鋭の音楽家は、いまや、あらゆる場所にこの新参者の青年を連れ回す。演奏会のリハーサルにも、パトロンの屋敷にも、楽想を書き留めるための散歩にも。フェルディナントは、師の背中ごしにウィーンの音楽業界を目撃した。

当時のウィーンの人口は約二十三万人。すでに五十万人を超えていたパリやロンドンには及ばないものの、ボンやミュンヘンとは比べようもない絢爛たる大都市だった。ダイヤモンド型の市壁の内側には、オペラやバレエ、オーケストラ演奏の殿堂として名高いケルントナートー

アウガルテン
プラーター
コンサートホール
ウィーン
(1806年の地図)
ドナウ運河
至 ハイリゲンシュタット
シュテファン大聖堂
ベートーヴェンの家
(1802-03)
リヒノフスキー侯爵邸
フェルディナントの下宿
グラーベン
ベートーヴェンの家
(1804-15)
コールマルクト
ケルントナー通り
白鳥館（レストラン）
ベートーヴェンの家
(1801-02)
ロプコヴィッツ侯爵邸
王宮
レドゥテンザール
ケルントナートーア劇場
至 バーデン
至 ベートーヴェンの家（1803-04）
（アン・デア・ウィーン劇場）

ア（ケルンテン門）劇場と、七千人もの収容人数を誇る王宮舞踏会場レドゥテンザール。宮廷は弱体化したとはいえ健在で、これらの劇場の運営権を担っていた。貴族たちにもまだある程度の財力があった。カール・フォン・リヒノフスキー侯爵はお気に入りの青年音楽家を集めた弦楽四重奏団を抱え、フランツ・ヨーゼフ・フォン・ロプコヴィッツ侯爵にいたっては、自前のオーケストラが収まる巨大な演奏会場を屋敷のなかに構えていた。貴族にとって、市民音楽家の支援はリベラルな立場の表明であり、つまりは自身の生存戦略のひとつだった。

いっぽう、音楽は宮廷や貴族の専有物ではなくなっていた。ウィーンを拠点に音楽ビジネスに参入する市民も続々とあらわれた。アントン・ヴァルターやナネッテ・シュトライヒャー＝シュタインのピアノ工房。ドメニコ・アルタリア、ジョヴァンニ・カッピ、フランツ・ホフマイスターの楽譜出版社。芝居の旅一座の座長として活躍したエマヌエル・シカネーダーは、自身が台本を手掛けたモーツァルトのオペラ『魔笛』の収益を元手にアン・デア・ウィーン劇場を設立。ベートーヴェンに声をかけ、オラトリオ『オリーヴ山上のキリスト』の初演を実現させた。

音楽家もただオファーを待つにとどまらず、「アカデミー」と呼ばれる予約演奏会を自ら企画するようになった。この先駆を成したのがモーツァルトで、彼は早くも一七八〇年代に、こうしたアカデミーで大きな収益を得るようになった。故郷ザルツブルクの大司教と訣別してウィーンにやってきた彼にとって、こうした自主企画の演奏会は自活とキャリア形成のための重要な手段だった。

ベートーヴェンのキャリアも、モーツァルトと似たような経過をたどった。彼は一七九二年にウィーンに移り住んでからもしばらくケルン選帝侯の宮廷から給与を受けていたが、宮廷の消滅によってそのあてはなくなった。最初期の彼を支えていたのは、リヒノフスキー侯爵からの手厚い支援だった。彼はピアニストとして音楽業界や愛好家の注目を集めつつ、フランツ・ヨーゼフ・ハイドン、ヨハン・ゲオルク・アルブレヒツベルガー、アントニオ・サリエーリらの門を叩いて勉強を重ね、作曲家としてのキャリアの土台を作り上げていった。一八〇〇年には初のアカデミーを開催し、交響曲第一番を公開初演。楽譜出版の世界でもだんだんと人気を得て、一八〇一年には「どの作品も、あてにできる出版社が六社か七社ある」(6)と豪語するほどになっていた。

そうやって築きあげた地位や人脈を、ベートーヴェンはすべて惜しみなく弟子に見せてやった。見せるだけにとどまらず、彼は弟子の腕を乱暴に引っ張って、音楽業界のど真ん中に放り込んだ。フェルディナントの人生は一変した。ミュンヘンでの写譜の仕事も勉強に役立たなかったわけではない。けれど音楽の都で現役の音楽家が与えてくれる豊かな実践教育とは比べものにならない。やっかいな出版交渉の代行、交響曲のピアノや室内楽への編曲、パトロンの宅でのピアノ演奏の代役。そのどれもが刺激に満ちていた。

**ウィーン・コールマルクト**（1832 年）
ウィーン中心部の目抜き通りのひとつ。フェルディナントはこの通りで仕立て屋をいとなむフォン・カレイ氏の家に下宿していた。その家には「たいへん美人な、きわめて身持ちの固い娘が 3 人」おり、ベートーヴェンがその件で下世話な冗談を手紙に書いてよこしたことが『伝記的覚書』のなかで伝えられている。「あんまりたくさん裁つんじゃないぞ、いっとうきれいなのは俺にくれ、半ダースの縫い針を送ってこい」（1804 年 7 月 24 日の手紙）

彼らの関係は、昔ながらの徒弟制度そのものだった。フェルディナントは師と多くの時間を共にし、音楽家としてあるべきふるまいや交渉のノウハウを徹底的に叩き込まれた。彼はそのすべてを喜んで受け入れた。天才と呼ばれる師を持つことへの引け目は彼の人生にいっさい見当たらない。どこへ行っても「ベートーヴェンのお弟子さん」と呼ばれるのは彼にとって大きな誇りだった。ときに、その忠誠心は滑稽なワンシーンを生みだした。ロンドン在住のピアノの大家ムツィオ・クレメンティと彼の弟子がウィーンに演奏旅行にやってきたときのことだ。「ときどき、クレメンティは弟子のクレンゲル、ベートーヴェンはぼくを連れて、白鳥館の同じテーブルで食事をした。一同は互いに顔を知っていながら、相手方に話しかけたり、挨拶さえもしなかった。ぼくら弟子たちも師匠のやるとおりにした。そうでなければレッスンを見てもらえなくなる可能性があるからだった(7)」

徒弟をひとり引き受けたからには、修業中の生活は全面的に護ってやらねばならない。ベートーヴェンは自分に課せられた役割を承知していた。フェルディナントの経済的な不安はすぐに解消された。入門が決まるやいなやベートーヴェンはこの新弟子に金を貸し、財布の中身をいつも気にかけ、ときに小遣いまで与えてやった。同門の弟子カール・チェルニーは、フェルディナントをベートーヴェンの実の親戚だと勘違いしていた(8)。師と同じラインラント訛りの青年が、金の面倒を見てもらい、郷里の人びとのうわさ話に花を咲かせていれば当然の誤解だろう。おまけにこの師弟は、故郷ボンのジムロック音楽出版社の社長ニコラウスを「パパ」というあだ名で気安く呼んではばからない。一七九三年の創業以来、順調に業績を伸ばしていたこの出版社は、同郷の若きスターであるベートーヴェンの作品の出版にも余念がなかった。フェルディナントは、師からの命にしたがって同社とのやりとりを代行した。一八〇三年五月六日付の手紙が残っている。

「ご無沙汰と思われるのはごもっともかと存じますが、ぼくはあなたと愛すべきジムロック家のみなさんにしょっちゅう思いを馳せています。あなたのお家で心地よく過ごさせてもらっ

たことをぼくはずっと忘れていません」(9)

ほほえましい挨拶からはじまるこの手紙は、やがて師の作品の出版交渉へと移っていく。それは音楽ビジネスの実習であり、故郷への成長報告だった。フェルディナントの育成は、いわばボンの年長者たちとベートーヴェンとの共同プロジェクトだった。若き日のベートーヴェンが読書協会より『皇帝ヨーゼフ二世の死を悼むカンタータ』の作曲を託されてから、すでに十年の歳月が経っていた。当時は作曲、いまは一青年の教育。「兄弟」の絆は、フェルディナントを介していまいちど強められた。

そんなフェルディナントとジムロックとの一連のやりとりのなかに、興味深いくだりがある。

「――あるいはベートーヴェンの八つの歌曲と前奏曲を一曲、ご購入いただけます。〔……〕彼は二百ターラーを求めています。歌のテキストは以下の通り。一、炎の色/二、憩い/三、五月の歌/四、自由な男/五、愛/六、モルモット/**七、歓喜に寄す**/八、小さな愛らしい花」(10)

「七、歓喜に寄す」――これは明らかに、シラーの自主雑誌『ターリア』所収の詩のタイトルだ。ボンの人びとのバイブルであり、のちに『交響曲第九番』第四楽章で合唱として歌われる詩である。『第九』誕生の二十一年も前に、ベートーヴェンはこの詩を小さな歌曲に仕上げていたのだ。(11)

もっとも、一八〇三年当時、シラーは発禁扱いだったため、ジムロックも他の出版社もこの一八〇三年版『歓喜に寄す』の出版を断らざるを得なかった。フェルディナントはこれにひるまず、一か月後の十月十二日に追撃の郵便を送っている。

「ついさっき、ぼくはベートーヴェンの歌曲を落手しました。あなた好みだと思ったのですぐに郵送します。たった半時間前に手に入れて、いますぐ発送しますからね。これはまだどこからも出版されていません(12)」

同封されていたのは、歌曲『人生の幸せ（友情の幸せ）(13)』。友愛の尊さを明るくうたうフリーメーソンばりの歌曲は、たしかに、イルミナティや読書協会の中心メンバーだったこの出版人の「好み」だった。あの年端もいかないフェルディナントが、ボン出身の文化人にふさわしい思想的な見識を身につけ、したたかな営業を仕掛けてきた。ジムロックや父フランツ・アントン・リースは、彼の成長を大いに喜んだにちがいない。この歌曲はさっそく印刷に回され、その年のうちにジムロック社から出版された。

しかし、交渉ごとは重要でこそあれ、決して修業の中心課題ではない。彼ら育成チームの最大の目標は、フェルディナントを音楽家として世に送り出すことだった。たやすい道ではない。ただ、この青年が数多ある楽器の中からピアノを選んだのは、それ自体が時代を読むセンスのあらわれだった。ピアニスト出身であるベートーヴェンは、その選択の意味と価値をよく理解していた。

## ピアノ、未完の大器

十九世紀初頭、ピアノ(14)は人気急上昇中の楽器だった。

発明は十七世紀末。イタリアのフィレンツェでメディチ家の楽器管理を担っていた楽器製作者バルトロメオ・クリストフォリが「弱音と強音が出せるチェンバロ(クラヴィチェンバロ・コル・ピアノ・エ・フォルテ)」を試作したのがはじまりである。

しかし、普及までには長い時間がかかった。この楽器の汎用化に最初に乗り出したのは、イタリア人ではなく、ドイツの高名なオルガン製作者ゴットフリート・ジルバーマンだった。彼がクリストフォリのアクション(ハンマーが弦を打って音を出すしくみ)を踏まえて製作したピアノは、プロイセン国王フリードリヒ二世のお気に入りの楽器になった。ヨハン・ゼバスティアン・バッハも、一七四七年にベルリンの宮廷でジルバーマンのピアノを演奏している。

ドイツ語圏でのピアノ普及に一役買ったのは、一七七三年前後、アウグスブルクの楽器製作者ヨハン・アンドレアス・シュタインが開発したとされる「跳ね上げ式」アクション（のちのウィーン・アクション）のピアノだった。いっぽうロンドンでは、ジルバーマンの弟子ヨハン・クリストフ・ツンペが「突き上げ式」アクション（イギリス・アクション）を持ち込み、ジョン・ブロードウッドなどの有名メーカーがこれを採用。小ぶりで安価なスクエア・ピアノの開発によって爆発的な人気となった。発明から百年弱、十八世紀の終盤になってようやくピアノは、チェンバロやクラヴィコードを上回る人気を得るようになった。ハイドンは一七八四年、鍵盤ソナタの出版譜に「フォルテピアノのための」と明記し、一七九〇年にはウィーンのヨハン・シャンツ社製作のピアノを知人に強く薦めている。ピアノ・ブームのはじまりは、宮廷音楽の衰退の時期と一致していた。

楽器の流行には、アーティストの存在が不可欠だ。この頃、「ヴィルトゥオーゾ・ピアニスト」と呼ばれる名手たちが、ロンドン、パリ、ウィーンなどの大都市に出現した。ダニエル・シュタイベルト、ヨーゼフ・ヴェルフル、そしてルートヴィヒ・ヴァン・ベートーヴェン。クレメンティやモーツァルトがピアノの黎明期を築いた第一世代だとすれば、これら一七九〇年代に一世を風靡した人びとは、ピアノのスター・システムを築いた第二世代だった。ウィーンでは、貴族のサロンを舞台にピアニストたちが技巧を競い合った。こと即興演奏において、一七九〇年代のベートーヴェンに勝てる者は誰もいなかったと伝えられている。

世紀の変わり目には、ピアノは、プロ、アマチュア問わず多くのひとが愛奏する人気の楽器になっていた。ただし普及の度合いは地域差があり、教育メソッドも未熟だった。一七九五年、設立当時のパリ音楽院にはまだピアノの専門科はなかった。ボンに最初にピアノが持ち込まれたのは一七八四年、ちょうどフェルディナントが生まれた年であったと伝えられている。したがって、一七八〇年代初頭、少年ベートーヴェンが師のネーフェから学んだのは主にチェンバロやクラヴィコード、あるいはオルガンだった可能性が高い。彼が自分の家にピアノを置けるようになったのは一七八八年、友人であり初期のパトロンであるフェルディナント・フォン・ヴァルトシュタイン伯爵からシュタイン（一説にはコペンハーゲンのティーフェンブルン）製作の四オクターブ半のピアノを贈られてからだった。一七九〇年代になっても、フェルディナントはラインラント周辺でまともなピアノの専門教師に出会えなかった。包括的なピアノ教育メソッドやそれを身につけたピアノ教育家が現れ、強い影響をおよぼすのはより後年である。

つまりベートーヴェンも、ピアノを教えるといっても、固有のメソッドに基づいた指導をおこなったわけではなかった。チェルニーの回想によれば、彼は半世紀前の教本であるカール・フィリップ・エマヌエル・バッハの『クラヴィーア教本』を援用しつつ、最新のピアノにふさわしいテクニックを伝授してくれたという。そのひとつがレガート奏法だった。レガートとは、音をぶつ切りにせずなめらかに弾く奏法のことで、音が長く持続するピアノならではのテクニックだ。おそらくフェルディナントもチェルニーと同じ指導を受け、独学の奏法を徹底して正されたにちがいない。

だがフェルディナントが苦労したのは、技術よりも作品解釈の部分だった。

「パッセージを弾きそこなったり、際立たせたい音符や跳躍をミスタッチしても、ベートーヴェンはほとんど何もいわなかった。しかしクレッシェンドなどの表現や作品の性格づけに関して足りないところがあると、彼は激怒した。前者はただの事故だが、後者は知識や感性、注意深さを怠っているからこそ起きる――そう彼は言った。実際のところ彼自身も、公開演奏のときに前者のミスはよくやらかしていた(15)」

表現や性格づけ――これが、若き日のフェルディナントにとっての最大の難所だったようだ。チェルニーはこう証言する。「リースの演奏は非常に巧みで、彼の師のユーモラスで遊び心のある作風をわがものとしていたが、その演奏はクールで、ベートーヴェンを完全に満足させることはなかった(16)」

本人もそれを裏づける回想を書き残している。

「ときに同じ曲を十回以上弾かされた。オデスカルキ侯爵夫人に捧げられたヘ長調の変奏曲〔op.34〕では、最後のアダージョの変奏をまる十七回も繰り返し弾かされた。自分では彼と同じようにうまく弾いていると思ったのに、小さなカデンツァの表情づけに彼は満足してくれなかった。その日のレッスンは二時間近くにおよんだ[17]」

のちに「まろやかで時にエネルギッシュ[18]」「ロマンティックで奔放[19]」と賞賛されるまでになるフェルディナント・リースのピアニズムは、ベートーヴェンの厳しい指導のたまものだったのかもしれない。彼はこう書き添えている。「ベートーヴェンは、性格とはうらはらにとても根気強くレッスンをみてくれた[20]」

## 師弟、あるいは作曲家とピアニスト

ひととおりの基礎指導を終えると、ベートーヴェンは弟子をさっそく実践の場に出した。一八〇二年ないし三年前後、彼は、パトロンのひとりであるヨハン・ゲオルク・フォン・ブロウネ＝カミュ伯爵の邸宅に弟子を送り込んだ。自分の代理としてピアノを弾かせるためだ。フェルディナントはすぐにこの家のサロンの客人たちに気に入られ、のびのびと仕事をこなした。

ところが、ここで思わぬ事件が起きた。その一部始終は、『伝記的覚書』で包み隠さず報告されている。きっかけはちょっとした退屈だった。

「ある日、暗譜で弾くのに飽き飽きしてしまったぼくは、頭に浮かんだ行進曲をあてどもなく弾いた。すると、ベートーヴェン当人が手を焼くほど彼にのぼせていたある老伯爵夫人が、この曲をベートーヴェンの新作だと勝手に思いこんで夢中になってしまった。ぼくは、この老夫人やほかの熱狂的なファンをからかうつもりで、とっさにそうだと答えてしまった。ところがばつの悪いことに、翌日、ベートーヴェンが〔ブロウネ伯爵の邸宅がある〕バーデンに現れた。夕方になって彼がブロウネ伯爵の部屋に足を踏み入れるやいなや、老伯爵夫人が、彼の天才的ですばらしい行進曲のことをしゃべり出すではないか。ぼくの気まずさを想像してほしい。ベートーヴェンが夫人の気分を損ねてしまうといけないので、ぼくは急いで彼をそばに呼んで、自分が老夫人のおろかな勘違いをからかってしまったのだと耳打ちした」(21)

幸い、ベートーヴェンは弟子の軽率なふるまいを許してくれた。しかし起きた事件はこれだけではなかった。

「ベートーヴェンは、友人クルムフォルツとぼくに、はじめてこの作品〔『アンダンテ・ファヴォリ』」を弾いてくれた。ぼくたちは大興奮して、もういちど弾いてほしいと何度もせがんだ。帰る道すがら、リヒノフスキー侯爵の邸宅に立ち寄ったぼくは、ベートーヴェンの素晴らしい新作のことを侯爵に話した。すると、覚えているだけでも弾いてほしいと強く求められてしまった。弾いているうちにどんどん思い出し、侯爵はもっと弾けとせがむ。そうこうしているうちに、侯爵も曲の一部を覚えてしまった。

　この出来事が、ベートーヴェンを唖然とさせる事態を招いた。ある日、侯爵は彼のもとを訪ね、私もこのたび悪くない出来の作品を作曲したと告げた。ベートーヴェンが聴くのを遠慮したにもかかわらず、彼は腰をおろして、アンダンテのかなりの部分を弾いてのけてしまった。ベートーヴェンは大激怒。そのきっかけとなる罪をおかしたぼくは、二度とこの曲の演奏を聴かせてもらえなかった[22]」


　どうやらこの若造、興が乗るとしでかす性格らしい。ベートーヴェンもどこかの段階で気づいたにちがいない。弟子としての忠誠心も、親ゆずりの温厚な人柄も疑いようがないのに、それとはまったく無関係に、出来心を起こして駆けだしていってしまう瞬間がある。――とりわけ、鍵盤と聴衆を前にすると。

「わかるだろう、リース君！　本当に的確に厳しく作品を批評することを願う人こそが、すぐれた識者なのだ」[23]第一の事件を経て、ベートーヴェンは彼に訓戒した。のちに彼はチェルニーにも同じことを言った。「作曲者は、自分の作品が書いたとおりに演奏されるのを願っているのだ。きみがいかに美しく弾いたとしても」[24]

そのベートーヴェン自身のピアノ演奏について、フェルディナントはこう観察している。「右手に、次は左手にと、豊かな表情をつけることはあったが、書かれていない音符や装飾音を付け加えることは滅多になかった」[25]

「書いたとおりに演奏する」――十九世紀初頭において、それは新しい演奏観だった。チェンバロが鍵盤楽器の王者だった十八世紀以前は、楽譜に書かれていない装飾音を演奏者がほどこすのは普通であり、作曲者もそれを前提とした簡素な楽譜を書いていた。

ピアノは、発明と改良の歴史のなかで、それまでの鍵盤楽器が持っていなかった音量や音域や独自の表現力を手に入れた。作曲者はその特性を活かすために、楽譜に事細かな指示を書き入れるようになった。とくにベートーヴェンの楽譜は指示書としての性格が強かった。彼はさまざまな強弱記号やスタッカートを駆使した楽譜を書き、後年にはメトロノームを導入して曲の速度を数値化した。作曲家には演奏家をコントロールする義務があり、演奏家には作曲家の意向に沿う義務がある。それがベートーヴェンの基本的なスタンスだった。

加えて、フェルディナントが弟子入りした頃、ベートーヴェンはすでに難聴に冒されていた。

「ウィーンよりパリのほうがいいのではないか」とフェルディナントの処遇について書き送った手紙のなかでも、彼は自身の聴覚の問題をヴェーゲラーに吐露している。彼がこの時期、チェルニーとリースの二名を門下に入れたのは、病状の悪化を見越して、自分の作品を「豊かな表情」かつ「書いたとおりに演奏」してくれるプロのピアニストを育てておきたかったからではないか。師の病状をすでに察知していたフェルディナントが、その悲願を理解していなかったはずがない。

**ベートーヴェンに贈られたエラール社製のピアノ**
ベートーヴェンは長らくアントン・ヴァルター社製の5オクターブ・ピアノを愛用していたが、1803年、イギリスへの亡命歴があるフランス人製作者セバスチャン・エラールから5オクターブ半の最新型ピアノを贈られ、この楽器に強い感銘を受けた。おそらく弟子のフェルディナントにとっても、これがイギリス・アクションとのはじめての出会いだった。彼は1813年のロンドン在住以降、イギリス・アクションに強く傾倒し、ブロードウッド・アンド・サンズ社のピアノを愛用し続けた。そのときどきでウィーン・アクションとイギリス・アクションを使い分けた師とは別の道を歩んだことがうかがえる。

それにもかかわらず、彼は師を裏切るにひとしい事件を起こしてしまう。しかもデビュー演奏会の舞台上で。

## 「ヴィルトゥオーゾ・ピアニスト」の誕生

「リース君。自分の仕事が山ほどあるので、きみの協奏曲の演奏は延期せざるを得ない。シュパンツィヒにはもう話してある。数日もしたらすぐに着手できるよう善処しよう(26)」

一八〇四年六月末から七月初頭に書かれたこの手紙は、このデビュー演奏会が前々から計画されており、ベートーヴェン自ら労を割く意思があったことを物語っている。ベートーヴェンが弟子のために用意した舞台は、盟友イグナーツ・シュパンツィヒが主催するアウガルテン・ホールの毎週木曜日の定期演奏会だった。シュパンツィヒは、リヒノフスキー侯爵お気に入りのヴァイオリニストで、のちに歴史上初のプロ弦楽四重奏団を結成するパイオニアである。夏シーズンの朝に開催されていたこの演奏会も、ウィーンの音楽ファンから熱い注目を集めていた。

演目は『ピアノ協奏曲第三番 ハ短調』。一八〇三年にオラトリオ『オリーヴ山上のキリスト』と同時に初演されており、フェルディナントもこのときの師の演奏を聴いている。だがピ

**アウガルテンのコンサートホール**（1834年）
フェルディナントが1804年にデビューした演奏会場。現在、この建物はアウガルテンの陶磁器工房になっている。

アノ・パートの楽譜はいまだ書き終わっておらず、ベートーヴェンは弟子のためにあらためて譜を起こしてやった。

この作品の第一楽章の終盤には、ピアニストが自由にソロ演奏を繰り広げる華やかな見せ場「カデンツァ」があった。ベートーヴェンはこの箇所を自分で作曲するよう弟子に命じた。「ぼくが作曲したカデンツァにベートーヴェンはとても満足し、少しだけ修正を入れた。そのなかには、桁外れにきらびやかだがとても難しいパッセージがあり、彼はそれを気に入っていたものの、冒険的すぎると思ったのか書き直すように命じた(27)」

まだ自作のピアノ協奏曲がない若いピアニストが、デビュー演奏会で先輩音楽家の協奏曲を弾くのは当時よくあることだった。

カデンツァの作曲は、のちにオリジナルの協奏曲を書く上でも勉強にもなるから許可する。ただし、ボンの人びとに顔向けできないような失敗は絶対にさせない。盟友シュパンツィヒが主催する演奏会。ベートーヴェン自身の指揮。そして、危なげなく弾きこなせるカデンツァ。できる限りの安全策を取る。それが師の使命というものだ。

もちろん、フェルディナントもその配慮は理解している。そもそも師の懸念はごもっともで、最初に作った難しいカデンツァはどれほど練習しても完璧に弾けるようにならない。あきらめるのが当然だ。

ところが運命の一八〇四年七月十九日。(28) ベートーヴェンは舞台上で仰天した。この若造、そういえばこういうやつだった。思い出したときにはもう手遅れだった。アウガルテン・ホールの熱気に満ちた観客席。オーケストラが奏でる宿命的なハ短調。人生ではじめての大舞台。緊張と高揚。それらが渾然一体となってフェルディナントを突き動かした。練習ですら成功させることができなかった「冒険的」なカデンツァに。

「易しい方のカデンツァを選んだら負けだと思った。難しい方のカデンツァを弾き始めると、ベートーヴェンは椅子ごと激しくびくりとした。しかしそこを成功させると、彼は喜びいさんで大声で叫んだ。『ブラヴォー！』(29)」

フェルディナントは回想する。「この叫び声が観客全員を熱狂させ、自分は芸術家としての地位を獲得したのだ」[30]――ドイツ語圏でもっとも有名な音楽メディア『一般音楽新聞』も、「ベートーヴェンの目下唯一の弟子」の演奏を褒めたたえた。「レガートによる表情豊かな演奏ぶりと、大きな難所をたやすくこなす並外れた技能と正確さ」[31]

彼の「冒険」には、おそらく、本人や聴衆が感じた以上の意味があった。それをもっとも的確に見抜いたのはベートーヴェンだった。演奏会の幕がおりたあと、彼は弟子に向かってこう叫んだ。

「しかし、きみは我が強いな！」[32]

この言葉には、当時のピアニストが直面していたさまざまな苦しみがひそんでいる。ピアノは、十八世紀後半以降の急激な進化のなかで、広い会場での演奏に対応できる強度を身につけていった。もはや聴衆は、パトロンや音楽仲間といった顔なじみばかりではない。不特定多数の市民がどんどん客席に流れこんでくる。作曲家や作品の背景も知らずに現れた有象無象の人びとを、いきなり圧倒させなければならない。

新時代の演奏環境は、多くのピアニストに深刻なプレッシャーを与えた。次から次へとスター・ピアニストが現れて聴衆を熱狂させるいっぽう、大舞台の恐ろしさにおびえて逃げる者もあとを絶たなかった。フレデリック・ショパンは、同世代のフランツ・リストやジギスムント・タールベルクが大ホールで指を躍らせている間、小さなサロンの片隅に身をひそめてこう言った。「聴衆が気おくれさせ、群衆が呼吸するなかでは自分の息ができない。好奇の目が僕の体を麻痺させ、居並ぶ他人の顔が言葉を奪う(33)」

実はベートーヴェンも、不特定多数の聴衆の前でのピアノ演奏に限界を感じていたひとりだった。貴族のサロンで何人ものライバルを倒した彼のダイナミックなピアニズムは、アン・デア・ウィーン劇場の二千人の観衆にきらびやかな魔法をかけることはできなかった。フェルディナント・リースは証言する。「彼は〔ピアノ演奏の〕自作自演を好まなかった。〔……〕ピアノ協奏曲や他の作品の演奏はぼくに任せ、指揮と即興演奏だけを望んだ(34)」チェルニーは証言する。「ベートーヴェンの作品は〔聴衆からの〕受けが良くなかった(35)」ある新聞は一八〇三年のピアノ協奏曲第三番の初演をこう評した。「優れたピアノ奏者として日ごろ知られるベートーヴェンだが、彼が演奏したハ短調の協奏曲はあまり成功せず、聴衆のじゅうぶんな満足を得られなかった(36)」

「我が強い」といえば、誰しもベートーヴェンのような音楽家を想像するだろう。しかし十九世紀初頭の音楽家の我の強さとは、不幸な家庭環境に耐えたり、難聴の苦しみを乗り越えたり、権力者に唾を吐いたりすることだけではなかった。幼い頃から神童として演奏旅行に明け暮れたヨハン・ネポムク・フンメル。モスクワとサンクトペテルブルクのロシア二大都市を制したジョン・フィールド。ヨーロッパ全土を熱狂の渦に巻き込んだフランツ・リスト。大舞台を戦場にしうる資質をもちそなえた十九世紀のピアニストたち。フェルディナント・リースは、一八〇四年、十九歳の夏の日に、彼らと同じ舞台に立ち、彼らと同じ「我」にめざめた。

それは彼自身の人生において、あるいは音楽の歴史において、ひとりの「ヴィルトゥオーゾ・ピアニスト」が誕生した瞬間だった。

# II

# キャリアの時代


3　マスケット銃かピアノか？
——二十代、あるいは若き音楽家の冒険

4　よろこびとあきらめ
——三十代、あるいはクラシック音楽の誕生

**フェルディナント・リース**（1811 年）
アンドレアス・ロンベルクのヴァイオリンの弟子でもあった音楽好きの画家、レオ・レーマンによる肖像画。北欧、ロシアへの演奏旅行を目前にハンブルクで描かれた。当作を含むフェルディナントの肖像画には、彼が片目の視力を失った要因とされている天然痘の痕跡はまったく見当たらないが、瘢《はん》痕《こん》を露骨に描かないのは当時の一般的な慣習でもあった。

# 3　マスケット銃かピアノか？
## ——二十代、あるいは若き音楽家の冒険

### 打ち切られた師弟生活——フランス軍「二度目」の襲撃

一八〇五年初冬。二十一歳の誕生日前後。

フェルディナント・リースは、寒風吹きすさぶなか、ウィーン北方の街道をとぼとぼと歩いていた。

前回の旅は楽しかった。カール・フォン・リヒノフスキー侯爵に随伴して、領地シレジアのケーニヒグレーツ（現：フラデツ・クラーロヴェー）まで、優雅な馬車の旅を満喫したのだ。彼

は師の代役として、侯爵の屋敷で演奏仕事をこなした。デビュー演奏会も成功し、音楽好きの貴族からも気に入られ、ピアニストとしての前途は明るい。そう思っていたのはわずか数か月前のことだ。

いま、泥まみれの旅行鞄の中に入っているのは、この四年の間にウィーンで書きためた自筆譜の束。そして、ベートーヴェンが別れ際に彼の手に押し込んだ一通の嘆願書だった。

「お許しください、侯爵夫人様！　このような手紙を持参させ、ひどく驚いていらっしゃるかと存じます。私の弟子である哀れなリースが、この不幸な戦争のためにマスケット銃を肩にかつがねばならなくなりました。――外国人としてこの数日内にもここを発たねばならず――しかし彼は長旅をするのにまったく何も持っていないのです――この状況ではアカデミーを開くこともできません――彼は施しに頼るより他ありません――それゆえあなたにお目にかからせる次第です――このような不躾をお許しください――気高いお方にお頼りする以外に、このようなひどい苦境を切り抜ける方法はございません。私は、彼の重荷を軽くしていただけると確信し、あなたのもとへこの哀れな者を参らせたのです。――彼を知るみなさまにお頼りするしかございません。

もっとも深い畏敬をこめて

L・ヴァン・ベートーヴェン

## リヒテンシュタイン侯爵夫人へ[1]」

フェルディナントは、フランス軍から召集令状を受け取ってしまったのだ。一八〇五年当時、故郷のボンはいまだフランス領だった。「満二十歳のフランス国民の男子」として、彼はコブレンツで徴兵検査を受けねばならなくなった。

フランス政府が、近代史上初の国民皆兵のための法律「ジュールダン法」を制定したのは一七九八年。この法にしたがって、満二十歳から二十五歳の男子が徴兵名簿に登録され戦場に送り出された。

とき同じくして、成り上がりの軍師ナポレオン・ボナパルトがフランス政権を掌握。戦争はヨーロッパ全土に拡大し、ベートーヴェンの音楽生活にも影を落とした。一八〇四年、ナポレオンが皇帝になったというニュースをフェルディナントが伝えると、ベートーヴェンは激しく怒り、『交響曲第三番 変ホ長調「英雄」』の献呈先を変えてしまった[2]。一八〇五年秋には「ウルムの戦い」でフランス軍がオーストリア軍を破りウィーンを占拠。裕福な貴族や市民は次々と街から逃げ出した。その結果、十一月二十日に初演された入魂のオペラ『フィデリオ』は、ドイツ語を理解しないフランス兵士で客席を埋めつくされ、大失敗に終わってしまった。

この悲惨な初演現場を、フェルディナントは自分の目で見ることはなかった。彼はその直前にウィーンを発った。「長旅をするのにまったく何も持っていない」状態だったにもかかわらず。持っていなかったのは金ばかりではない。戦乱のごたごたで、旅券すら手に入らない。金も旅券もなくては、長距離馬車にも乗れない。

馬車でミュンヘンを経由して帰郷する道は断たれた。もはや覚悟を決めて「冒険的」な方法を選ぶしかない。ウィーンからプラハ、ドレスデン、ライプツィヒを経由する北上ルート。旅券なしで検問を突破するなら、こちらの方がいい。突破する方法はひとつしかない――「徒歩」だ。

嘆願書の文面は、第三の選択肢があったことを暗示している。表面的に見れば、この文面は旅費の無心だ。しかし金が目的ならば、リヒテンシュタイン侯爵夫人よりも気軽に頼みやすい間柄の貴族がいたはずだ（リヒノフスキー侯爵はフランス軍の占拠のあいだもウィーンにとどまり、『フィデリオ』の初演にも立ち会っていた）。しかも侯爵夫人の夫ヨハン・フォン・リヒテンシュタイン侯爵は、非常に高名なオーストリア陸軍元帥である。一八〇五年十二月二日にフランス軍とロシア・オーストリア連合軍の間で行われた「アウステルリッツの戦い」では、連合軍の司令官に任ぜられている。つまり、敵国フランスの徴兵検査所に行くための金を求めるべき相手ではない。

弟子の身柄をオーストリア側で保護してほしい。この手紙はそういう「嘆願」であった可能性が高い。そうだとすれば、ベートーヴェンも彼なりに覚悟をしただろう。銃を捨てたいなら、故郷を捨てよ。彼は同郷の弟子にそう諭したのだ。四年にわたるキャリア教育の最終段階として。

しかし「我の強い」弟子はここでも師の意にそむいた。ジュールダン法には、徴兵を拒否すれば市民権や家の相続権を失うとある。それだけではない。幼い弟妹たちや親が、逃げた自分の身代わりとしてどんな危険にさらされるだろう？

フェルディナントは師の覚悟の直筆を一瞥した。そして、それを旅行鞄の奥底にしまいこんだ。――ベートーヴェンがあとで知ったら「めちゃくちゃに怒られる」(3)だろうと予感したにもかかわらず。彼はライプツィヒを目指して黙々と歩き続けた。十六万の軍靴の音が迫りくるのを感じながら。アウステルリッツの戦いが行われたのは、ウィーンから約百五十キロ北方。彼の旅路と遠からぬ地点だった。

豆だらけの足でようやくたどりついたコブレンツの徴兵検査所で、いったい何が起きたのか。真相は今もってわからない。『ハルモニコン』誌には次のように書かれている。

「幼年期にリース氏は天然痘の影響で片目の視力を失っていたので、従軍に適さないという

（右上）**フランス軍のウィーン占領**（1805 年）
（右下）**フランス軍のウィーン攻撃**（1809 年）
（左上）**フランス軍のロシア遠征と敗走**（1812 年）

18 世紀末から 19 世紀初頭に活動していた音楽家のほとんどは、革命戦争とそれに続くナポレオン戦争によってキャリアを失う危機に陥った。どのタイミングでどの都市に移動し何をすべきかという戦局を読むスキルと運の良さが求められた。若い世代には徴兵の問題もつきまとった。ウィーン生まれの音楽家フランツ・シューベルトは、オーストリア軍からの徴兵を逃れるために、兵役免除の対象である教師の職を選んでいる。フェルディナント・リースの前半生は、戦争世代の若い音楽家の生き方の一例といえるだろう。

宣告を受けた(4)」

彼が生まれた十八世紀後半、天然痘は死病とも恐れられた脅威の感染症だった。ベートーヴェンもボン在住の少年時代に天然痘にかかり、その影響で頬にあばたが残ったと伝えられている。重症になると視力を失うことも決して珍しくない。しかし、フェルディナント・リースの灰茶色の瞳の片方に大きな欠損があったという情報は、『ハルモニコン』誌以外の史料からは確認できない。彼は本当に「独眼竜」の音楽家だったのか。あるいは、そういう嘘をついて検査をうまくすり抜けたのか。あるいは、音楽雑誌に公開できないまったく別の事情があったのか。

さまざまな憶測が可能ではある。ただ、何が真相であったにせよ、一八〇五年当時において徴兵を免れるのはさほど難しくなかった。一八〇五年に召集されたニーダーライン出身の男子のうち、従軍したのは約十八パーセントにすぎず、ほかの者は持病や体格不良などで兵役を免れている(5)。何らかの理由で彼が危機を脱したとしてもなんの不思議もない。「不合格」の印を押されたフェルディナントは、あっさりと検査所から追い出された。目の前には、「父なるライン」川が広がり、かつてと変わらぬおだやかさでボンに向かって蛇行していた。

## 作曲家デビューとフリーメーソン入会

フェルディナントにとっては不本意な修業生活の打ち切りだった。とはいえ、彼の帰郷は故郷の大人たちを喜ばせた。どうなるともわからないまま送り出した十代の若者が、ウィーンでデビューを果たした二十一歳のピアニストとして帰ってきたのだ。しかも「徴兵検査不合格」というお墨付きまで得て。

彼自身だけでなく、リース家の状況も出発前とは変わっていた。一八〇二年に末弟のフーベルトが生まれ、母は帰郷の半年前に亡くなっていた。子どもたちは幼時に亡くなったひとりを除いてみな順調に育ち、いまや二十一歳から三歳までの五男五女の大世帯となっていた。五十歳になった父は、フランス当局の徴税人の仕事や地主としての収益で、気丈に子どもたちを養っていた。だが、もはや長男はのんきに脛をかじっていられる立場ではない。音楽家として出世することは、リース家の跡継ぎの責務でもあった。

キャリアアップの次の手を打ってくれたのは、音楽出版人ニコラウス・ジムロックだった。フェルディナント・リース、作曲家デビュー計画である。

ウィーンにいた頃、すでにフェルディナントはピアノと並行して作曲の勉強を始めていた。ベートーヴェンは「〔作曲の指導には〕明晰かつ正しい説明ができる特別な才能が必要だ」(6)という考えを持っており、自分ではレッスンをしようとしなかった。その代わりに、ヨハン・ゲオルク・アルブレヒツベルガーに頼み込み弟子を勉強に行かせた。かつてベートーヴェン自身も師事した作曲理論の大権威だ。フェルディナントは一回のレッスンにつき一ドゥカーテンを払い、金が尽きるまで計二十八回のレッスンを受けた。

アルブレヒツベルガーの指導には「作曲のテクニックが詰まっていた(7)」とフェルディナントはのちに回想している。ハイドンと同世代のこの老教師から、フェルディナントは十八世紀中盤から末期にかけてドイツの音楽が築き上げてきたさまざまな手法と価値観を教わった。その影響といえようか、彼の若書きの作品には前世紀の遺産のような音楽観が散りばめられている。さらに際立つのはジャンルの多様性だ。彼は二十代半ばまでに、交響曲、ヴァイオリン協奏曲、ピアノ協奏曲、弦楽四重奏曲、弦楽器とピアノのソナタ、カンタータ、歌曲、二手と四手のピアノ曲など、幅広いジャンルの芸術作品を書き上げている。ヴィルトゥオーゾ・ピアニストの顔を持つ音楽家としては異色な傾向かもしれない。彼は同世代のジョン・フィールドや後輩のフレデリック・ショパンのように、ピアノの専門作曲家としての道を歩むことを望んでいなかった。作曲家人生の初期から、彼はハイドンやモーツァルトのようなジェネラルな芸術音楽家を志していた。

そもそも彼の作曲傾向は、少年時代からピアノ一辺倒ではなかった。最初に完成させた作品はピアノ曲ではなく弦楽四重奏曲であり、その後も弦楽器が登場する作品を多数手がけている。

宮廷ヴァイオリニストの息子として生まれ、宮廷音楽家になるための初期教育を受けた彼にとって、室内楽やオーケストラは幼い頃から親しみぶかい存在だった。そして、ピアノを主戦場としつつ、室内楽から交響曲へ、そしてオペラへとジャンルの幅を広げる同郷の先輩ベートーヴェンの作曲キャリアは、彼にとってもっとも身近で現代的なモデルケースだった。

だからこそ、フェルディナントの作曲はベートーヴェンを徹底して「真似る」ことからはじまった。ウィーンで師事する何年も前から、彼はベートーヴェンの作品の斬新さを自作に取り入れようとしている。一七九九年、十四歳の頃に書かれた『チェロ・ソナタ ハ短調』（WoO2）には、すでにベートーヴェンの『ピアノ・ソナタ ハ短調「悲愴」』第一楽章の冒頭部の模倣があらわれている。(8) ベートーヴェン二十代の最大のヒット作であるこのソナタは、若き日のフェルディナントに強烈なインパクトを与えたとみえ、ベートーヴェンに師事しているさなかに書かれた『ピアノ・ソナタ ロ短調』（WoO11）の第三楽章も、『悲愴ソナタ』第三楽章の音型と非常によく似ている。

作曲家を尊敬するがゆえに作品を真似てみた。あるいは作曲の練習のために憧れの作品を真似てみた。どんな作曲家も若き日に通る道だ。しかしフェルディナント・リースのベートーヴェン模倣は、それらとはまた性質が異なる。ベートーヴェンのメロディや音型をためらいなく引用する彼の作曲スタイルは、年を追うごとに控えめになるとはいえ、実質的には彼の全生涯をつらぬいている。ベートーヴェンを礎としつつ、いかにしてベートーヴェンを超えるか。それこそが彼の音楽人生にとって最大の命題であり、十代の頃の『悲愴ソナタ』に類似した作品群は、彼がこの命題に向き合った最初の痕跡であるといえるだろう。

一八〇四年夏のピアニスト・デビュー演奏会は、彼がベートーヴェンと戦い、勝利をおさめたといえる最初の出来事だった。高難度のカデンツァを完璧に弾いてのけたという強烈な成功体験は、彼にヴィルトゥオジティという武器をもたらした。ピアノ協奏曲というジャンルで時代の最前線に躍り出るための飛び道具だ。では室内楽ならどんな武器があるのか。交響曲ならどんな武器があるのか。師のスタイルを、どうすれば自分流にアップデートしうるだろう？

「ベートーヴェンの弟子であり同郷の後輩」が抱えたこの命題を、ジムロックは非常によく理解していた。彼こそがフェルディナントをその命題に誘導した張本人であった可能性もある。ボンに残る道を選んだ数少ない元宮廷音楽家であるジムロックは、誰よりも「ボンの二人目の才能」の出現を待ち望んでおり、ベートーヴェン家とリース家の長男ふたりが生み出す新しい音楽シーンに商売上の期待をかけていた。そうでなければ、このような「作品一」は誕生しなかっただろう。フェルディナント・リース初のオリジナル出版作『二つのピアノ・ソナタ』——は、一八〇六年に日の目を見た。

ベートーヴェンから推薦を受けたピアニストによる規格外の芸術作。それがジムロックの狙ったイメージだった。ピアノ・ソナタ。若き本格派のデビュー作にはもっともふさわしいジャンルである。しかも、かなりの大作だ。ボン帰郷後に作曲されたハ長調の第一曲は、全四楽章構成で八百四十五小節。彼のピアノ・ソナタ全作の中でも最も長い。入魂の一作であることは誰の目にも明らかだった。

その反面、欠点も多かった。素朴で力強い第一主題と、エレガントな第二主題を強引な転調でつなぎ、音域をめいっぱいに駆使して演奏効果を狙った第一楽章は、「大胆」で「冒険的」であるがゆえのいびつさが目立つ。ウィーン滞在中に書かれたイ短調の第二曲や、未出版に終わった『ロ短調』(WoO11)のほうが手堅くまとまっている。ジムロックがハ

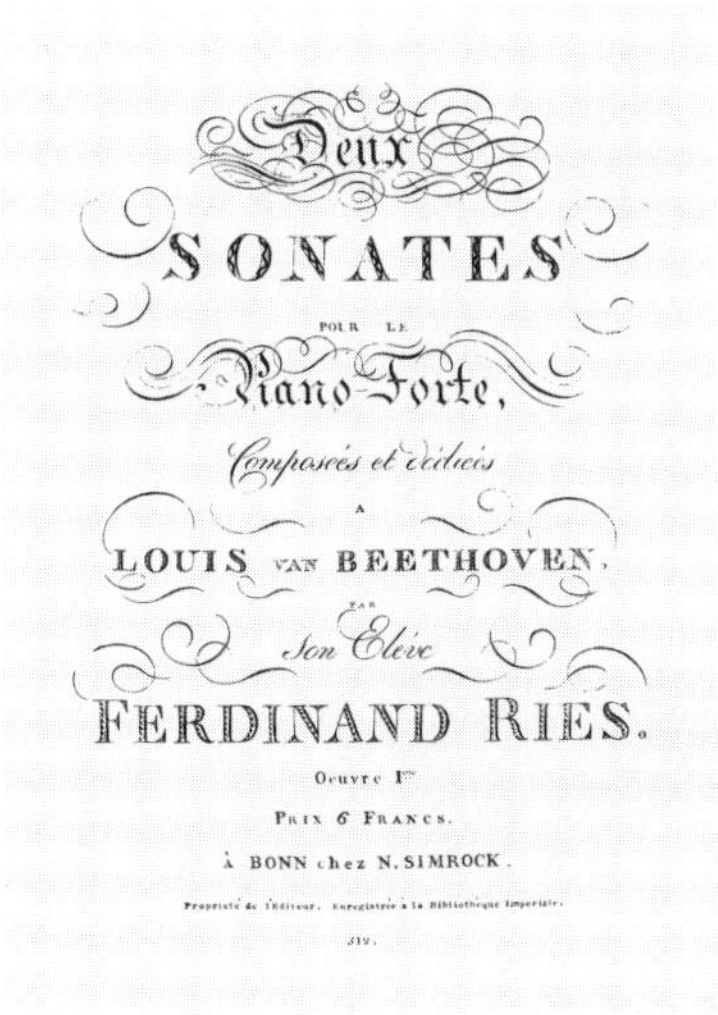


**『2つのピアノ・ソナタ』(op.1)初版譜表紙**(1806年作曲)
フェルディナント・リースの初オリジナル出版作。ジムロック社は彼の初期作品のほとんどの初版を手がけており、彼の作曲活動のマネージメントのような役割を果たしていた。社長のニコラウス・ジムロックは、フェルディナントを成人後も親称の「du(きみ)」で呼んでおり、ほとんど親戚のような間柄であったことがうかがえる。表紙に刻まれた献呈相手の名前は、今日でいう著名人からの推薦コメントのような宣伝効果があり、ジムロックにとってはボン出身のふたりの音楽家をプロモーションする絶好の機会でもあった。

長調のソナタを第一番の第一曲として出版させたのは、その冒険性こそがベートーヴェンの弟子にふさわしいと考えたためだろう。

それだけではない。この作品一はベートーヴェンに献呈されている。出版作を献呈するとは、表紙に献呈相手の名前が大きく掲載されることを意味していた。この若き芸術家がベートーヴェンから認められた人物だという証拠を、出版を介して世間に広く伝えることができる。しかもこの作品一の出版譜には、さらなる押しの一手が隠されていた。表紙をめくると、仰々しいフランス語の献辞で埋め尽くされた一ページが現れるのだ。

「私にとって初めてのものとなる労作群を献呈させていただきます。音楽芸術の分野における成長について私が多くを負う方にこれをお届けできますこと、まことに感謝の意にたえません。と申しつつ、先生は**偉大なるクラシック作曲家**に数えられる方でおいでのところ、その比類なき高みから先生の圧倒的才能をもって睥睨いただくものとして拙作をお届けするには気後れも感じております。何卒これが当方にとりまして初めて白日のもとへ送り出す作品であることをお含みの上、格別の寛大をもってご覧いただきたく存じます。けだし、先生は日頃より暖かいお心で若き音楽家たちをお迎えになり、友愛をもって庇護のもとに置き、親しくしてくださる方でおいでです。その点かねてより私自身も敬服しておりました上で、改めて勇気を奮い起こし、他のあらゆる懸念を越えて拙作をお届けしようと決心するに至った次第でございます。これを機会に、先生が家族愛をもってお迎えくださいましたこと、先生の側から強く望んで私を引き受けてくださいましたこと、私にとりまして栄誉というほかない友愛を傾けてくださいましたことに、私からのいとも誠実かつ熱烈なる感謝の念を表明させていただければ幸いです。先生のもとで過ごさせていただいた愉しき時間の数々は、未来永劫この心から消し去り得ようもございません。また、もし私の奮戦にいくらかでも成功している点が見いだせますれば、それはほかでもない先生の助言の数々に負うところであると申し上げられましょう。そのうえでなお、いつか公の皆様の前でも自分を証し立てることができますれば、これにまさる喜びはございません――二つの栄誉ある呼び名のもと、すなわち、かの偉大なる名匠の**唯一の弟子にして友**という呼び名のもとに〔……〕」(9)

師ベートーヴェンを「偉大なるクラシック作曲家（grands compositeurs classiques）」として崇め、自らを「唯一の弟子にして友」と称する――。このボン生まれの師弟を音楽史の本流として世に示そうというジムロックのたくらみがはっきりと現れている。彼の戦略は功を奏した。このデビュー作は、一八〇七年三月四日付の『一般音楽新聞』に長文の評が掲載されるに至った。

「リース氏は、ベートーヴェン門下の才能ある若者として、そして技術達者なピアニストとしてウィーンからその評判が届けられていた。この二つに加え、このたび出版された作品によって第三の道が開かれた。――彼は作曲家として注目を集めるに違いない。彼はまったくありきたりでない作品を世に出してしまったが、そこにあらわれた徴候をみるに、〔将来的には〕正真正銘のすぐれた仕事を期待してもよいと思われる。期待――と言ったのは、彼は、ほかの多くの若いヴィルトゥオーゾと同じく、自らのうちに何を見出し、それをもってどこへ向かい、すみやかに一人前になるかという方法をまだまったく知らないように見受けられるからだ」

判断しがたい作品、あるいは作曲家が世に出てきた。そんな一抹の困惑が読み取れる。評は後半にいくにつれ辛口になっていく。「このソナタは、かのモーツァルトが好んで用いたことばを使えば〔……〕『よちよち歩きのソナタ』に分類される。これは、十本の指全部をたえずめいっぱいに這い回らせることばかりを気にかけているような曲を指す。こういう曲は、たとえ悪くない出来栄えであったとしても、愚にもつかない効果しかもたらさない」

さらに、フランス語の献辞にもお小言が添えられている。「彼はドイツにいるドイツ人作曲家であり、献呈相手のベートーヴェンはドイツに住むドイツ人作曲家であり、この献呈作はドイツ人のためのものだ――周知の通り、このような作風を好むのはドイツ人だけだからだ。それなのになぜ彼はフランス語でこの献辞を書いたのか？」(10)

献辞がドイツ語で書かれなかったのは、ジムロック社のあるボンがフランスの占領下にあったのがおもな理由だろう。しかしいずれにせよ、この「炎上」はジムロックの計算内だった。「まったくありきたりでない」——有名な音楽新聞からその一語を引き出せたことこそが、作曲家デビュー成功の証だった。

約一年の帰郷は、フェルディナントにとって作曲活動のスタートアップの期間となった。作品一に続く形で『三つのヴァイオリン・ソナタ』(op.16)、『ピアノ協奏曲第六番 ハ長調』(op.123)などが書かれた[11]。

『六つの歌曲』(op.7)は、ボン出身の医師フランツ・ゲルハルト・ヴェーゲラーに献呈された。フェルディナントよりも十九歳年上だが、帰郷をきっかけに厚い友情を築き、のちに『ルートヴィヒ・ヴァン・ベートーヴェンに関する伝記的覚書』を共同執筆することになる人物である。第一曲『人間』と第六曲『春』は、フリードリヒ・シラーの詩にもとづいており、発禁が解かれた一八一〇年にジムロック社から出版された。

この頃に書かれたある一群の作品は、彼が一成人としてボンのコミュニティに本格的に参加しはじめたことを示している。ボンのロッジのためのパートソング『フリーメーソンの祝祭』

(op.44-2)、ボンのフリーメーソンの催しのためのカンタータ『いざ兄弟よ』(WoO9)、さらには、カンタータ『朝』(op.27)。「兄弟よ、黄金の弦を合わせよ」「朝は新たな生きる喜びをもたらす」という歌詞がいかにもフリーメーソン的だ。

折しも彼が帰郷する半年前の一八〇五年五月、ボンの街に数十年ぶりにフリーメーソン・ロッジが再建された。ロッジ名は「勇敢なる兄弟たち(Les frères courageux)」。フランス系のフリーメーソン団体「グラントリアン(大東社)」の一支部ではあったが、メンバーの三分の二はドイツ系で、フェルディナントの父フランツ・アントン・リース、ジムロック、ヴェーゲラーなど、往年のイルミナティや読書協会を担った人びとが参加していた。

当時のボンでは、戦争によって衰退した学芸や文化を再興させようというムーブメントが起きており、ロッジの再建はその動きの一環だった。一八〇八年には、フランツ・アントン主導のもと、音楽団体「ボン・リゼウム」も設立されている。

フェルディナントのフリーメーソン入会は、こうした地元の文化復興への貢献であると同時に、今後の音楽活動の足がかりでもあった。フリーメーソンは、ヨーロッパじゅうに支部をもつ大組織であり、会員になればそのネットワークを演奏旅行に活用できる。フリーメーソン音楽家として有名なモーツァルトも、行く先々で現地のロッジを訪れ、人脈の幅を広げたことが知られている。

かくして、次なるキャリアの準備は整った。一八〇六年末、故郷に別れを告げて向かったのは、フランスの首都パリだった。

## 「不運」という名のパリ

パリに行く。それは状況を逆手に取った選択だった。彼は十歳の頃かられっきとしたフランス国民だ。そのおかげであわや戦争に行かされかけた。初の出版作は、フランスの音楽出版社から、フランス語の献辞を添えて出版されている。戦勝国の利益にあずかったとして、いったい何が悪いだろう？

大きな野望を胸に、彼はシャンゼリゼに降り立った。大通りの西端では「アウステルリッツの戦い」でのフランス軍の勝利を記念したエトワール凱旋門の建設が始められていた。

当時、活動の場としてパリを選んだ音楽家は彼だけではなかった。ロシア、フランス、イギリス、プロイセンを渡り歩いてキャリアを築いた音楽家ヤン・ラディスラフ・ドゥシークも、ちょうどこの頃フランスに戻り、フランス外務大臣のシャルル＝モーリス・ド・タレーランに召し抱えられていた。政治情勢や景気をよく見極め、ここぞというタイミングで移動するのは、ヴィルトゥオーゾにとって重要な処世術のひとつだった。

ところが事は思うように進まない。「ぼくのドイツ的な性格と精神は、ここではまるで需要がなかった」[12]——フェルディナントはのちにそう回想する。彼も、彼の経歴も、彼のピアニズムも、パリではおよそ見向きもされなかった。『一般音楽新聞』はこう伝える。「フランス、ことパリにおいては、すべてのピアノ教師がシュタイベルトの手法を真似て、間違いを蔓延させている。彼らはハイドン、モーツァルト、ベートーヴェン、クレメンティ、クラーマー、ドゥシークやフンメルといった良質な音楽を追いやり、肉体と魂をいかさま芸（シャルラタン）と貧弱な趣味で牛耳っているも同然だ。〔……〕成功したければ、必須なのはポプリや変奏曲だけだと思わなければならない」[13]

デビュー作としてピアノ・ソナタを出版するような類の音楽家はお呼びでない。それが当時のパリの音楽界だった。演奏や出版のオファーはおろか、レッスンに来てくれる弟子さえも見つからない。この悲惨な状況は、一年半にわたって続いた。

当時のフェルディナントの葛藤は、『幻想風ピアノ・ソナタ 嬰ヘ短調「不運」』（op.26）のなかに切実に現れている。彼の人生唯一の副題付きソナタであるこの作品からは、師の『悲愴』『テンペスト』『熱情』といった有名なソナタの面影とともに、ドゥシークやフンメルといった、一般音楽新聞が書くところの「良質な音楽」へのリスペクトも聴こえてくる。

パリで人気を博している「ポプリや変奏曲」などのジャンルをまったく意識しないわけでは

なかった。実際、彼はフランスで当時ヒットしていたパエールのオペラや流行歌を用いた『三つの変奏曲』（op.82）ほかいくつかの変奏曲を書いている。しかしそれよりもはるかに目立つのは、圧倒的な量のソナタ作品だ。八曲のヴァイオリン・ソナタ（op.3, 8, 10, 81, 83）、五曲のピアノ・ソナタ（op.9, 11, 26）――どん底の状況にあったとは思えないほどの数の「芸術作品」がこの時期に生まれた。フェルディナント・リースの全作品のなかで今日もっとも録音や演奏機会の多い二作のチェロ・ソナタも、このパリ時代に作曲されている。

当時のチェリストは、ピアニストやヴァイオリニストと同じく、たくみなテクニックを駆使して観客を魅きつける「ヴィルトゥオーゾ」的な要素をもつ花形アーティストが多かった。ヨーロッパじゅうを巡演して喝采を浴びるチェリストもいた。ベートーヴェンも、ベルンハルト・ロンベルク、ジャン＝ルイ・デュポール、アントン・クラフト、ヨーゼフ・リンケといった第一級のチェリストたちから技法を学び、彼らの弓さばきを念頭に置いた作品を書いている。

フェルディナントにとってのチェリストといえば、幼い彼にチェロを優しく教えてくれたロンベルクだった。チェロ・ソナタというジャンルがまだ一般的ではなかった一七九九年、十四歳の彼が『チェロ・ソナタ ハ短調』（WoO2）を手がけたのは、ロンベルクへの個人的な思い出があってのことだろう。パリで書かれた『チェロ・ソナタ ハ長調』（op.20）と『同 イ長調』（op.21）は、ベートーヴェンの『チェロ・ソナタ第三番 イ長調』とほぼ同時期に書かれているにもかかわらず、まったく別の志向性を持っている。ベートーヴェンのソナタはチェロとピアノを対等に競わせているが、フェルディナントのソナタは『ピアノフォルテとオブリガート・チェロのためのグランド・ソナタ』という出版譜上のタイトルが示すとおり、チェロの役目はあくまでも助奏（オブリガート）にとどまる。ロンベルクが得意とした低音の響きをバックに、ピアノが主役さながら鍵盤の上を華やかに駆け回る作品だ。いつの日か、名手ロンベルクをしたがえてピアノを演奏したい――不遇のパリの地で、彼はそんな夢をひそかに抱いていたのだろうか。

その夢を現実に変えるためのヒントを与えてくれた人がいた。パリ在住のフランス帝国議員ジャン・アンドレ・ザウアー。もとケルン選帝侯の宮廷顧問官であり、大の音楽愛好家という人物だった。おそらくフランツ・アントン・リースとも顔なじみの関係だった彼は、息子のフェルディナントのことも気にかけてくれた。音楽に見切りをつけて、役人にでも転身すべきかもしれない――そう考えるところまで追い詰められた彼に、ザウアーはこんな言葉をかけた。

「環境を変えたまえ。パリじゃなくて、ロシアに行けばいいじゃないか(14)」

当時のロシアや北欧の地は、まだフランス軍の手が及んでおらず、のびのびと音楽活動ができる最後の楽園と噂されていた。この助言はフェルディナントにとって大きな福音となった。勇気づけられた彼は、さっそくロシアの民謡を研究しはじめた。パリ在住時に書き上げたピアノ連弾作品『ロシアの歌による変奏曲 変ホ長調』（op.14）を、彼はのちにザウアーの娘に献呈している。

**ウィーンふたたび――フランス軍「三度目」の襲撃**

一八〇八年夏。パリに別れを告げて向かったのはウィーンだった。

なぜ彼は、ロシア行きを夢見ながら一度ウィーンに戻ったのか。一八〇八年初頭から演奏旅行でウィーンに滞在していたベルンハルト・ロンベルクに会いたいと考えたのかもしれない。

だが、彼は五月中旬にウィーンを発って次の旅行に出発してしまっていた。

**ベルンハルト・ロンベルク**（1815 年以降）フランツ・クリューガーによる肖像。ロンベルクは 1767 年にハンブルクの音楽一家に生まれ、同い年のヴァイオリニストのいとこであるアンドレアスとともに、わずか 7 歳にしてミュンスターでデビュー。その後、アンドレアスと各地を演奏旅行し、1790 年からボンの宮廷楽団の一員となった。戦争によってボンの宮廷が消滅したあとは再び演奏旅行に出て、スペイン、フランス、ロシア、ドイツほか各都市を巡演した。18 世紀後半から 19 世紀前半の「ヴィルトゥオーゾ・チェリスト」を代表する人物である。チェロ作品のほかに交響曲やオペラも手がけ、1840 年には『チェロ教程』を出版。子ども用のチェロの考案者としても知られている。

もうひとつ考えられる可能性は、ロシアや東欧諸国への旅行のためのコネクション作りだ。パリ滞在中にジムロック社から出版された『三重奏曲 変ホ長調』(op.2)の出版譜の表紙には、こんな献辞がつづられている。「ロシアのブロウネ男爵夫人に献呈」――ウィーンでの修業時代、彼が師の代わりにたびたびピアノ演奏をつとめたブロウネ家は、ロシアの貴族の血筋だった。もとよりベートーヴェンのパトロンの多くは、ロシアや東欧にルーツを持っている。この「東欧の玄関」たるウィーンで、彼らといまいちど親交を結ぼうと考えたとしても不思議ではない。この時期に作曲、出版された作品の多くは彼らに献呈されている。ピアノ連弾作品『三つの行進曲』(op.4)と『二つのピアノ・ソナタ』(op.9)はシレジアに領地を持つカール・フォン・リヒノフスキー侯爵と弟のモーリッツへ、ピアノと弦楽器による『四重奏曲 ヘ短調』(op.13)と『同 変ホ長調』(op.17)はボヘミア系のロプコヴィッツ侯爵とフェルディナント・フォン・キンスキー侯爵へ、そして『七重奏曲(五重奏曲)変ホ長調』(op.25)はロシア系のアンドレイ・ラズモフスキー伯爵へ。とりわけロシアの外交官であるラズモフスキーは愛国心が強く、ベートーヴェンも、ロシアのメロディをふんだんに引用した三曲の弦楽四重奏曲(ラズモフスキー第一番、第二番、第三番)を彼に捧げている。

再会した師ベートーヴェンとの関係は、三年前ほどに良好ではなくなっていた。フェルディナントはもはや修業中の十代の青年ではなかった。彼はすでに二十三歳で、いくつかの出版作があり、そしてキャリアの停滞に大きな焦りを感じていた。必死で自分のパトロンにコンタクトを取り、自作を手にずかずかとサロンに入ってこようとする弟子は、ベートーヴェンにとって疎ましい存在になりつつあった。その上、仕事に困っているのを見て与えてやった『ピアノ協奏曲第四番 ト長調』の演奏の仕事を、この弟子はすげなく断ってきたのだ。あまりに急なオファーで練習の時間がない、というのが弟子の言い分だったが、ベートーヴェンからすれば好意を無碍にされたに等しい出来事だった。

不穏な気配はあらかじめ漂っていた。だからこそ、一八〇八年末にカッセルの宮廷楽長就任のオファーがベートーヴェンに舞い込んできたとき、――そしてベートーヴェンが翌年の初頭にこのオファーを断ったとき、――さらにその直後に「弟子のリースが師の代わりにカッセルに行くのではないか」という根拠のない噂が世間に広がったとき、師弟の間に危機的な亀裂が走った。

フェルディナントはのちにこう回想する。

「ぼくははじめその噂を信じられなかった。そこでベートーヴェンのところへ赴き、事の真相を聞き出し、アドバイスをもらおうとした。ところが三週間も会ってもらえず、その件の手紙を書いても返事をもらえない。ようやくレドゥテ〔おそらくウィーンの宮廷舞踏場レドゥテンザール〕で彼を見かけたので、近寄っていってぼくの申し出について尋ねてみると、彼は『とすると、きみは俺にオファーがあった地位に自分がつけるとでも思っているのか』と刺すような声音で言った。彼はぼくを冷たくはねつけんばかりだった。あくる朝ぼくは、彼と話し合おうと家をたずねた。すると使用人が『ご主人様は留守でございます』とぶっきらぼうに言った。しかし隣の部屋からは彼の歌声や演奏が聞こえてくるのだ。使用人がいっこうに取り次いでくれないので、押し入ってやろうとしたが、彼はドアに飛びついてぼくを押し返した。これに腹を立てたぼくは、彼の喉もとをつかんで激しく投げ倒した。騒ぎをききつけて飛び出してきたベートーヴェンは、まだ床に転がっている使用人と、死んだように青ざめたぼくを見た。怒り心頭のぼくは、わあわあ悪態をつきまくり、彼は唖然としてその場に立ちつくしていた。事情を最後まで説明すると、彼は言った。『そうとは知らなかった。きみが俺に隠れて、あの地位を奪おうとしているという噂を聞いたんだ』そんなことするわけないと断言すると、彼はすぐに、思い違いを正すためにぼくと一緒に〔関係者のもとに〕出かけてくれた。ところがすべては遅すぎた。宮廷楽長の地位をぼくは得ることができなかった。当時のぼくにとっては、幸運のひとくさりになったにちがいなかったのに(15)」

この一件からは、彼ら師弟にとって「宮廷」という語がいまだデリケートな響きをもっていたことがうかがえる。カッセルは、神聖ローマ帝国の解体にともなって一八〇七年に生まれたヴェストファーレン王国の首都で、ナポレオンの弟ジェロームが国王の座についていた。フランス軍がボンから奪っていった宮廷を、カッセルで取り返す。「リース家のフェルディナント」にそんな薄暗い願望がよぎったとしても、そして「ベートーヴェン家のルートヴィヒ」が彼の様子にあらぬ誤解を抱いたとしてもなんら不思議ではない。フェルディナントはこの一時だけ、ロシア行きのプランを捨てた。宮廷の職はそれほどに強烈な魅力を放っていたのだ。

ともあれ夢はむなしく散った。フェルディナントは地位をあきらめ、師弟は信頼と友情を失わずに済んだ。そして間もなく、宮廷どころではない最悪の事態がフェルディナントを襲った。一八〇九年五月十日、「エーベルスベルクの戦い」でオーストリア軍を破ったフランス軍がふたたびウィーンを包囲した。十一日には、フランス軍がウィーンの市壁沿いに配置した二十台の砲列が一斉に火を吹いた。弟カスパルの家の地下室に駆け込み、クッションを頭からかぶって震えている師を、フェルディナントは呆然と見つめていた。人生で三度目のフランス軍の襲来だ。

事態はそれだけでは済まなかった。なんと、彼はふたたび軍隊から召集されてしまう。しかも今度はオーストリア軍からだった。正規兵ではなく志願兵（義勇軍）としての採用だと推測されるが、召集方法はきわめてずさんだった。「フランス国民」であるはずの彼は、ウィーン滞在中の成人男子だというだけで強引に兵舎に連れて行かれ、軍事訓練を受けさせられる羽目になった。

幸い戦局が早く落ち着いたため、寄せ集めの若者らはいったん兵舎から解放された。しかし、このままウィーンにとどまっていればまた同じ目に遭うおそれがある。フェルディナントは、仕方なしにフランス領のボンに逃げ帰った。せっかくウィーンの有力者とのコネクションを作りかけたのに、ろくな挨拶もできないまま。

一七八四年生まれの男は、マスケット銃をかつぐ運命から逃れられないのだろうか。対立する二国から左右の腕を引っ張られ、何千何万の軍勢のかけらとして駆り出されたあげく、時代のために散れというのだろうか。かつては宮廷音楽家の道を奪い、今度は音楽そのものも人生から奪っていこうというのだろうか。

こんな「不運」はもうこりごりだ。ピアノを弾きたい。作曲を続けたい。音楽をやりたい。そのための選択肢は、ひとつしか残されていなかった。

## 因縁のカッセルから北欧へ

本当はもっと早く成功をつかみたかったはずだ。フェルディナントの人生初の協奏曲『ピアノ協奏曲第六番 ハ長調』（op.123）は一八〇六年、ボンへの帰郷時代に作曲されている。パリでのピアニスト・デビューを念頭に置いて書いた作品だろう。それから三年が経ち、目標の地はロシアに変わった。彼自身のウィーンでのコネクション作りは中途半端に終わってしまったが、折しもチェリストの旧師ベルンハルト・ロンベルクがロシア行きの切符をつかんだ。一八〇八年末、ロンベルクは、ロシア皇帝アレクサンドル一世からの招待を受けたプロイセン王フリードリヒ・ヴィルヘルム三世夫妻に随伴する形で、サンクトペテルブルクを訪れて演奏活動をはじめた。彼をうまく頼れば、ロシアでの音楽生活の道は開けるだろう。一八〇九年から一〇年にかけて、フェルディナントは長旅の支度を進めながら、二番目のピアノ協奏曲『ピアノ協奏曲第四番 ハ短調』（op.115）に取り組んだ。

ピアノ協奏曲、あるいはピアノをともなう大規模な室内楽曲は、彼の資質にもっとも合ったジャンルだった。多くの管弦楽器がひしめく舞台上で、いかにピアノにスポットライトを当てるか。その演出において彼は傑出したアイデアとセンスを発揮した。『第六番』は、同時期の他ジャンルの作品を大きくしのぐ完成度と聴きごたえをもつ作品である。オーケストラが奏でる第一主題はハイドンや初期のベートーヴェンを思わせる趣きだが、彼はピアノの存在感をより高めるための工夫を行っている。十八世紀までのピアノ協奏曲は、オーケストラを力強く終止させてからピアノが登場するのがもっともオーソドックスなスタイルだった。『第六番』も初期の自筆譜ではそのスタイルを採っている。しかし改稿後の版では、声をひそめるように合奏の音量をゆっくりと落とし、聴衆の耳をそばだてさせてから、ひときわエレガントな雰囲気で主役のピアノを登場させている。『第四番』はさらに趣向が変わり、合奏の終結部とピアノの導入部をミックスし、幻想的で混沌とした雰囲気のなかでピアノ・ソロを開始するというアイデアが用いられている。ピアノ開始部のドラマティックな演出は、モーツァルトがいくつかの作品ですでに試みている。フェルディナントのピアノ協奏曲はその創意工夫の精神をあきらかに継承していた。

彼が用いるメロディやハーモニーは、ときとしてベートーヴェンに似ていた。ただし彼は師のように、ひとつの主題にこだわり、それを変形したり転回したりしながら作品をふくらませていく手法はとっていない。それよりも、主題の周辺にいかにきらきらしたパッセージを盛り込むか、新しいメロディや変則的なリズムを投入してムードを変えるか、予期しないタイミングで転調を盛り込んで驚かせるかといったインパクトや飽きさせない工夫のほうを重視した。

これらは、彼よりやや年長のピアニストであるヨハン・ネポムク・フンメルやジョン・フィールドにも共通する特徴だ。しかし一八〇〇年代にはまだ彼らも一、二曲しかピアノ協奏曲を書いていない。フェルディナント・リースのピアノ協奏曲は、彼らからの影響というよりも、彼らと肩を並べるタイミングで時代の先頭におどり出てきた作品といってよいだろう。

フェルディナントが自作のピアノ協奏曲をはじめて世に披露したのは、おそらく一八一〇年十二月十五日。父フランツ・アントンが音楽監督をつとめる「ボン・リゼウム」の演奏会だった。リース家の父子共演という触れ込みのもとケルンで開催されたこの演奏会は、彼の壮行会の場でもあった。彼はメイン・プログラムのひとつとして『ピアノ協奏曲』(番号不明、おそらくは第六番)を弾き、ラインラントの聴衆からあたたかい拍手を受けた。

この日のもうひとつの主役『ヴァイオリン協奏曲第一番 ホ短調』(op.24)では、父がソリストをつとめた。フェルディナントの人生唯一のヴァイオリン協奏曲だ。彼にとって、チェリストのモデルはロンベルクだったが、ヴァイオリニストのモデルはフランツ・アントン・リースだった。父とも、愛する故郷とも、今生の別れになるかもしれない。この作品を手がけた背景には、そんな覚悟もあったにちがいない。彼は旅にあたって当面の目標の地は決めていたが、終着の地をどこにするかは決めていなかった。

一八一〇年末、フェルディナントは故郷を発った。序盤の旅程はわかっていない。ラインラント西端のアーヘンにまで足を伸ばした形跡があるので、この周辺の都市をいくつか訪れたと推測される。その後はフランクフルトから一路、北に向かった。マールブルクに短期間滞在したのち、たどりついたのはカッセルだった。

ベートーヴェンとの「宮廷楽長騒動」もまだ記憶に新しい因縁の都市。奇しくも、ここが彼の最初の出世の大舞台になった。ヴェストファーレン王ジェロームの宮殿では、小さな音楽会が内々に開催されており、彼は運よくそこにもぐりこんでピアノを弾く機会を得た。すると、音楽会に居合わせた『一般音楽新聞』の記者がこんな記事を書きつけた。

「私は内輪の演奏会で彼の演奏を数回ほど聴いたのみだ。しかし過去の小紙ではすでに彼をピアニストとして、また作曲家として評価しており、私もその賞賛には同意する。公の場での演奏が強く望まれよう」(16)(一八一一年二月八日)

評判のいいピアニストがこの街に来ている。そんな噂が広がり、フェルディナントは公開演奏会でピアノ協奏曲と即興を弾くチャンスに恵まれた。会場のホールは満席となり、演奏は大喝采を浴びた。カッセルの宮廷音楽家たちとも親しくなり、彼はホルン奏者のヨハン・ゴットフリートとヨハン・ミヒャエル・シュンケ兄弟に『二つのホルンのための協奏曲 変ホ長調』(WoO19)を贈った。

楽長にならずしてカッセルで勝ち星を上げる。二年前には想像もしなかった展開だった。さらに北上の旅をつづけ、北欧の玄関ハンブルクにたどり着くと、手放しの歓迎が彼を待っていた。噂が届くのは馬車よりも早い。すぐに演奏会が準備され、四月二十日、ハンブルクでもっとも有名なホールであるアポロ・ザールで演奏会が行われた。

そして五月、彼はついに北欧に渡った。デンマークのコペンハーゲンに何週間か滞在したのち、六月の中旬にはスカンジナビア半島を北上してスウェーデンの大都市ストックホルムにたどり着き、八月初頭まで滞在している。コペンハーゲンとストックホルムでは、大きな公開演奏会はおそらく行われていないが、彼は作曲家、演奏家、オペラ劇場の音楽監督といった業界人たちと交わり、プライベートな音楽会を通して名を売ることに専念した。

とりわけ親しくなったのが、ストックホルム王立オペラ劇場の舞台衣装監督であり音楽出版人のウルリク・エマヌエル・マンネイェルタだった。父と同世代のこの人物と彼は親友のように仲良くなり、親密さをあらわす「du(あなた)」を用いた手紙を交わした形跡がある。この最初のストックホルム滞在で築いた人脈は、二年後に彼のキャリアを絶頂に押し上げる役目を果たす。

## バルト海での大事件——そしてフランス軍「四度目」の襲撃

ところが、平和な旅はここまでだった。大事件は、一八一一年八月十一日、ストックホルムからフィンランドのトゥルク(当時はロシア領)に向かう船上で起きた。その一部始終は、八月二十日のマンネイェルタ宛の手紙に記されている。

「最高の風を受けての出航だった。夜の十時に錨がおろされ、真っ暗になった。そして朝の四時にふたたび出発した。風が強くなったので、五時半には船を小さな島に横付けにしなければばならなくなり、ぼくたちはそのまま一日じゅうそこにとどまった。さらに四艘の船がやってきた。三日目、二時に出発。五艘の帆船がぼくたちの前方にいた。六時、ぼくたちは二艘のイギリス人の私掠船に気づいた。七時、その二艘の船がぼくたちの船をつけ狙いだした。一艘目の船がやってきて、船長がメガホンで帆を下ろすように叫んだ。何もせずにいると、三発の弾が放たれた。当たらずに済んだ。風が味方してくれ、船長はこちらの船に乗り込もうとしたが失敗した。そこへもう一艘がやってきて逃げられなくなった。また二発が発射された。あっという間に、ピストルの撃鉄を起こした九人の男が僕らの船に乗り込んできた。他の私掠船員たちも来た。船員は十五人だった。ぼくたちは巨大な岩山と砕け散る波の間をとおって彼らの港に連行された。ロシア領の島〔おそらくオーランド諸島の小島〕だが、無人島だった」

なんと、フェルディナントはバルト海で謎の船――彼いわく「イギリス人の私掠船」――に襲撃されてしまった。私掠船とは、他国の船を略奪する特許状を国から得た私営の船のことで、特にイギリスでは中世以来、戦時になると数多くの私掠免許が発行され、スペイン、フランス、ロシアなどの船を襲い、財産をわがものとしてきた。

私掠活動は時代が進むにつれて下火になり、一八五六年のパリ宣言で国際的に禁止されるに至るが、ナポレオン戦争の時代にはまだ現役だった。ナポレオンが一八〇六年にイギリスへの経済制裁を目的とした大陸封鎖令を敷き、大陸とイギリスとの間の通商を禁じるようになると、バルト海は一気に緊迫した空気になった。封鎖令に離反して通商を再開しようとする国は跡を絶たず、キャノン砲を積んだ各国の軍船や私掠船が海を監視し、一般の旅客船さえも運が悪ければ脅威にさらされる状況下にあった。

「一時にどうにか島に到着したが、これにかんしてはイギリス人のおかげといわなければならない。というのも、ぼくの重い旅行鞄が、テーブルや椅子といっしょに船室に転げ落ちてしまうくらいに風が強かったからだ。テーブルは足が折れ、何もかもめちゃくちゃに壊れた。無事だったのは肌身離さず持っていた瓶くらいだった。

三時、三人の将校をしたがえた司令官がやってきて、乗客たちの旅券とこまごました荷物について聞き取りをした。そのあと、帆がこわれたみすぼらしい小さなジャンク船に、荷物と一緒に乗せられた。ほかの二十一人の乗客と荷物も一緒だったので、座ることも寝ることも立つこともまともにできない有様だった。新鮮な肉も与えられたが、それは彼らが隣の島から盗んできた十四頭の仔牛だった。ぼくたちはそんな状態で、旅を再開する許可が下りるまで、半分水没しかけた船で悲惨な三日間を過ごした。海上にはイギリスのフリゲート艦とブリッグ船がいるのがわかった。岩礁から脱出するまでの間に、ぼくたちは何度も危険な瞬間に出くわしたが、幸運にも沖に出ることができた。そしてぼくたちはついにロシアの島フリソー〔オーランド諸島の島内の地名〕の税関と航路案内所に着いた。ぼくたちは大きな船を見つけてすぐに借りて、昨日ここ〔トゥルク〕にぶじたどりついた。イギリス人はこの三日で七艘も船を拿捕していた。数日前には一艘の船が乗組員らと座礁していたというし、別の船は岩壁、つまり島に直撃した。イギリス人たちはぼくたち乗客に対して、監視なしに一歩も行っちゃいかんと厳しく命じた」

とはいえフェルディナントを襲ったイギリスの船が、彼が認識していたような「私掠船」であったのかどうかは、手紙の文面からは断定できない。イギリス人の船員は武力で強引に船に押し入り乗客を拘束しているが、所持品を奪ったり傷害を加えた様子はない。旅客船に何らかの落ち度があって航海を止められたのか。あるいは他国船との交渉のために一時的に人質にされたのだろうか。

身の縮む出来事だったことは間違いない。にもかかわらず、フェルディナントのペンは不思議と楽しげだ。「でも、この人生が盗賊の人生よりもマシだなんてぼくは思わないけどね。今まで送ってきた日々と、いったい何がちがうっていうんだろう?」そんな冗談とも真意ともつかない一言のあと、手紙はこうしめくくられる。「ぼくは明日からまた旅を続けようと思っている。〔……〕アデュー、親愛なる友よ。どうかお元気で」(17)

夢見た楽園まではあと少しだ。いまやその高揚感が彼を満たしていた。一八一一年秋、彼はサンクトペテルブルクに到着。間もなくベルンハルト・ロンベルクと念願の再会を果たした。ロンベルクは、ボンの宮廷が一七九四年に消滅して以降、戦争をかいくぐってヨーロッパとロシア各地を周遊する音楽人生を歩んでいた。そしてロシアの二大都市サンクトペテルブルクとモスクワには、ロンベルクと同じ道を選んだ音楽家がヨーロッパじゅうから流れ着いていた。みなロシアが最後の楽園であるという噂を耳にして、キャリアの命運をかけてこの国にやってきたのだ。ピアニストでは、ダニエル・シュタイベルトとジョン・フィールドが成功者の双璧だった。とりわけフィールドは、一八〇四年のサンクトペテルブルクでのロシア・デビュー演奏会以降、サロンで引っ張りだこの人気ピアニストとなり、一八一一年にはピアノ協奏曲三作をあいついで出版していた。

フェルディナントとロンベルクはさっそく演奏旅行の計画を立て、一八一一年から一二年の冬のシーズンに現ラトビアのリガ、ベラルーシのヴィーツェプスク、そしてウクライナのキエフまで至る旅を成しとげた。ところが翌シーズンに、モスクワ、モスクワよりさらに東方のカザン、黒海沿いのオデッサ、さらにルーマニア北東のヤシに向かう大旅行の計画を立てたところで、まさかの事態が起きる。ナポレオン率いる四十五万人のフランス兵が国境を越えてロシアに攻め入ってきたのだ。大陸封鎖令を拒否し、イギリスとの通商を再開したロシアへの報復攻撃。のちにレフ・トルストイが『戦争と平和』で、ピョートル・チャイコフスキーが『大序曲「一八一二年」』で描いた、かの「モスクワ遠征」である。

住民たちはモスクワから逃げだした。ロシア軍はフランス軍に物資を渡すまいと、自ら市内に火を放った。憧れのモスクワの街は炎に包まれ、そして灰の都と化した。まさか人生で「四度目」のフランス軍襲来が起きようとは。フェルディナントとロンベルクにとって、それは一七九四年にボンで起きたフランス軍占領のリフレインに他ならなかった。楽園が、またも戦争によって破壊されてしまった。

一八一二年九月二十二日——モスクワが炎上してまだ十日も経たないその日、彼はサンクトペテルブルクから友人マンネイフェルタに向けて手紙を書いた。

「〔モスクワへの演奏旅行計画は〕断念せざるを得なくなった。何事もなければぼくはここ〔サンクトペテルブルク〕にとどまるだろう。けれどもしそうでなければ、ぼくはストックホルム経由でロンドンへ、そしてアメリカへ行くかもしれない(18)」

いまやフェルディナントは、サンクトペテルブルクの港から、フィンランド湾を超えて水平線のはるか彼方を見つめていた。「アメリカへ」——それは彼にとって「この世の果てまで」と同義だった。

『ピアノ協奏曲第三番 嬰ハ短調』(op.55)は、この波乱の一八一二年に書きはじめられている。四作目のピアノ協奏曲であり、のちにフェルディナント・リースの代表作と呼ばれるようになる作品である。

オーケストラが奏でる第一主題は、彼がウィーンのデビュー演奏会で弾いたベートーヴェンの『ピアノ協奏曲第三番 ハ短調』といくつかの類似点がある。調性は半音上。ベートーヴェンが「ド・ミ♭・ソ」とはじめたところを、彼は「ド♯・レ♯・ソ♯」と微妙に変形させている。意図的なオマージュであることは明らかだ。ただし彼は、あらゆる箇所で、師よりも映えるテクニックを挿入し、師よりもテンポを大きく揺さぶる。さらには後半に至って、これまで登場しなかった新しいメロディをピアノで奏で出すというおきて破りのアイデアで、聴く人を驚かせる。デビュー演奏会でひるがえした師への反旗を、彼自身の錦として誇り高く掲げ直す。それがこの作品のアイデンティティだ。「カデンツァ」はない。すべてのシーンが、ピアニストの見せ場となる。オーケストラとピアノとの実力拮抗のバトルを描いたのがベートーヴェンだとすれば、彼の協奏曲は、オーケストラを軍勢にしたがえ、ピアニストを王として頂点に君臨させた作品だった。

『第三番』は彼が目指してきたヴィルトゥオーゾ・ピアニスト像が完成をみた姿だった。この作品は、フェルディナント・リースの最大のヒット作として原曲版、室内楽編曲版ともに広く愛奏されただけでなく、「短調によるピアノ協奏曲」ブームの先がけとなり、十八年後にフレデリック・ショパンが『ピアノ協奏曲第一番 ホ短調』『同第二番 ヘ短調』を生む音楽史上の伏線となった。

楽譜は一八一三年にジムロック社から出版された。ただし今日残されている「一八一二年、ペテルブルク」という日付の自筆譜を見ると、第二楽章の途中からピアノ・ソロパートの記述が雑になりはじめ、第三楽章の終盤はほぼオーケストラ部分しか書き込まれていない。書いている最中に何らかの心境の変化があって、ペンを中断せざるを得なくなったのだろう。「何事もなければぼくはここにとどまるだろう。けれどももしそうでなければ、――」その夢は日を追うごとにふくらみ、ついに彼を居ても経ってもいられなくさせた。

## 戦争から平和へ

一八一二年末。フェルディナントは、サンクトペテルブルクで知り合ったスウェーデン出身の音楽家ヨハン・ベルワルドとともに、ロシアを離れる決意をした。

彼らはロンベルクと別れの抱擁を交わし、西方への旅をはじめた。広大な地が彼にもたらした、たくさんの新作を抱えて。どれも旅の思い出が色濃く刻まれた作品ばかりだった。最大の傑作『ピアノ協奏曲第三番』と、ロシア風のリズムの終楽章をもつ『ピアノ協奏曲第二番 変ホ長調』(op.42)。彼はロシアのメロディやリズムの収集家と化していた。ピアノとチェロ（もしくはヴァイオリン）のための『三つのロシアの歌による変奏曲』(op.72) と、ピアノのための『ロシアの歌による変奏曲 イ短調』(op.73-1)。キエフ滞在中に書いたピアノ曲『ロシアの歌による十二の変奏曲 イ短調』(op.39) はサンクトペテルブルクの宮廷楽団を率いるポーランド人作曲家オシプ・コズロフスキーに、『弦楽五重奏曲 ニ短調』(op.68) は、ベルンハルト・ロンベルクと、いとこのヴァイオリニストのアンドレアス・ロンベルクに捧げられた。ベルンハルトからは別れのはなむけとして、チェロとオーケストラによる『スウェーデンの国民歌にもとづくカプリッチオ』が献呈された。

北欧の人びとは、ロシア帰りの彼を興奮の体で出迎えた。旅先で起きた数々の事件も、そこで生まれた作品の数々も、彼らにとっては最新のニュースであり、胸ときめかす武勇伝だった。前回の滞在で築いた人脈も役に立ったのだろう。一八一三年一月二十日、彼はトゥルクでの大聖堂内にある大きな会場で演奏の機会を得た。そのあと訪れたストックホルムでは、二月二十八日と三月十四日に、王宮オーケストラとベルワルド指揮による大演奏会が催された。

このストックホルムの演奏会では、フェルディナンドの五作のオリジナル作品が演奏された。『序曲』(作品番号不明)、『葬送行進曲とフィナーレ』(作品番号不明)、そしてピアノとオーケストラによる『スウェーデンの国民歌による変奏曲』(op.52)、『ピアノ協奏曲第二番』、『ピアノ協奏曲第三番』。

聴衆は大喝采を送った。しかしパフォーマンスはこれで終わらなかった。彼はここで最大の賭けに出た。聴衆の方に向き直ると、彼はピアニスト時代のベートーヴェンさながらこう呼びかけた。――「これから即興演奏をしよう。テーマを与えてほしい」と。すると、とある客が四つのアルファベットを投げかけた。「B-A-C-H」――バッハ。

バッハ(Bach)の名前の綴りは、「シ♭・ラ・ド・シ」という音名に置き換えられる。この四つの音をもとに即興せよという意味だ。ドイツから来た若いピアニストに対する最大の挑発といってもいい。踏まえるべきは四つの音だけではない。ヨハン・ゼバスティアン・バッハにあやかって、バロック的な音楽スタイルを作らねばならない。しかも即興で。

経験がまったくないわけではない。『ピアノ・ソナタ ニ長調』(op.9-1)で、彼はカノン風の第二楽章を書いている。それにしても決して得意分野ではない。しかしその危ない綱渡りを彼はやってのけた。綱渡りには慣れている。デビュー演奏会で禁じられたカデンツァを弾いた瞬間から。

「そしてリース氏はピアノで即興をした。もらったいくつかのテーマのなかに「B-A-C-H」があり、彼はそれを用いて、短くはあるが美しいフーガの一節を作った。精神性に富み、情熱的で、非常に精密な演奏に万雷の喝采が送られた。作品も独創的で、全体をつらぬくまとまりがあり、よく練り上げられ、作曲者の徹底した見識を証明している。協奏曲はオリジナリティがあり非常に美しく書かれている。ベートーヴェンの作品と似ているという批判もあるが、少なくとも彼の新しい作品からはまったくそんなことはうかがえない」（『一般音楽新聞』一八一三年五月十二日）(19)

望んでいた評価を、彼はついにわがものにした。さらに彼は、スウェーデン王立音楽協会から満場一致で外国人会員に選ばれた。この協会は、一七七一年にスウェーデン国王グスタフ三世によって設立され、外国人としては一七九九年にフランツ・ヨーゼフ・ハイドン、ヨーゼフ・ゲオルク・アルブレヒツベルガー、アントニオ・サリエーリが会員になっている。ベートーヴェンが会員になったのは一八二二年。フェルディナントは、師よりも先にこの名誉にあずかることになった。

協会の議事録にはこう記されている。

「リース氏のソロ・ピアニストとしての圧倒的な才能は、騎士の家〔貴族院〕での演奏会によって公にも知られている。同時に彼が天分に恵まれた作曲家であることは、数多くの出版作品によっても明らかだ。すべての要素が協会の一員にふさわしいことは議論の余地がない(20)」

議事録の日付は一八一三年三月四日。ナポレオンの息の根を止めるべくプロイセンがフランスに宣戦布告を行う二週間前のことだった。ナポレオンの一八一二年のロシア遠征は失敗に終わり、かつての英雄は北の大地をむなしく敗走していた。フランス軍の弱体化は誰の目にも明らかだった。

一八〇五年の初冬、フェルディナント・リースはウィーン北方の冬枯れの野原を悲壮な面持ちで歩いていた。それから八年後の一八一三年春、彼はたくさんの栄誉を受け、惜しまれながらストックホルムをあとにした。イェーテボリでさらに二つの演奏会をこなしたあと、彼は港に向かった。勝利の船出だ。船は北海を南西に向かい、次なる港に彼を導いた。ヨーロッパを、そしてひとりの若き音楽家の人生を長く翻弄した戦争の時代が、ようやく終わりを迎えようとしていた。

# 4 よろこびとあきらめ

## ——三十代、あるいはクラシック音楽の誕生

### ロンドン——摂政《リージェント》の大都市

約二十年におよぶフランス革命戦争とナポレオン戦争は、ヨーロッパ各地に大きな傷跡を残した。戦地になることを免れたイギリスも例外ではなかった。ほとんどの国民が親族や友人を出兵で失い、銃器づくりのために安い賃金で駆り出された。在位五十年を越す老イギリス国王ジョージ三世は、難病に冒されて妄言を繰り返し、人びとの不安を駆りたてた。

いっぽう、復興のきざしは終戦の前から見えはじめていた。一八一三年のロンドンは、都市改造の話題でもちきりだった。街を南北に統べるリージェント・ストリート（摂政通り）の造

成が正式に決定したのだ。病床の国王に代わって政権を握った摂政王太子ジョージ（のちのジョージ四世）は、お抱え建築家のジョン・ナッシュに街の未来を託した。彼は天才的な手腕を発揮し、北端は薔薇咲き乱れるリージェント・パーク、南端は美しいカーブを描いてバッキンガム宮殿周辺にまで至る大通りを構想した。百年にわたって増築を重ね、いびつな灰色と化していたロンドンは、白亜の新都市として生まれ変わろうとしていた。

この年はロンドンにとって春の幕開けだった。戦争の緊張と抑圧が解け、文化がふたたび芽を吹きだした。フリーメーソンは、摂政王太子ジョージの庇護のもと、それまでのふたつの分派「グランドロッジ」と「古代派グランドロッジ」を「イングランド連合グランドロッジ」に統合。音楽家たちは、十八世紀以来となる新しいオーケストラ団体「ロンドン・フィルハーモニック協会」を創設。上流階級のサロンでは、一八一二年に刊行されたジョージ・ゴードン・バイロンの詩集『貴公子ハロルドの巡礼』（第一巻、第二巻）が空前のブームを迎えていた。

島国イギリスに生まれ育った人びとにとって、ヨーロッパ大陸の旅は憧れだ。良家の令息たちは、学業を終えたあと数年にわたる大陸旅行（グランド・ツアー）に出かけて見聞を高めるのがならわしだった。この詩も、バイロン自身のグランド・ツアーの体験をもとに書かれている。戦争の砲弾が飛び交うなか大陸を放浪し、孤独を抱え、愛欲におぼれ、ときに悲嘆をこめて社会批判をうたいあげるハロルドの姿に、ロンドンの人びとは夢中になった。一八一六年に書かれた第三巻のなかで、ワーテルローの戦場跡にたたずむハロルドはこう歌う。

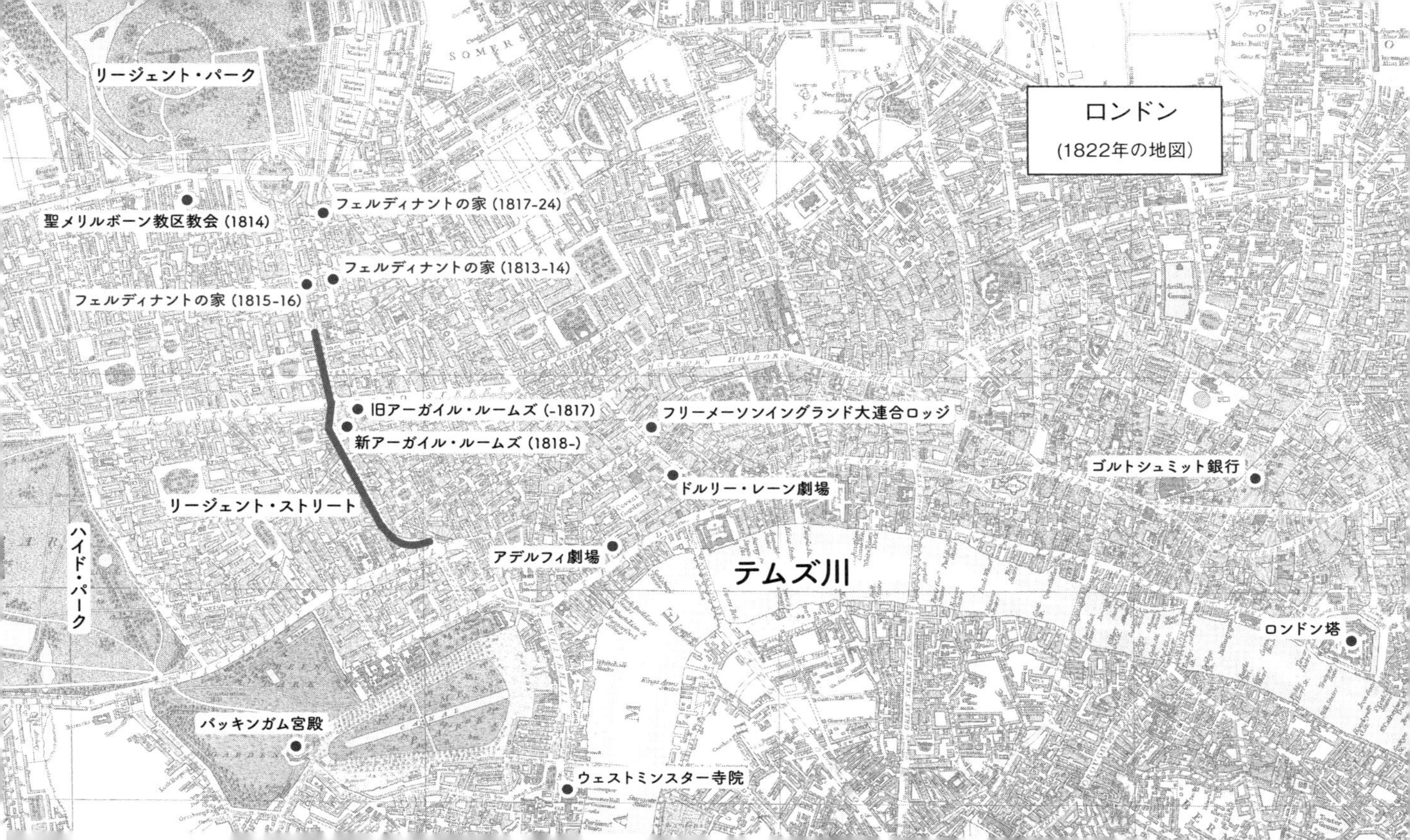
ロンドン
(1822年の地図)
リージェント・パーク
聖メリルボーン教区教会 (1814)
フェルディナントの家 (1817-24)
フェルディナントの家 (1813-14)
フェルディナントの家 (1815-16)
旧アーガイル・ルームズ (-1817)
新アーガイル・ルームズ (1818-)
フリーメーソンイングランド大連合ロッジ
ゴルトシュミット銀行
ドルリー・レーン劇場
リージェント・ストリート
アデルフィ劇場
テムズ川
ハイド・パーク
ロンドン塔
バッキンガム宮殿
ウェストミンスター寺院

諸国民はひとりを屈服させるために闘ったのか、
諸国の王に君主の気概を教えるために同盟を結んだのか？
なんということ！　啓蒙の時代の理想の成れの果てが、
ふたたびよみがえりつつある隷属であるとは？

このムードのなか、フェルディナント・リースはロンドンの街に現れた。命がけのグランド・ツアー、もといコンサート・ツアーを成しとげたばかりの二十八歳の音楽家として。「フランス軍に四度襲われた音楽家」――ロンドンの音楽雑誌『ハルモニコン』が書き立てたこの言葉は、旅するアーティストへの憧れと敬意を含んでいた。吟遊詩人さながら、パリ、ウィーン、北欧とロシアを渡り歩いたピアニスト。マスケット銃を拒否し、私掠船に拉致されたという武勇伝。頭上には「スウェーデン王立音楽協会員」の冠。手には行く先々で聴衆を熱狂させた作品群。版元はいまや故郷のジムロック社ばかりではない。ヨーロッパじゅうの出版社が、版権を狙って目を光らせていた。

しかもこの男、放っておけばいつグレートブリテン島を出て行ってしまうかわからない。旅に憑かれたピアニストを引き止めるのは何か。人脈と利益だ。その役目を最初に買って出たのは、ロンドン生まれロンドン育ちのヴァイオリニスト、ジョージ・スマートだった。ロンドンやダブリンの演奏会を取りしきるオーガナイザーとしても活躍し、熱心なベートーヴェン・ファンであった彼は、弟子のフェルディナントにも興味を抱いたにちがいない。ロンドン来訪の翌月の五月三十日に、彼を主賓としたディナー・パーティーを開催。ロンドンの名士や文化人たちは彼を華々しくもてなした。

もうひとり、彼を引きとめた人物がいた。ロンドン楽壇の重鎮ヨハン・ペーター・ザロモンだ。ボンの宮廷音楽一家ザロモン家の出身で、若い頃にはケルン選帝侯の宮廷楽団でヴァイオリニストをつとめ、フェルディナントの父フランツ・アントンにヴァイオリンを教えている。野心家だったザロモンは、まだケルン選帝侯の宮廷が安泰だった時代に、さらなる活躍の地を求めて移住。プロイセンの宮廷でコンサートマスターをつとめたのち、一七八一年にロンドンに拠点を移し、最初はヴァイオリニストとして、のちに音楽プロデューサーとして大出世を遂げた。一七九一年にはフランツ・ヨーゼフ・ハイドンをロンドンに招聘。「ザロモン・セット」と呼ばれる十二曲の交響曲ほか、数々の室内楽作品をヒットに導いた。

ロシアではベルンハルト・ロンベルク、そしてイギリスではヨハン・ペーター・ザロモン。またしても、故郷ボンの「よき時代」のネットワークが彼を助けた。まもなく七十歳になろうというザロモンにとって、フェルディナントはかわいい孫のようなものだ。彼の手厚いプロデュースがあれば、この大都市での成功も夢ではない。

フェルディナントの心が傾くのに時間はかからなかった。一八一三年七月九日付のマンネイェルタ宛の手紙には、旅を終わらせてロンドンに腰を据えようという意志がうかがえる。

「ぼくは自分の道を順調に歩んでいて、満足してるし楽しんでるよ。優秀な女弟子がふたりと、まあまあな弟子が三人できた。ここの人は、夏には田舎で過ごすらしい。リッチな知り合いの家を訪ねる約束をしたよ。楽しむのもいいけど、稼がなきゃならないからね(1)」

ようやく戦争が終わりに近づき、安全な旅が実現しようという矢先に、フェルディナントは定住生活を選んだ。彼の冒険心は、アメリカへの海路よりも、ヨーロッパ一の産業と経済力を誇るこの大都市に惹きつけられた。二十年前のハイドンも、あるいは百年前のヘンデルも、ドイツ人でありながらロンドンで一世を風靡した。彼ら先人の栄光に追随する。若い彼がそんな野望を抱いたのも当然だった。

ロンドン生まれロンドン育ちの女性との結婚も、定住の決意のあらわれといえるだろう。ハリエット・マンジオン――ルイ・シュポアからは「若くて気立てが良い(2)」、ジャコモ・マイアベーアからは「飾り戸棚から取り出したばかりみたいに可愛くてチャーミング(3)」と絶賛され、のちに若き日のロベルト・シューマンを一目惚れさせたこの女性は、フェルディナントより十二歳年下。結婚当時まだ十七歳だった。

結婚式は一八一四年七月二十五日、イギリス国教会の聖メリルボーン教区教会で挙げられた。この日に至るまでのロマンスは、ラブレターらしき断片が一通残っているほかは何もわかっていない。いずれにしてもハリエットは、フェルディナントの好運をうらやむ人びとの間で噂されたような大富豪の令嬢ではなかった。歌をうたうのが好きな、家柄としては中流の、フランスの血筋をもつ一家の長女だった。父ピエールの素性は明確にはわかっていない。ボンの真南三百キロの場所にあるフランス東部の街バドンヴィエで生まれ育ち、何がしかの経緯でロンドンに流れ着いた。親戚筋はイギリス西部沿岸の都市ブリストルでホテル経営にかかわっているが、彼自身は軍人であったと推測されている。

結婚生活は順調だった。子どもは何度か流産に見舞われたものの、一八一九年に長女のファニー・アネット、二〇年に次女のエミリエ・ハンナ、二三年に長男のフェルディナント・ジェームズが生まれた。いずれもドイツ語名と英語名のダブル・ネームだ。ハリエットはドイツ語が話せなかったので、家庭内の会話は自然と英語に落ち着いた。

明らかに当時のフェルディナントは、イギリスの血と文化を自分のアイデンティティの一部として受け入れようとしていた。音楽作品からもそれがうかがえる。とりわけピアノ作品のジャンルに対する柔軟な姿勢は、パリ時代の頑なさとは対照的でさえあった。

ピアノ・ソロ作品『夢』(op.49)は、ロンドンの中心部ポートランド・プレイスに居を定め、ハリエットと結婚に向けて愛を紡いでいた時期に書かれている。七つのセクションが切れ目なく続く、演奏時間二十分近くの大作である。オリジナル作品ではあるが、途中で、スコットランドの民謡で使用される装飾音「スコッチ・スナップ」や、イギリスの愛国歌「ルール・ブリタニア」を彷彿とさせるメロディが、淡い夢さながらにうっすらと香り、消えていく。

初版は自費出版である(その後、ウィーンのディアベリ、パリのリショー、ボンのジムロックからも出版されている)。印刷譜の表紙には英語で「ロンドン、作曲者自身の出版、販売は主要な音楽店で」と書かれている。ロンドンの楽譜市場へのマーケティングを目的として刊行されたのだろう。

これもザロモンの入れ知恵だったのだろうか。初版はまたたく間に百冊以上が売れ、この事態に驚いた音楽出版社から次々とオファーが舞い込んだ。一八二四年までの十年間で、実に七十作近くのピアノ・ソロ作品がロンドンの出版社から刊行された。クレメンティ社からは『二つのロンド』(op.64)、『四〇の長調と短調の前奏曲』(op.60)ほか二〇作以上が、チャペル社からは『ロンドレットと田園風ロンド』(op.54)、グールディング社からは『ビショップの人気の歌による二つの幻想曲』(op.92)、オペラやメロドラマの主題を盛りこんだ『四つの変奏曲』(op.96)。より小さな出版社にも、彼は作品の提供を惜しまなかった。パリや北欧、ロシアで書き溜めていた過去の作品も注目を集め、この時期に続々と日の目を見た。

ロンドン時代に書かれた作品群のなかに、ピアノ・ソナタは数えるほどしかない。代わって目立つのは「ロンド」「幻想曲」「変奏曲」などのジャンルだ。イギリスの劇音楽作曲家ヘンリー・ビショップのヒット作や、モーツァルトやロッシーニのオペラの定番メロディ、イギリスやスコットランドほか世界各国の民謡など、ロンドンのそのときどきの流行がふんだんに盛り込まれた作品が並んでいる。ロンドンのブルジョワ家庭やサロンでは、家具さながら壁ぎわに置ける小さな箱形のスクエア・ピアノや、産業革命がもたらした最新技術を導入したグランド・ピアノで、このようなエレガントな趣きの作品が演奏された。

「イギリスのピアノを扱うには堅固な打鍵が求められるが、彼のタッチは軽やかで優美だった。そのような表情づけは、ウィーンのピアノのタッチ特有のものであると思っていた」(4)

一八一五年にロンドンを訪れたマイヤベーアは、フェルディナントの演奏をこう書き留めている。彼が驚いたのは、一般的にはウィーン・アクションの特徴とされている繊細な表現を、フェルディナントがイギリス・アクションのピアノで難なくやってのけたからだった。ピアノ製作者のイグナーツ・プレイエルも、一八一四年に「まろやかで時にエネルギッシュ」と彼の表現力を高く評価している。

イギリス・アクションは、弦の強度がもたらす音量の豊かさや安定感が最大の長所として知られていたが、実は、表現力の多彩さでもウィーンのピアノに引けを取らなかった。おそらくフェルディナントがはじめてイギリス・アクションのピアノに出会ったのは一八〇三年、ウィーンのベートーヴェン宅だった。セバスチャン・エラールから贈られたイギリス・アクションの五オクターブ半のピアノは、長年ウィーン・アクションに慣れ親しんできた師弟に大きな衝撃をもたらしたにちがいない。師がこのピアノに触発されて『ヴァルトシュタイン』や『熱情』などのピアノ・ソナタの傑作を次々と生み出すさまをかたわらで見つめながら、フェルディナントもまた、イギリス・アクションのピアノの魅力や可能性に目覚めていった。彼がイギリスのピアノ文化にすぐに溶け込み、『夢』のような作品を発信できたのは、十代の頃にすでにイギリス・アクションのピアノに触れていた経験があったからだろう。

クレメンティ、グールディングなどイギリスの出版社の多くは楽器製作や販売業者を兼ねており、イギリスのピアノの魅力を引き出す彼の作品は、ピアノの販売促進という面からも注目を集めた。出版譜の表紙には、献呈先として「ミセス」あるいは「ミス」からはじまる淑女の名前が一輪の花のように添えられ、ピアノを弾く楽しみをふくらませてくれる。ロンドンの文化のなかで生まれ育った年若い妻や、彼の名声のもとに集まった良家出身の弟子たちは、まさにこれらのピアノ作品の受容者であり、流行りのメロディを教えてくれる心強い味方だった。フェルディナントは、わずか数年で、ロンドンのピアノ音楽市場でトップクラスの人気を得るようになった。

いっぽう、ピアノ・ソロ以外の音楽ジャンル――とりわけオーケストラ作品において、フェルディナントはドイツ人アーティストとしてのアイデンティティを徹底して貫こうとした。イギリスに定住しつつ、ドイツ音楽の本流につらなる芸術作曲家となる。その野望を果たすべく、彼は「ロンドン・フィルハーモニック協会」の一員になる道を選んだ。

## 「クラシック音楽」の目覚めと交響曲の作曲

ロンドン・フィルハーモニック協会は、一八一三年二月六日、ロンドン在住の三十人の音楽家によって創設された音楽団体である。

ウィーンでも先立つこと二か月前の一八一二年末に、ウィーン楽友協会が創設されている。タイミングが一致したのは偶然ではない。どちらも、ナポレオン戦争の情況が変わり、連合国軍側の勝利が見えはじめた時期に起きた文化復興の動きだった。ウィーン楽友協会は戦勝記念の演奏会が、ロンドン・フィルハーモニック協会は戦後を見据えた都市改造計画が設立のきっかけとなった。フィルハーモニック協会の本拠地アーガイル・ルームズは、リージェント・ストリート造成プロジェクトの一部として一八一八年に華々しくリニューアルされている。

これらの音楽協会の設立は、「クラシック音楽」という概念の誕生とも大きく関係している。今日「クラシック音楽」といえば、西洋発の一定の様式や楽器を用いて書かれたすべての音楽を指す。ルネサンスの世俗音楽も、ヨハン・ゼバスティアン・バッハの受難曲も、シュトラウス一族のウィンナ・ワルツも、グスタフ・マーラーの交響曲も、スティーヴ・ライヒのアンサンブル作品も、あるいは古今東西の無名の作曲家のピアノ小品も、すべてここに含まれる。ただし今日クラシック音楽とされている音楽が、作曲された当初からクラシック音楽＝古典音楽（classical music）と呼ばれていたわけではない。ある種の音楽を「古典」とみなして畏敬とともに演奏する行為は、十八世紀以前にはまれだった。演奏会で上演されるのはもっぱら存命の作曲家の新作や近作であり、没後何十年も経つ作曲家の作品は、作曲や理論の勉強の素材として用いられる場合はあっても、演奏会のメイン作品として取り上げられることは少なかった。

この傾向に揺さぶりをかけたのが、一八二九年にフェリックス・メンデルスゾーンが行ったバッハの『マタイ受難曲』の復活演奏だった。さらに一八四〇年代に入ると、「クラシック・コンサート＝古典演奏会（Classical Concert）」という名を冠した、死後の作曲家の作品のみを並べた演奏会が催されるようになった。これが、西洋音楽の世界に「末長くリスペクトすべき古典音楽《クラシック》」というカテゴリーが誕生した瞬間だとされている。

**ロンドン、アーガイル・ルームズ**（1825 年）
リージェント・ストリートを南側から描いた風景画。右手にある建物がアーガイル・ルームズ。ロンドン・フィルハーモニック協会の本拠地であるアーガイル・ルームズは、1806 年に建設。ジョージ・ナッシュの都市改革の一環として 1818 年にこの場所に移転し、1830 年に火災で消失するまで協会の中心的機能を果たした。なお、アーガイル・ルームズでは 1825 年 3 月 21 日にベートーヴェンの『交響曲第 9 番』がイギリス初演されており、跡地にはそれを示すプレートが掲げられている。

**『第9』イギリス初演を示すプレート**
（2015 年撮影）

しかし実際には、「古典」という概念は、それよりも数十年前からあらわれだしていた。一八〇二年、音楽学者のヨハン・ニコラウス・フォルケルは、著名な『バッハ伝』のなかで、バッハをはっきりと「古典的作家（Klassiker）」と呼び、「芸術をしてあくまで芸術たらしめ、次第に単なる暇つぶしの慰みに成り下がらせないためには、およそ古典的な作品が、近年利用されて来たよりも一層多く利用〔演奏〕されなければならない(5)というのは、依然として確かなことである」と述べている。十八世紀の啓蒙主義の文脈のなかにあるフォルケルのこうした発言の根底には、ドイツ音楽を特別な存在として権威化しようという大義がある。彼はこの伝記の執筆目的をこう述べている。「ただただドイツの芸術にそれ相応の記念碑を建て、真の芸術家のためにもっとも啓発的な模範となるもののギャラリーを造り、音楽のミューズに親しむ人々にもっとも高尚な享楽の汲めども尽きせぬ泉を開いて上げることをもっぱら目指している(6)」——

一八〇六年、フェルディナントが、作品一の献辞で師ベートーヴェンを「偉大なるクラシック作曲家」と呼んだのも、「ドイツの芸術にそれ相応の記念碑」を建てようという文脈の一部であると考えていい。存命の三十代の音楽家を「クラシック（古典）」と呼ぶのは異様にも見える。しかしこれは必ずしも過剰な持ち上げではない。ベートーヴェン本人も、自らを「クラシック作曲家」の卵とみなし、すでにそれを世に表明していた。

一八〇〇年、二十九歳のベートーヴェンは、ウィーンで初の自主演奏会を開催した。彼はここで、モーツァルトの交響曲、ハイドンのオラトリオ『天地創造』の抜粋、そしてベートーヴェン自身のピアノ協奏曲、八重奏曲、交響曲というプログラムを組んでいる。聴衆に「偉大なるクラシック作曲家」列伝を見せ、自分をその最後の席に座らせる。彼は演奏会のプログラムを通して、自分が先人につらなるクラシック作曲家になりうる逸材であると宣言したのだ。(7)

ベートーヴェンの宣言は、それから十三年の歳月を経て世に認められた。一八一三年三月八日に行われたロンドン・フィルハーモニック協会の第一回定期演奏会のプログラムは、彼の企みの成功を如実に示している。

第一部
ケルビーニ　オペラ『アナクレオン』より序曲
モーツァルト　『弦楽四重奏曲』
サッキーニ　オペラ『モンテズマ』より四重唱と合唱「恐怖によって」
モーツァルト　『木管楽器によるセレナーデ』
ベートーヴェン　『交響曲』

第二部

ハイドン　　　　『交響曲』
モーツァルト　　オペラ『イドメネオ』より合唱「海は穏やかだ」
ボッケリーニ　　『弦楽五重奏曲』
ヨンメッリ　　　『シャコンヌ』
ハイドン　　　　『行進曲』(8)

モーツァルト、サッキーニ、ハイドン、ボッケリーニ、ヨンメッリ、は故人。存命の作曲家はベートーヴェンとケルビーニのみ。明らかに「末長くリスペクトすべき古典音楽」と「いずれ古典音楽になるであろう現代音楽」を集めた演奏会だ。オーケストラを率いたのは、ヨハン・ペーター・ザロモンとムツィオ・クレメンティ。ロンドン楽壇の重鎮であり、モーツァルトと同世代の彼らは、自分たちの生きた時代とその哲学を永遠に価値あるものとして称揚しようとした。演奏スタイルもクラシカルな十八世紀式で、ザロモンはコンサートマスターの位置からヴァイオリンの弓で演奏をコントロールし、クレメンティは舞台上に置かれたピアノでオーケストラの音をなぞって奏でながら指揮を補助した（これらの役目はそれぞれ「リーダー」と「アット・ザ・ピアノフォルテ」と呼ばれた）。作曲家はすべてドイツ人とイタリア人で、イギリス人はひとりもいない。彼らの価値観からすれば、イギリス人はオペラや舞台音楽などで一定の成果を上げこそすれ、「クラシック音楽」の系譜には入らないのだ。

当時四十二歳のベートーヴェンは、このプログラムのなかでもっとも若い作曲家で、しかも第一部のトリを飾る名誉にあずかっている。今日、ドイツの古典派作曲家といえば「ハイドン、モーツァルト、ベートーヴェン」の名が挙げられるが、この一八一三年のプログラムからもすでにその源流を見いだすことができる。

この第一回の演奏会の直後にロンドンに現れた二十八歳の「ベートーヴェンの弟子」が、いったい何を目論んだか。想像するのは難しくない。協会の中心人物であるザロモンの手引きもあったのだろう。フェルディナントは、フィルハーモニック協会から委嘱作のオファーを受け、すぐさま作曲に取りかかった。

そして翌年の一八一四年二月十四日。協会設立二年目の第一回演奏会で、彼の交響曲が披露された。

第一部
モーツァルト　オペラ『ドン・ジョヴァンニ』序曲
モーツァルト　『レクイエム』より「レコルダーレ」
ハイドン　『弦楽四重奏曲』
モーツァルト　オペラ『フィガロの結婚』より「楽しい日々はどこへ」（伯爵夫人のアリア）

リース　『交響曲』

第二部
ハイドン　『交響曲』
チマローザ　オペラ『欺かれた陰謀』より五重唱「なぜそれほどに震えるのか」
モーツァルト　『ピアノ、フルート、オーボエ、ファゴットのためのコンチェルタンテ』(9)
ベートーヴェン　バレエ音楽『プロメテウスの創造物』序曲

第一部のトリ、つまり前年の第一回演奏会におけるベートーヴェンの位置に彼の交響曲がある。狙ったとおりのポジションだ。作風もここに並ぶにふさわしい。この日に演奏された『交響曲第五番 ニ短調』(op.112)には、ベートーヴェンの『交響曲第五番 ハ短調』の「運命の動機」が至るところに盛り込まれている。何も知らないまま聴いたら、ベートーヴェンの交響曲だと錯覚しそうなほどに似ている。我こそはベートーヴェン楽派の一員であり、「クラシック音楽」の本流に属するドイツ人音楽家である。この交響曲は、そんな強烈な自己主張にあふれている。

この一八一四年のシーズンのフェルディナントの活躍はめざましかった。三月十四日には

『六重奏曲 ト短調』(op.142)、四月十八日には早くも二作目の委嘱交響曲『交響曲第二番 ハ短調』(op.80)が演奏されている。二十代の若手、しかも協会外の音楽家としては異例の登場数である。こうした一連の活躍をきっかけにして、彼はフィルハーモニック協会の運営を担う「ディレクター」職に就任した。一八一五年二月十日の全体会議(ジェネラル・ミーティング)で就任決議の投票が行われ、賛成十三、反対十でいったん保留となるが、五月二十二日の再投票では満場一致で就任が決定した。

協会のメンバーは約半数が外国人だった。ボン出身のザロモン、ローマ出身のクレメンティに加え、マンハイム出身のヨハン・バプティスト・クラーマー、イタリアのフォンタネット・

**ヨハン・ペーター・ザロモン**(1792年)
ゲオルク・ジークムントもしくはヨハン・ゴットロープ・ファシウスによる肖像。ハイドンをロンドンに招聘した時期のもの。ザロモンはベートーヴェンからロンドンでの楽譜出版についての相談の手紙(1815年6月1日付)を受け取っていたが、同年の11月28日に死去。その案件はフェルディナントに引き継がれた。訃報を聞いたベートーヴェンは「ザロモンの死を心から悼んでいる。私は彼を子どもの頃から知っていて、とても高潔な人だった。きみは遺言の執行人となったが、私は期せずして亡くなった哀れな弟の息子の後見人となった。死に際してはきっと私より君のほうが多くの厄介ごとがあるだろう」とフェルディナント宛の手紙に書いている。(1816年2月28日付の手紙)

ポー出身のジョヴァンニ・ヴィオッティなどが、一八一三年の創立時からのオリジナル・メンバーである。のちにはベルリン出身のフリードリヒ・カルクブレンナーやプラハ出身のイグナーツ・モシェレスも一員に加わっている。

フェルディナントは、ロンドン滞在時代に六曲の交響曲を書いた。生涯で完成させた全八作の交響曲の大半が、フィルハーモニック協会での演奏を目的として書かれた作品ということになる。交響曲の他に、オーケストラのための序曲、大きな編成の室内楽作品などもたびたび定期演奏会の舞台に乗っている。こうしたジャンルも、協会が掲げる「クラシック音楽」の理念に適合していた。彼はこのように、一方では正統派のドイツ人芸術家として、他方ではロンドンの市民文化の需要に応えるピアノ作曲家としての顔を器用に使い分けて、多方面で人気を獲得していった。

## ドイツ人音楽家招聘計画

フィルハーモニック協会の外国人音楽家の多くは、協会外のさまざまな音楽ビジネスにかかわっていた。作曲や演奏、教育活動はもちろん、自ら事業を興して巨万の富を築いた人物も少なくなかった。ザロモンは音楽プロデュースで、クレメンティやクラーマーはピアノ製造業や音楽出版業で大成功をおさめた。カルクブレンナーはロンドンのピアノ学習者をターゲットに練習用の補助器具を開発し、大量に売りさばいて収益をあげた。

彼らのビジネスを支えたのは、イギリスの産業と経済の強大な力だった。産業革命による技術力の進化は楽器や関連機器の生産スピードを向上させ、金融業者が資金源を担った。ロスチャイルドをはじめとする大銀行は、上り調子にある音楽業界への投資を惜しまなかった。音楽家たちは資金獲得のために銀行家主催のパーティーに通いつめ、競うように営業活動に明け暮れた。

フェルディナントにも早々にこの手のパトロンがついた。ロンドンきっての金融街ビショップスゲートに社屋を構える、ゴルトシュミットというユダヤ系ドイツ人の新興銀行兼商社だった。彼らは音楽家の支援に熱心で、社長のアブラハム・ゴルトシュミットの一家とリース家は、ほどなく家族ぐるみのつきあいをするようになった。ピアノ作品『ロンドレット　変ロ長調』(op.54-1) はゴルトシュミットの息子アドルフに、『バシキールの歌による変奏曲　ハ長調』(op.73-2) はゴルトシュミットの妻に献呈されている。

フェルディナントは、起業やマネーゲームに対してほとんど興味を持たなかった。彼はあくまでも自分の本分を演奏と作曲であると考えていた。フィルハーモニック協会の仕事は順調で、出版社からのオファーは引きも切らず、それだけでも受ける利益は十分すぎるほどだった。ピアノ教師の仕事さえも彼はあまり熱心ではなかった。来た弟子には親切に教え、散発的に練習曲ややさしいソナチネを書いたりはしたものの、同僚のクレメンティやクラーマーのように体系的なメソッドを開発しようとは考えなかった。

自分では手を染めない代わりに、彼はロンドンの豊かな環境を家族や仲間たちにできるだけ分け与えようとした。彼は、七歳下の聡明な弟ヨーゼフを故郷ボンからロンドンに呼び寄せた。「若者はもっと広い世界に出てほしい」[10]――兄のすすめにしたがって、ヨーゼフはロンドン屈指のピアノ・メーカーであるジョン・ブロードウッド・アンド・サンズ社に勤めた。ビジネスマンとして順調に出世した彼は、フェルディナントの事務的な右腕としても活躍してくれるようになった。

フェルディナントはベートーヴェンにも声をかけ、師の作品をイギリスの音楽市場に広めるべく動いた。作品を演奏するだけにとどまらず、楽譜の出版を実現させるべく、ロンドンの出版人との交渉を代行し、校閲を全面的に手伝った。まるでウィーンの修業時代の延長だ。甘い汁はみんなで吸えばいい。自分はその手引きをすればいいのだ。そのことに思い至ったフェルディナントは、一八一六年からフィルハーモニック協会内の音楽家招聘事業に乗り出した。彼がロンドン在住期間のなかで唯一手がけたビジネスだった。

彼が招聘事業をはじめたのは、ザロモンの急死もおそらく関係している。落馬事故で右肩を骨折したザロモンは、数か月の療養の末、一八一五年十一月二十八日に七十歳で亡くなった。

予想もしなかった死だった。ロンドンの音楽業界でやっていくための最大の後ろ盾であり同志を失ってしまった。遺言の執行は同郷のフェルディナントに託され、彼は大きな悲しみと動揺のなかでその処理に明け暮れた。

この時期に書き散らされた草稿『レクイエム ハ短調』（WoO23）は、ザロモンへの追悼の意の表明だったのだろう。ただし手を付けたのは「レクイエム・エテルナム」と「ディエス・イレ」のみで、作品は未完のままに終わっている。感傷に浸って上演するあてもない作品を書いている場合ではない、と気持ちを切り替えたのかもしれない。亡きザロモンの志と業績を継ぐのは自分以外にはいない。かつて彼がハイドンを招聘して交響曲旋風を巻き起こしたように、ロンドンをドイツ人の音楽で満たそう。自分こそが彼に代わってプロデューサーの役目を担うのだ。

熟慮の末、彼は呼び寄せるにふさわしいふたりの音楽家を選び出した。ひとりはドイツ人音楽家のルイ・シュポア。もうひとりは、師ルートヴィヒ・ヴァン・ベートーヴェンだった。

シュポアへの招聘状が書かれたのは、一八一六年十二月十日。こんな情熱的な書き出しではじまっている。

「あなたとお近づきになりたいという打診をする初のチャンスを得たことに、私は心からの喜びを抱いております。長いことそれを願っておりましたが、その天命に恵まれなかったのです。ついに個人的にもお知り合いになれると思うと、二重にうれしくてなりません。これまで私はあなたの作品を何度もこよなく楽しんでまいりました。それにもかかわらず、作曲者のあなた自身の演奏なしに、作品を私の友人たちに評させなければなりません。これは片手落ちではないでしょうか」

ルイ・シュポア。フェルディナントと同じ一七八四年生まれのヴァイオリニストである。ブラウンシュヴァイクの宮廷楽団の出身で、熱心なフリーメーソン会員。一八一三年から一五年までアン・デア・ウィーン劇場で指揮をつとめ、ベートーヴェンの『戦争交響曲』と『交響曲第七番 イ長調』の初演にもヴァイオリニストとして参加していた。彼もまた、ナポレオン戦争をかいくぐってヨーロッパ各地へ旅し、銃の代わりに楽器を携えて生きのびてきた同志だ。ビジネスレターとはいえ、手紙は最初から胸襟を開いている。

「フィルハーモニック協会の名前はおそらくご存じかと思います。私はこの協会の一員です。偉大な芸術家だからというだけではなく、友人として受け入れ、支援をさせていただければ誠に幸いです。[11]」――

師ベートーヴェンへの呼びかけはより直接的だった。――一八一七年六月九日付の招聘状には、最初から具体的な条件が提示されている。

「次の諸条件で先生に〔合計〕三百ギニーをご提供することについて、ぼくは協会から委任を受けています。

**ルイ・シュポア**（1824年）
ヨハン・アウグスト・ナールによる肖像画。ルイ・シュポア（本名：ルートヴィヒ・シュポア）は、1784年4月5日に医学参事官の長男としてブラウンシュヴァイクに生まれ、同地の宮廷音楽家からヴァイオリンの指導を受けた後、ロシアで音楽修業を行った。1804年にライプツィヒでソロのヴァイオリニストとしてデビュー。ハープ奏者の妻ドレッテ（旧姓シャイトラー）を伴って、宮廷楽長や音楽監督としてヨーロッパ各地を転々としながら戦時を過ごした。生前はパガニーニと並ぶヴァイオリニストと称され、作曲家としても交響曲、オペラ、オラトリオ、ヴァイオリン協奏曲など大規模な作品を多数手がけた。指揮棒やヴァイオリンの顎当ての発明者としても知られている。

一、次の冬にロンドンにおいでください。

二、フィルハーモニック協会のために二つの交響曲を作曲してください。これらは協会の所有物になります。

三、二月末頃に始まり、六月前半に終わる演奏会計八回の前または期間中に、フィルハーモニック協会の許可なしにはロンドンのいかなる演奏会にも、オーケストラ用の作品を渡したり、指揮をしないでください。

〔……〕

六、先生が契約を結ばれて、旅費を必要とする際は、百ギニーを前払いで差し上げます[12]」

師がこういった交渉事で何を求めるか。フェルディナントは誰よりもそれを理解していた。「紙幣がまねいた〔貨幣価値の暴落という〕みじめな思いを想像してほしい[13]」――「イギリス人にはなんでもないことだが、貧しいオーストリア人の一音楽家には、〔写譜代と送料の支払いは〕大変なことなのだ！[14]」――この数年にわたって、師からの手紙はそんな愚痴ばかりだ。具体的な金額の提示ありきでなければ、この人は決して動かない。

弟子の予感はあたった。師から届いた七月九日付の返信には、承諾の返信に加えて、したたかな賃上げの要求が記されていた。

「私が他のアーティストよりも多くの障害と戦わねばいけない状況にあることを、どうかご理解いただきたい。〔……〕私に〔報酬として〕三百ギニー、旅費として〔追加で〕百ギニーを支出いただきたい。ご提示いただだいたよりもだいぶ高額だが、私には同伴者が必要なのだ」(15)

## 革命と失墜

一八二〇年二月。オファーに応えてロンドンにやってきたのはルイ・シュポアだった。ハープ奏者の妻ドレッテ・シャイトラーを伴っての訪英だった。契約条件は一シーズンで二百五十ギニー。シーズン中の八回の定期演奏会のうち三ないし四回は指揮者かソロ・ヴァイオリニストとして演奏に参加すること、協会への出演を二回終えるまでは外部の演奏会に出演しないこと、自作の新曲を協会に献呈することが課せられていた。

折しも、老国王ジョージ三世が闘病の末に亡くなった直後だった。ロンドン市民が黒い服に身を包み、帽子や服に喪章を付けているなか、シュポアはトルコ風の真っ赤なチョッキを着て颯爽と街に現れ、道ゆく人びとをざわつかせた。シュポア夫妻を出迎えたフェルディナントの妻ハリエットは客人のあやまちを優しく教えてあげ、フェルディナントは彼をホテルに連れていって着替えさせた。そんな一騒動のあいだに、彼らはすぐ旧友のように打ち解けた。

翌日のフィルハーモニック協会で、三月六日の第一回演奏会に関する会議が開かれた。ここで、招聘アーティストであるシュポアの上演作に関する議論が巻き起こった。シュポアはヴァイオリン協奏曲の演奏を望んでいたが、協会は「名人芸まがいの演奏は排除すべし」として、モーツァルトやベートーヴェンなどの巨匠以外の協奏曲を制限していた。「規則だから」と主張するディレクター陣を押しとどめたのはフェルディナントだった。彼は、シュポアのヴァイオリン協奏曲は軽薄な名人芸とは一線を画している――つまり巨匠らの系譜に連なる芸術作品であると粘り強く説得し、とうとう他のディレクターを根負けさせた。「英語だから何を言っているかはわからなかったが、リース氏はディスカッションを続けてくれた」シュポアはのちに自伝でこう回想している。「そのかいあって、私はフィルハーモニック協会の第一回の演奏会でカンタービレの独奏〔ヴァイオリン協奏曲〕を、第二回の演奏会ではホ長調の弦楽四重奏曲で第一ヴァイオリンを演奏して大喝采を浴びた。作曲家としての私に対して、すべてのディレクターが、リース氏の見解に同意してくれた(16)」

この協会が抱えている問題は選曲ルールだけではない。シュポアはほどなく気がついた。「個々のメンバーは優秀なのに、ドイツで聴き慣れた演奏よりもアンサンブルがひどく劣っている(17)」――彼はその原因を指揮に見いだした。「アット・ザ・ピアノフォルテ」役のピアニストが、ピアノをつま弾いてオーケストラと合奏し、ふらつくと「リーダー」役のヴァイオリニストが弓を振ってテンポを修正する。ザロモンやクレメンティ世代の演奏スタイルだが、こんな悠長なコントロールでは、ベートーヴェンやシュポア、あるいはリースのような「現代のクラシック音楽」作品をまとめあげることはできない。問題の根源は、規則をただ従順に守るだけのディレクターたちだ。協会内で孤軍奮闘している同志のリースも、指揮の問題に関してはまだ自覚が乏しいように見えた。
一八二〇年四月十日。第三回の定期演奏会では、シュポアの交響曲の上演が予定されていた。当日の朝、シュポアは自作の発明品「指揮棒《バトン》」をたずさえてリハーサル現場に現れ、団員やディレクターたちの度肝を抜いた。

「幸いにも、私が指揮をする演奏会の当日、ピアノの席についていたのはリース氏だった。彼は総譜《スコア》を手放すことに快く同意して、演奏から完全に手を引いてくれた。私はオーケストラの前にある楽譜台に総譜を置き、上着のポケットから指揮棒を取り出して合図を送った。ディレクターの何人かはこの斬新な手法にぎょっとして私を止めようとしたが、私が一度だけやらせてくれと頼むと、彼らは静かになった。リハーサルしようとした交響曲と序曲は、私がかつてドイツで何度も演奏した作品だった。私は指揮棒を用いて、テンポを厳格に示すだけにとどまらず、管楽器のすべての入りの部分に指示を飛ばした。それによって、アーティストたちはかつてない安心感をもって演奏することができた(18)」

そして迎えた本番の夜。聴衆は、長身のシュポアの手に握られた小さな棒に驚き、彼が赤いチョッキで街に出没したときのように眉をひそめた。しかし演奏が終わると、会場は大喝采に包まれた。「指揮棒は勝利を得た。『時間を統べる存在』として」[19]――シュポアは誇らしげにそう振り返る。協会の指揮のシステムはすぐに見直され、「アット・ザ・ピアノフォルテ」のポジションは廃止されるに至った。ドイツ人ふたりがもたらした改革だ。

シュポアが見せてくれた指揮の技術は、フェルディナントにとっても大きな衝撃だった。それまでの彼は、たとえ自作の交響曲であっても、ピアノの前での補助的な指揮に甘んじていた。オーケストラの前に立ち、テンポを掌中でコントロールし、細かい指示を出して軍勢を率いる。そんな新時代の指揮の魅力に彼は気づかされた。

五月八日の第五回定期演奏会で、フェルディナントははじめてピアノの前から離れ、舞台の中央で、ベートーヴェンの『交響曲第五番』を振った。フェルディナント・リース、指揮者としてのデビューの日だった。「アット・ザ・ピアノフォルテ」でも、自作だけを指揮する作曲家でもない。古今東西のオーケストラ作品を指揮するための、高い専門性とスキルを持つ職業指揮者。この道を極めるのも面白いかもしれない。シュポアは協会のオーケストラだけでなく、フェルディナントの音楽キャリアにも大きな示唆を与えてくれた。

ところが、フェルディナントが真新しい指揮棒を振り下ろしたその頃、フィルハーモニック協会の内部ではすでに取り返しのつかない不協和音が鳴っていた。急進的な改革は反感を買う。

とりわけイギリス人のディレクターたちは、ジョージ・スマートやチャールズ・ニートなど一部のベートーヴェン支持者を除いて、フェルディナント・リースの存在をうとましく思い始めていた。

もとより協会は、国際的に有名な外国人が力を持ち、地元のイギリス人音楽家は軽視されている状況にあった。音楽作品のみならず、演奏までもドイツ人に支配されようというのか。そんな不穏な空気が事件の温床となったのは間違いない。

事件の発端は四月十七日の全体会議だった。議事録によれば、口火を切ったのはフェルディナント・リースだった。イギリス人ディレクターのウィリアム・エアトンが、あるとき、ドイツ人ディレクターのヨハン・バプティスト・クラーマーに侮蔑の言葉を浴びせた。彼は会議の場でその事実を明らかにし、エアトンはディレクター職を辞任すべきだと強く主張した。

その「侮蔑」が、具体的にどのような内容だったかははっきりしていない。敵陣からすれば、シュポアの訪英によって協会内での発言力を強めたフェルディナントが、ちょっとした発言に言いがかりをつけて、イギリス人の排斥に乗り出したように見えたかもしれない。ただし被害に遭ったとされるクラーマーは、フェルディナントとは同じドイツ人でありながら犬猿の仲だった。かつてベートーヴェンのライバル・ピアニストであったクラーマーは協会内の反ベートーヴェン派の最たる人物であり、ベートーヴェンの招聘計画に苦言を呈し、フェルディナントのディレクター就任にも反対していた。したがって、この告発にフェルディナントの私情が介入していた可能性は低い。

この先の記録は錯綜している。エアトンの処遇は投票で決定されることになった。ところがなぜか投票が二回も行われた上に、エアトン本人が辞任を断固として拒否。そこでドイツ人ディレクターのカール・マイヤーが、五月二十四日に臨時会議を催すことを提案。ところがこの会議には投票の最低要件を満たす人数が集まらず、開催は中止されてしまった。

単なる伝達不足だったのか。それとも反リース派のボイコットだったのか。いずれにしても、協会はすでに内部分裂の危機に瀕していた。リース派は外国人勢とシュポアの指揮に感動した聴衆を味方につけていた。いっぽうで反リース派の憎悪は頂点に達していた。失言したエアトンへの同情。正義をふりかざして辞任を突きつけるフェルディナント・リースへの反発心。このままでは協会が崩壊してしまう。それは誰も望んでいない展開だった。

エアトンは折れた。フェルディナントも折れざるを得なかった。ふたりはわずか数日違いで、協会宛に辞任状を書いた。組織を守るためには、この事件をふたりのディレクターの刺し違えとして丸く収めるしかなかった。

この「辞任状」提出劇を経て、ディレクターたちは憑き物が落ちたかのように冷静さを取り戻した。七月一日にふたたび会議が開かれ、滞りなく集合した彼らは、エアトンの辞任の承諾とフェルディナントの留任を決定した。ルイ・シュポアを招聘した一八二〇年のシーズンは、かくして大波乱のなかで幕を下ろした。

結果的にはフェルディナントの告発は受け入れられた。要求通りにエアトンは辞め、彼の首はつながった。だが協会への不信感は、フェルディナントの心に消えない傷跡として残った。質の高い演奏よりも日和見な演奏がよしとされる理不尽。暴言の罪よりも協調を乱した罪が問われる理不尽。この怒りと悲しみを理解してくれる相手は、一部始終を間近で見ていたシュポアをおいて他にいなかった。

「ぼくたちドイツ人のアーティストは、イギリスにやって来るしかなかった。アーティストとしてやっていくのに確実だからだ。しかし〔イギリスでは〕額に汗して日々のパンを稼がねばならないことを忘れちゃいけない。高い確率であと二年間はここにとどまるとなったら、そうしているあいだは愚痴を言ってもしかたないだろう。ここでの生活はふだんどおり続いている。ただしぼくたちの天職〔音楽〕がますますみっともなくて悲惨なありさまに陥っているのに目をつぶればね。フィルハーモニック協会の演奏会は続いているが、ひどい状況だ。残念ながら聴衆もアーティストも同じように感じていて、別の〔演奏〕プランを立てたらどうかとみんな口をそろえて言う」

一八二二年四月三十日付のシュポア宛の手紙に、フェルディナントはそんな愚痴を書いた。その前年の一八二一年七月、彼はフィルハーモニック協会にふたたび辞任状を提出していた。彼のペンはこう続く。「ぼくはディレクターの地位をおりた。もう口げんかはこりごりだ[20]」

## シラーとの再会——Freude と Resignation

『シラーの詩「あきらめ」による幻想曲 変イ長調』(op.109) は、この苦境のさなかに生まれた。一八二一年作曲のピアノ・ソロ作品である。

「あきらめ」とは、一七八六年刊行のフリードリヒ・シラーの自主雑誌『ターリア』第二巻に収録された物語風の詩「あきらめ——ある幻想 (Resignation - Eine Phantasie)」のことだ。おそらくフェルディナントは、この詩からふたつの掛詞を見いだしている。ひとつは、詩的な想念としての「幻想 (Phantasie)」と音楽ジャンルとしての「幻想曲 (Phantasie)」。もうひとつは、「あきらめ (Resignation)」と「辞任 (Resignation)」である。

『ターリア』の同じ号には、シラーの全作品のなかでもっとも有名な詩「歓喜に寄す」も並んでいる。

歓喜よ、神々の麗しき霊感よ

楽園（エリジウム）の娘よ

しかしこのときの彼は、その輝きに満ちた詩句よりも、美しくも陰惨な想念をつづった「あきらめ」に強く惹きつけられた。

詩はこのようにはじまる。

ぼくもまた至福の楽園（アルカディア）に生まれた
自然はゆりかごのそばで、ぼくにも悦びを約束した
ぼくもまた至福の楽園に生まれた
けれど短い春は、ぼくに涙しかもたらさなかった

「歓喜に寄す」はエリジウム、「あきらめ」はアルカディアという語が冒頭に登場し、日本語ではどちらも「楽園」と訳されるが、意味は大きく異なる。「エリジウム」はひとが死んだあとに行く世界を、「アルカディア」はひとが生まれる前に住んでいた世界を指す。振り返ればフェルディナント・リースのここまでの人生は、アルカディアを求める旅そのものだった。幼少期に戦争によって奪われたケルン選帝侯の音楽の楽園。それを取り戻すべく、彼はウィーン、パリ、北欧、ロシアを放浪し、旅路の果てのロンドンで、ザロモン、ベートーヴェンやシュポ

アらと共に楽園をよみがえらせようと試みた。しかしそれは叶えようもない大それた「夢」にすぎなかったのだろうか?「あきらめ」の主人公の青年は、楽園を追われた喪失感にさいなまれ、永遠の幸福を求めて、自らの青春や最愛の恋人ラウラを応報の女神に手渡してしまう。しかし報酬は与えられず、「一切の悦びを犠牲にしたのに」と嘆く青年に守護神がこう諭す。「ひとが一瞬でも拒絶したものは、永遠といえども返してくれないのだ」と。

詩を音楽にする。その意義を彼は彼なりに考えた。この詩は独唱とピアノ伴奏によるオーソドックスな歌曲にはふさわしくない。フェルディナント・リース自身によるモノローグ——つまりピアノ・ソロ曲であるべきだろう。しかし単に詩から想を得たピアノ小品としてまとめるのも物足りない。言葉を、物語を、あるいは心を、より密なかたちでピアニストに歌わせる方法はないだろうか。

そのような模索の末に、まったく新しいスタイルが生まれた。タイトルは「幻想曲」だが、いっぷう変わった工夫が楽譜上にほどこされている。彼は譜面の随所に、注釈のような形で番号を添え、各ページの下部に対応する詩句を記した。いわば詩のサウンドトラックのように、あるいはのちの交響詩のように、音楽が詩とともに展開されていく。詩句をメロディにのせて歌うことも、メロドラマのように音楽を背景にして朗読することもできない。あくまでも歌うのはピアノ一台だ。

**『シラーの詩「あきらめ」による幻想曲 変イ長調』（op.109）冒頭部分**（左）
1821 年作曲。初版は 1823 年。画像は 1843 年のブライトコプフ・ウント・ヘルテル社版による。譜内に「1.」「2.」「3.」という番号が添えられ、各ページの下部に対応する詩句が掲載されている。なおフェルディナントはベートーヴェンと同じく 1810 年代の中盤から、発明されたばかりのメトロノームを積極的に導入しており、この作品でもシーンが変わるごとに細かな速度指示を行っている。

それは、彼がこれまで数多く手がけた「ロンドン風」のファンタジックなピアノ曲と、ドイツ人としての詩的感覚が融合したような作品だった。一八二三年にライプツィヒのブライトコプフ・ウント・ヘルテル社とロンドンのクレメンティ社から出版されたこの作品に対して、『一般音楽新聞』は次のような長文の評を掲載した。

「リース氏がすぐれた作曲家でありヴィルトゥオーゾであることは評者も承知しているが、彼がどれほどの学問的な素養を持ち、それをどの程度、彼の芸術に適用させようとしたのかは知るよしもない。その点について当作には疑わしさがある。彼〔シラー〕の瞑想的な文章、とりわけ叙情性がもたらす影響力はすさまじい。しかしシラーに最大の敬意を払うならば、音楽家〔リース〕がこの目的のために選ぶべき詩人は彼ではなかったのではないか。シラーの叙情的な作品のなかでも、この詩は（最後の句に至るまで）ことに荒涼としており、警句風の鋭さをもち、大きく、陰惨たる、きわめて憂鬱な深刻さがたえまなく続く。いっぽう、この作曲家〔リース〕は変化に富まなければやっていられないようだ。彼はこの詩のような曇りや暗さをどこに持って行こうとしているのか？　あちらこちらへと彼は行く。数え切れないほどの減七の和音や鋭い不協和音、転調につぐ転調などを用いて」

批評家は、フェルディナント・リースがわざわざこの詩を選んだ動機をはかりかねたようだ。

ている。

譜内に詩の対応番号を示すというアイデアに関しては、次のようにポジティブな見解が示されている。

「われわれはこの作品が、作品自体においてもアイデアにおいても、注目を集めることを望む。後者に関しては、特に彼以外の優れた音楽家の間で知られてほしい。そしてこのジャンルからさらに優れた作品がいくつも生み出されることを願っている(21)」

しかし、同時代のほかの作曲家が、この作品に触発されて同様の新作を発表した形跡は見当たらない。フェルディナント本人も同じスタイルの作品を書くことは二度となかった。彼自身、このジャンルを末長く育てたいと考えていたわけではなかったのだろう。一八二一年だからこそ、あるいはこの詩であったからこそ生まれ得た一作限りの作品だった。ロンドンでのキャリアの入口となった『夢』と同じく演奏時間二十分弱に達するこの大作を、彼はゴルトシュミット銀行の社長の息子アドルフに献呈した。

一八一七年、ベートーヴェンに宛てた招聘状で、彼は差出人の住所を、自宅でもフィルハーモニック協会でもなくゴルトシュミット銀行宛に指定していた。かつての王侯貴族と音楽家の関係と同じく、ゴルトシュミットと彼は運命共同体さながらのパトロン関係を築いていた。しかしこの新興銀行は一八二〇年以降、倒産を予期させる不穏な下り坂に向かっていった。『「あきらめ」による幻想曲』は、夢破れた同志たちの共感となぐさめの作品でもあったのだろうか。フェルディナントがロンドン滞在の初期に抱いていた野望は、いまや痛みをともなう切望に変わりつつあった。彼はシュポア宛の手紙にこう書く。「ドイツに戻りたくてたまらない。穏やかな気持ちでラインに帰りたい(22)」

ベートーヴェンは、病や身辺事情を理由に幾度も延期を申し入れつつ、まだロンドン行きの希望を捨てていなかった。フェルディナントは師から「次の夏に湯治に行って健康になれば、一八二四年にロンドンできみの奥様に接吻できるでしょう(23)」という一八二三年二月五日付の手紙を受け取っていた。それでも彼には、もう師を待つだけの気力は残っていなかった。

しかしベートーヴェンに対するフェルディナントの尽力は決して無駄ではなかった。「フィルハーモニック協会のために大きな交響曲を二曲書いてほしい」——一八一七年に行った依頼は、当時スランプ状態にあった師に新たな創作のエネルギーを与えていた。弟子からの願いに触発されたベートーヴェンは、遅々としたペースではあったものの新作の交響曲の作曲を進めた。そして弟子の新作『シラーの詩「あきらめ」による幻想曲』が出版された一八二三年、べートーヴェンは、いつの日にか用いたいと青年時代から考えていたシラーのもう一編の詩「歓喜に寄す」を、この交響曲の終楽章に合唱として取り入れる決断をした。

『ターリア』のふところであるラインで生まれ育ったふたりの音楽家が、同じ時期に、同じ詩集が初出となる詩を用い、しかも前代未聞の表現スタイルに挑むという選択をした。もちろんこれは偶然でしかない。師弟がこの二作品をめぐって、意図して何かを示し合わせた形跡はいっさい残っていない。しかし彼らは、選んだ人生の航路は違ったとしても、ともに故郷への愛を強く胸にいだき、失われた楽園を求めて生きる同志として互いの存在を意識し合っていた。そうでなくして、この偶然は決して起きえなかった。

一八一〇年代から二〇年代のベートーヴェンの音楽活動の陰には、つねに弟子の助力があった。ロンドン招聘の一件だけに限らない。一八一七年、ブロードウッド社からベートーヴェンに贈られた六オクターブのピアノのプレートには、ロンドン在住の何人かの音楽家とともにフェルディナント・リースの名前が書かれていた。そのピアノにインスピレーションを得て最終楽章が書かれた『ピアノ・ソナタ第二九番「ハンマークラヴィーア」』のイギリスでの出版のため、仲介や校閲を請け負ったのは彼だった。事務的な手違いにより実現はしなかったが、大作『ディアベリの主題による変奏曲』のイギリス版は、妻ハリエットに献呈される計画になっていた。

それだけではない。一八一六年五月八日、ベートーヴェンは弟子への手紙のなかで、こんな驚くべき提案を行っている。

「ところで、わが親愛なる弟子のリースは、本腰を入れて私にすぐれた作品を献呈すべきではないか。それに対して師匠である私は、きみに同じだけのものをお返ししよう」[24]

弟子は師の挑戦に喜んで応じた。一八一八年に出版された『交響曲第二番 ハ短調』(op.80)には、献呈先として師の名前が刻まれている。作品一の『三つのピアノ・ソナタ』以来、十二年ぶりの献呈だった。

ベートーヴェンはこの弟子の力作に対して何を「お返し」しようとしたのか。一八二三年五月初頭のフェルディナント宛の手紙に、見落とせない一文がある。

「新作の交響曲は、きみに献呈することになるだろう」[25]

新作の交響曲。『交響曲第九番 ニ短調』のことだ。最終的にこの作品の献呈先は、プロイセン王フリードリヒ・ヴィルヘルム三世に変更され、弟子に献呈されることも、ロンドンで初演されることもなかった。だが約束された「お返し」は、交響曲の完成によって間接的に実現された。一八二四年五月七日。ウィーン・ケルントナー劇場で『交響曲第九番』が初演され、終楽章でシラーの「歓喜に寄す」にもとづく合唱が歌われた。自分のロンドンでの十一年におよぶ悪あがきが、フリードリヒ・シラーの魂を分けた双子を世に送り出した。そのことを知ったフェルディナントは、はたしてどんな想いを抱いただろうか。それは、彼がロンドンから去るわずか二か月前の出来事だった。

# III

## セカンドキャリアの時代

5　帰還から再起へ
——四十代、あるいはナショナリズムの台頭

6　楽園の再生
——最後の十年、あるいは世代のはざまで

**フェルディナント・リース**（1832 年）
油彩による肖像画。作者不明。この頃には
リウマチの症状が出始めておりピアノの演奏
活動を制限しているが、画のなかでは手の
存在感が強く示されている。

# 5　帰還から再起へ

## ——四十代、あるいはナショナリズムの台頭

### イングランドへの告別

十一年のロンドン生活は、フェルディナント・リースにとって、戦時下の演奏旅行をしのぐ過酷な日々だった。金融界の情況に左右される仕事は過剰な緊張をもたらし、ロンドン・フィルハーモニック協会の内紛は大きな心傷を残した。

それでも彼は残された力を振り絞って、この苦闘の十一年に美しい終止符を打とうと努力した。「辞任騒動」の戦犯であるウィリアム・エアトンとは和解の機会がやってきた。エアトンはフィルハーモニック協会を去ったのち、一八二三年に音楽雑誌『ハルモニコン』を立ち上げ、

成功をおさめていた。取材の申し出にフェルディナント・リースは快く応じ、一八二四年三月号の巻頭に、三ページにわたるフェルディナント・リース特集が組まれた。「フランス軍に四度襲われた音楽家」という伝説、ベートーヴェンとの師弟関係、ロンドンでの華々しい活躍――そして、次のようなフェルディナント・リース評が掲載された。

「リース氏は、今日もっともすぐれたピアニストのひとりとして賞賛を浴びている。その力強い手と揺るぎない技術にはしばしば驚かされる。しかし彼の演奏で圧倒的なのはなによりも、ロマンティックな奔放さである。轟音と柔らかな音の著しいコントラスト、ダンパー・ペダルの自由自在な使い方、非常に斬新できわめて大胆な転調が、聴く人に予期せぬ組み合わせや変化を奏でるエオリアン・ハープさながらの印象を与えている。それは純粋にドイツ的な音楽であり、〔……〕リヒター〔ドイツの小説家ジャン・パウル〕がいうところの「音楽の帝国」に属する純然たる出自であることが、リース氏自身によって示されている」

誌面に添えられた肖像画は、いくぶんハンサムに描かれ、三十九歳になった音楽家の円熟と成功を物語るにふさわしかった。特集は次のような案内でしめくくられた。

「五月三日の「告別演奏会」で、われわれはリース氏を名残惜しくも見送ることになる」(1)

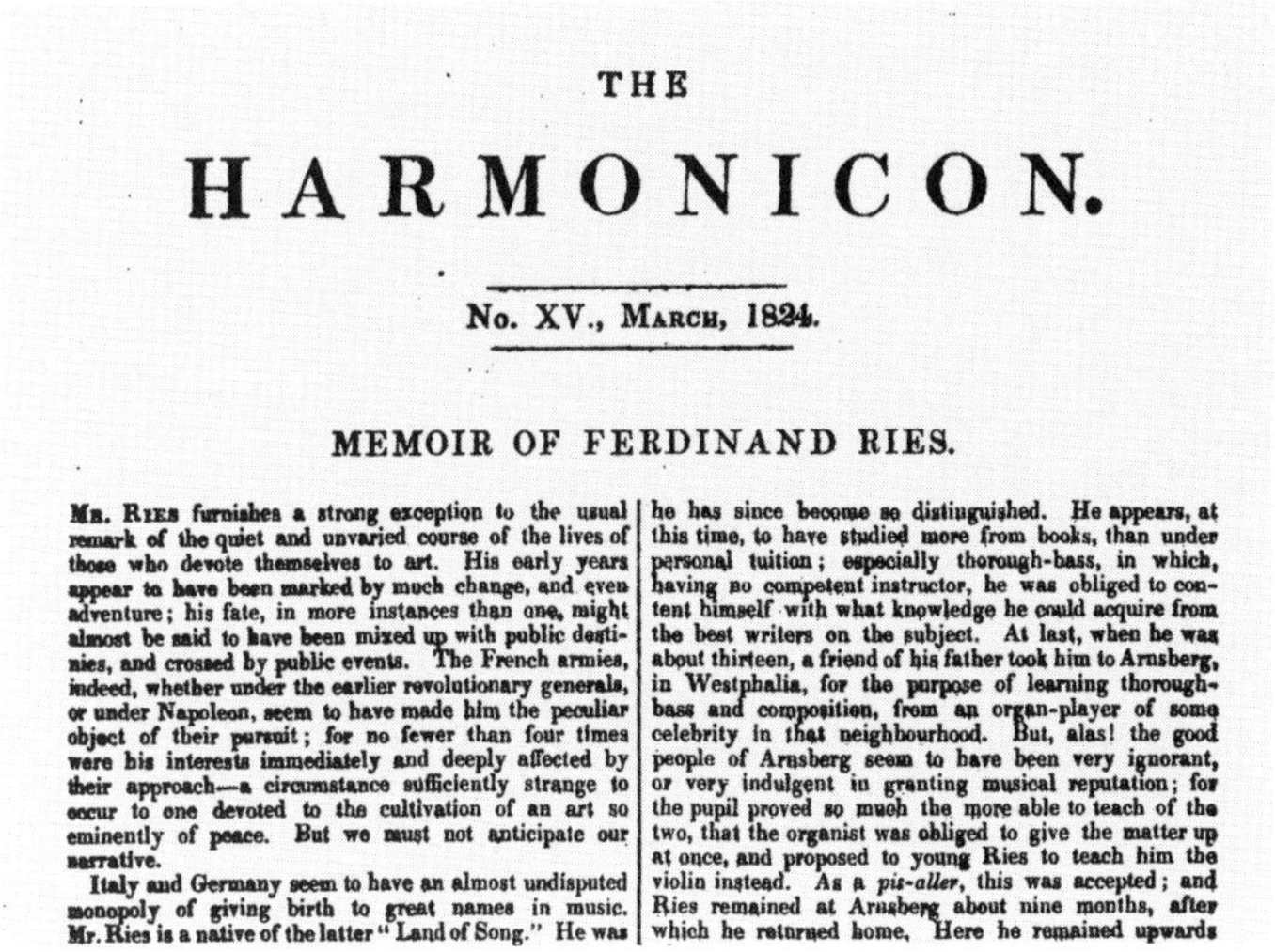

THE

HARMONICON.

No. XV., March, 1824.

MEMOIR OF FERDINAND RIES.

Mr. Ries furnishes a strong exception to the usual remark of the quiet and unvaried course of the lives of those who devote themselves to art. His early years appear to have been marked by much change, and even adventure; his fate, in more instances than one, might almost be said to have been mixed up with public destinies, and crossed by public events. The French armies, indeed, whether under the earlier revolutionary generals, or under Napoleon, seem to have made him the peculiar object of their pursuit; for no fewer than four times were his interests immediately and deeply affected by their approach—a circumstance sufficiently strange to occur to one devoted to the cultivation of an art so eminently of peace. But we must not anticipate our narrative.

Italy and Germany seem to have an almost undisputed monopoly of giving birth to great names in music. Mr. Ries is a native of the latter "Land of Song." He was he has since become so distinguished. He appears, at this time, to have studied more from books, than under personal tuition; especially thorough-bass, in which, having no competent instructor, he was obliged to content himself with what knowledge he could acquire from the best writers on the subject. At last, when he was about thirteen, a friend of his father took him to Arnsberg, in Westphalia, for the purpose of learning thorough-bass and composition, from an organ-player of some celebrity in that neighbourhood. But, alas! the good people of Arnsberg seem to have been very ignorant, or very indulgent in granting musical reputation; for the pupil proved so much the more able to teach of the two, that the organist was obliged to give the matter up at once, and proposed to young Ries to teach him the violin instead. As a *pis-aller*, this was accepted; and Ries remained at Arnsberg about nine months, after which he returned home. Here he remained upwards

FERDINAND RIES.

**音楽雑誌『ハルモニコン』(1824 年 3 月号)フェルディナント・リース特集**

『ハルモニコン』は、ウィリアム・エアトン主宰による、1823 年から 1833 年まで発行された月刊の音楽雑誌。旬の音楽家を毎号の巻頭で特集しており、この月はフェルディナント・リースが取り上げられた。本人もしくは弟ヨーゼフへの取材にもとづく記事と考えられている。生年の誤りなどの不正確な記述がいくつかあるものの、大筋においては『ルートヴィヒ・ヴァン・ベートーヴェンに関する伝記的覚書』(1838 年)など、ほかの重要な証言録との内容の相違はない。フェルディナント・リースの半生が綴られたもっとも早期のテキストとして、今日でも多く参照されている。

来る演奏会の日。彼が用意したメイン・プログラムは、『ピアノ協奏曲第七番 イ長調「イングランドへの告別」』(op.132) だった。

イ短調の荘重な序奏は、速度と音量をゆっくりと落としたのち、ふいにイ長調に転調し、明るくきらびやかな高音のピアノ・ソロを繰り広げる。テーマやリズムは、八年前にフィルハーモニック協会で初演した『八重奏曲 変イ長調』(op.128) が下敷きになっている。もともとピアノの見せ場が多いこの室内楽曲を、彼は、よりピアノの技巧性と華やかさを強調したオーケストラ付きの大作へとバージョンアップさせた。第一楽章の後半では、『ハルモニコン』評さながらの奇想天外な技巧をちりばめた長大なカデンツァが展開される。一八一二年の『ピアノ協奏曲第三番 嬰ハ短調』(op.55)、一八一四年の『ピアノ協奏曲第五番 ニ長調「田園」』(op.120) では用いなかったカデンツァを彼は久々に解禁して、自分の花道を飾り立てた。

ロンドンの聴衆は手放しの喝采を送った。「ぼくはいまも昔もイギリスに愛着を持っているし、いつも第二の故郷だと思っている」(2)――のちに彼は知人宛の手紙にそう書いた。清濁を併せのんでこその十一年間であったことを彼は承知していた。作品も、富も名誉も、イギリス人の妻と築いた家庭も、いまやフェルディナントの一部だった。

いっぽう、新しい時代の足音はすでに聞こえだしていた。

「告別演奏会」からまもない一八二四年六月。「ハンガリー生まれ」を自称する十二歳のピアニストがロンドン・デビューを果たした。

その名はフランツ・リスト。フェルディナントと同門のカール・チェルニーが手塩にかけて育てた愛弟子だった。少年は、フィルハーモニック協会の本拠地アーガイル・ルームズの舞台で、美しい容姿と異次元の才能をきらめかせて人びとを驚かせた。

十九世紀生まれの新世代が台頭し、旧世代の音楽家を駆逐する時代は、もう目の前に迫りつつあった。

## ようこそ、故郷の地へ！——ニーダーライン音楽祭

フェルディナントはすでに前線から背を向けていた。イギリスの一部の音楽メディアは、はっきりと「リタイア」(3)という言葉を使っている。ウィーンでのピアニスト・デビューからちょうど二十年。彼は人生ではじめて休息の欲求にかられていた。ボン郊外のゴーデスベルクにある父の持ち家を買い取る算段はついていた。往年の選帝侯マクシミリアン・フランツの忘れ形見のような家。そこに妻と三人の子どもたちと暮らし、楽園の残照のなかでまどろみながら余生を過ごす。彼は本気でそんな四十代の暮らしを夢見ていた。

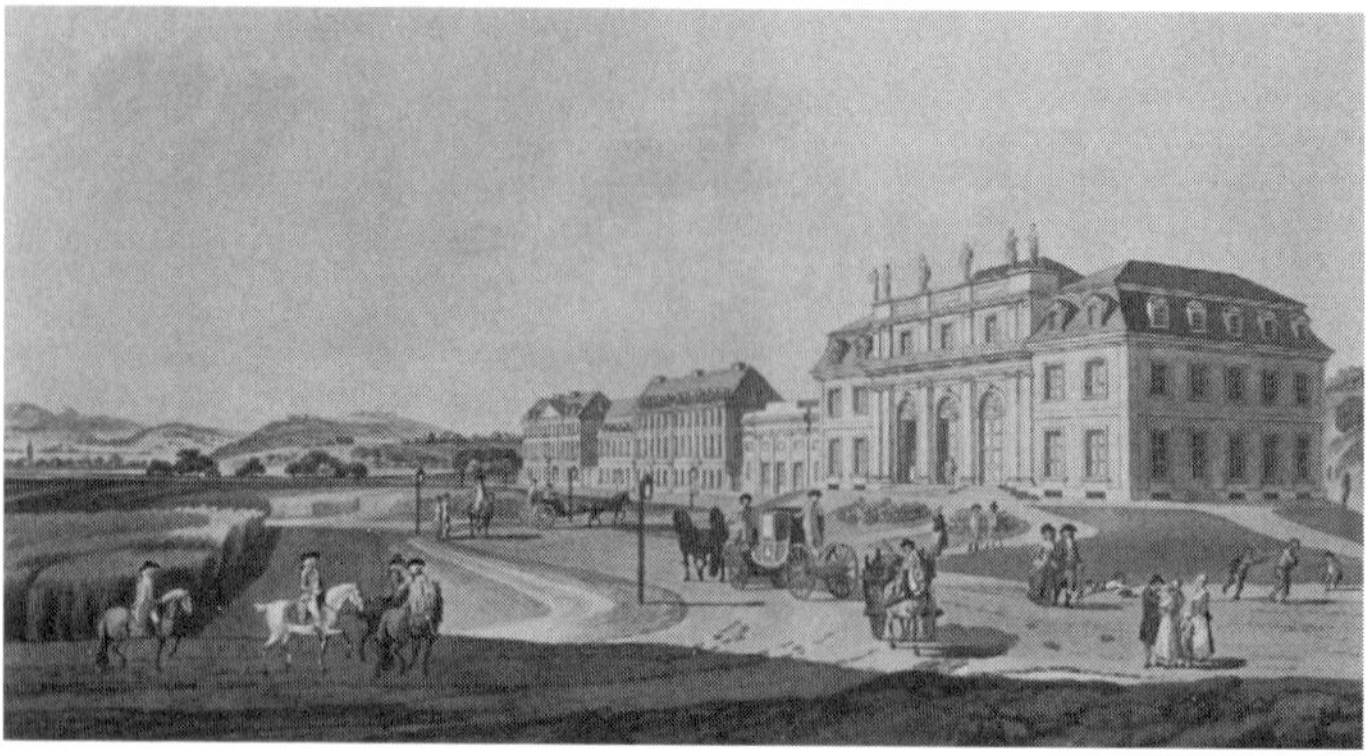

**ゴーデスベルク（現：バート・ゴーデスベルク）**（1792 年）
ヨハン・ツィーグラー作「シュパイアーからデュッセルドルフまでのライン川沿いの美しい 50 の景色」からの 1 枚。手前の大きな建物が劇場「レドゥテ」、その3軒隣のやや奥まった小さな建物(下の写真では手前から4軒目)がリース家の所有。ケルン選帝侯マクシミリアン・フランツが建設したゴーデスベルクの 9 軒の家のうち 1 軒は、フランツ・アントン・リースが 1792 年に購入し（第 1 章参照）、1824 年に長男のフェルディナントの手に渡った。彼が 1827 年にゴーデスベルクを離れたのちは第三者に売却されたと推測される。2009 年、フェルディナント・リース協会の寄贈によってこの家に記念プレートが設置された。

（右）ゴーデスベルクの現在の並び
（下）記念プレート（2015 年撮影）

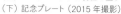

ところが、ドーヴァー海峡を渡り「父なるライン」の地に帰ってきた彼を待っていたのは、郷里の人びとの大歓待だった。『ケルン新聞』は、一八二四年七月二十日付の記事で彼の帰郷をこう書き立てた。

「高名なクラシック作曲家でありピアニストであるフェルディナント・リースが、本日、家族とともにロンドンから帰郷した。今後は、彼自身や、彼の師ベートーヴェン、友人ザロモンの生誕の地であるボン近辺に住まうことになる。〔……〕われわれは大いに期待しようではないか。この地で彼のミューズが紡ぐすばらしい作品がたくさん生まれ、彼の存在がニーダーラインの音楽界に価値ある影響をもたらすことを。いまはただ呼びかけようではないか。ようこそ、故郷の地へ!(4)」

騒ぎになったのは当然だった。宮廷の解体によって将来を失った悲劇の少年が「クラシック作曲家」と「ピアニスト」として世界各地で名を馳せ、故郷に錦を飾りに来たのだ。帰郷して数日後、荷物の手続きのためにケルン市長のもとに出向いた彼は、この歓迎ムードの理由をもうひとつ知ることになる。ロンドンに残してきた弟のヨーゼフ宛に、彼はこんな報告を書いた。

「彼〔市長〕がいうには、この前のペンテコステの大きな音楽祭のとき、みんなぼくをものす

ごく見たがってたんだって」(5)

大きな音楽祭――六月六日から七日にケルンで行われた「ニーダーライン音楽祭」のことだった。毎年ペンテコステ（聖霊降誕祭）の時期に開催され、この年はフリードリヒ・シュナイダーがプログラムの検討と指揮を担う「音楽ディレクター」をつとめた。フェルディナントの帰郷を一足早く祝うべく『交響曲第四番 へ長調』（op.110）が演奏され、聴衆は温かな拍手を送った。

その音楽祭がフェルディナントの後の人生を決定づけるとは、このときは想像もしていなかっただろう。「リタイア」生活を満喫していた彼のもとに一通の手紙が舞い込んだのはその年の十二月だった。来年のニーダーライン音楽祭の音楽ディレクターを引き受けてほしいという内容だった。思いがけない誘いに彼は驚いた。だが音楽祭の実行委員会にとって、それは大きな必然性のある打診だった。

ナポレオン戦争の終結後、一八一四年から一五年に行われたウィーン会議で、ラインラント一帯は強国プロイセンに併合されることが決定した。フランスの支配下に置かれてから二十年。併合への賛否はあったものの、ようやく訪れた占領生活からの解放だった。

長きにわたる戦争を経て、ドイツ語圏の人びとは愛国意識に目覚めていた。とりわけ兵に駆り出された若い世代は、フランス軍の打倒を声高に叫ぶうち、ドイツ人としてのアイデンティティを強く抱くようになった。

「ドイツ人」となった彼らがもっとも誇りを持っていた自国の文化こそが音楽だった。フランス軍の勢いに陰りがみえはじめた戦争末期には、ドイツのさまざまな都市で戦勝を祝うための音楽祭が催されるようになり、戦後には本格的な音楽祭ブームが到来した。

音楽祭の運営母体は、王室や政府ではなく、商人や銀行家などのブルジョワ市民たちだった。ウィーン会議を牛耳ったオーストリア外務大臣クレメンス・メッテルニヒは、ヨーロッパ各国の権力バランスをコントロールして和平を保つ政策を取り、革命がふたたび起こるのを恐れて一般市民の愛国思想を抑えつけた。学生運動や政治集会が次々と禁止されるなか、音楽祭は当局から認可された数少ない「ドイツ人のための大集会」として機能を果たした。

ニーダーライン音楽祭も、そうしたナポレオン戦争後の音楽祭ブームのなかで生まれた。初開催は一八一八年。それ以降は、ケルンやデュッセルドルフ、エルバーフェルトなどニーダーライン（下ライン）地方の各都市の持ち回りで催されるようになり、一八二五年はニーダーライン西端の街アーヘンでの初開催が決定した。プログラムは二日間で、序曲や交響曲、オラトリオやカンタータといったドイツが誇る音楽ジャンルの大作がずらりと並ぶ。演奏者数は年々増え、合唱も含めて計四百人近くが参加するようになっていた。

それほどの巨大な演奏団体をわが手で率いる。隠居の身といえども抗いがたい魅力だった。ロンドンで「指揮者」として舞台に立ったのはわずか数回にすぎない。それでもシュポアが伝授してくれた指揮法はいまも手に残っていた。もし、ロンドンで果たせなかった指揮への挑戦を故郷で実現できるのであれば。

十二月二十四日、彼はオファーを承諾する旨の返信を出した。音楽祭実行委員会の目論見を彼が察したのは、年明けに送られてきた演奏希望曲を見た瞬間だった。ヘンデル、モーツァルトらの「クラシック音楽」作品が連なるリストの最後の一行を見て、彼は頭を抱えた。そこにはこう書かれていた。「ベートーヴェンの新作の交響曲」と。

「六番目、つまりベートーヴェンの新作の交響曲に関しては、残念ながら難しいでしょう。まだ印刷中で、イースターの頃にようやく出版されるとのことですから。他の交響曲を選択するのが賢明かと思います(6)」

彼は一度は断った。挙げているのは実務的な理由だが、心理的な抵抗もないわけではなかっただろう。「新作の交響曲」――八か月前に初演されたばかりの『交響曲第九番』。ロンドン滞在時、ベートーヴェンに作曲依頼を出した結果、思いがけず生み落とされた異様な合唱付き交響曲。新米指揮者が御せる作品とはとても思えない。ましてや「あきらめ」の傷を負った身で。

ところが委員会は粘った。噂に聞くこの大作を演奏してくれなければ、フェルディナント・リースに音楽ディレクターの地位を託した意味がない。往年の「楽園（エリジウム）」の象徴であるシラーの詩を、宮廷音楽一家出身の師弟がラインラントじゅうに響かせる。そんなストーリーを彼らが夢みたのは無理からぬことだった。おまけに出版されていないならなおのこと、ベートーヴェン本人と気軽に交渉できる立場にいる音楽家は彼以外にいない。最終的に、フェルディナントは委員会側の熱量に根負けした。

苦難が待ち受けているのは明らかだった。ニーダーライン音楽祭より一足早く、一八二五年三月二十一日に行われたロンドン・フィルハーモニック協会での『第九』初演は、ベテランのジョージ・スマートが指揮したにもかかわらず大失敗に終わっている。同じ過ちを繰り返すわけにはいかない。本番の日を迎えるまでに、彼はあらゆる策を尽くした。師に頼んだ第四楽章の総譜《スコア》の到着が間に合わなければ、パート譜をもとに自分たちで作り直した。リハーサルの時間が足りないとあれば、第二楽章をばっさりとカットし、第三楽章を短縮した。土壇場での力業をいとわないさまは、十九歳のデビューのときから変わらない。あのとき身勝手な演奏で喝采をわがものにしたからこそ、彼は音楽家としてキャリアを紡いできたのだ。

一八二五年五月二十二日、ニーダーライン音楽祭が開幕した。会場は落成してまもないアーヘン劇場。こけら落としとして、五月十五日にルイ・シュポアが自作のオペラ『イェソンダ』を指揮し、フェルディナントはロンドン以来五年ぶりに再会した盟友から指揮棒《バトン》を引きついだ。

一日目
リース　交響曲　変ホ長調
ヘンデル　オラトリオ『アレクサンダーの饗宴』（モーツァルト編）
ヘンデル　オラトリオ『メサイア』より「ハレルヤ」

二日目
ベートーヴェン　交響曲第九番　ニ短調「シラーの詩『歓喜に寄す』の合唱付き」
モーツァルト　カンタータ『悔悟するダヴィデ』
モーツァルト　オペラ『魔笛』より序曲
ベートーヴェン　オラトリオ『オリーヴ山上のキリスト』(7)

二日間は大成功のうちに幕を下ろした。「すべて〔の曲〕がリース氏の非常に思慮深い指揮によって上演された。彼はこの機会においてまぎれもない指揮の才能を示した。そしてその才能は、〔多くの人ができる〕メカニックな要素を完璧にこなすことよりも、共演者に対して訴えか祭レポートのなかで彼の音楽祭デビューをそう評した。終演後には、短いファンファーレとともに花輪が贈られ、桟敷席からはこんな詩句をつづったビラが雪のように降ってきた。

けるという指揮のスタイルのなかにあらわれている」[8]――『一般音楽新聞』は、長大な音楽

「フェルディナント・リース　マエストロへの代表からの挨拶

チェチーリア〔音楽の守護聖人〕は空より出でて
祭をたたえる歌を聴かん
弦は妙なる響きを奏で
女神は気高き歌をよろこび
マエストロへふたたびうっとりと挨拶をする
万歳、汝よ、勇敢なるマエストロよ！
万歳、賛美と感謝を、おお、マエストロよ！

ニーダーライン音楽協会より、心からの感激と感謝をこめて
アーヘン　一八二五年　ペンテコステ二日目の日に」[9]

それはニーダーライン音楽祭におけるフェルディナント・リース時代の到来だった。以後、計八回にわたって彼は音楽ディレクターを務め、ドイツ最大規模を誇るこの音楽祭の一時代を築いた。

ニーダーライン音楽祭は地域振興に大きく貢献するイベントだった。アマチュアが大半を占める四百人の演奏家と、ドイツじゅうから集った千四百人あまりの一般客との垣根はあいまいで、誰もが祭の華やぎに浮き足立ち、開催地はカーニバルさながらの熱気に満ちあふれた。通常時の何倍もの値付けのホテルが軒並み満室となり、馬車が朝から日暮れまでひっきりなしに往来し、舞踏会、小さな音楽会、サーカスなど

**アーヘン劇場**（1826 年）
1825 年設立。ドイツ西端の街アーヘンは、古代より温泉地として知られ、フランク王国の国王カール大帝が好んで滞在したことにより文化的な発展を遂げた。ウィーン会議後、フランスの支配から解放されると、都市改造と連動して劇場の建設が計画された。フェルディナントはニーダーライン音楽祭の音楽ディレクターとして、1825、29、34、37 年の計 4 回、この劇場で指揮を行った。建物は第二次世界大戦中に大きな爆撃の被害を受けたが、設立当時のイメージを損なわない形で再建され、今日でもアーヘンの街のシンボルとなっている。

のイベントがあちこちで催される。そして数千人の人びとがひしめくメインの演奏会場では、ドイツ音楽が誇る一ジャンルである交響曲が奏でられ、ドイツ語による合唱が朗々と歌われる。

ベートーヴェンの『交響曲第九番』は、まさに祭の主役にふさわしい作品だった。本来、フリードリヒ・シラーの詩「歓喜に寄す」は十八世紀の啓蒙主義の産物である。しかしその詩は、「合唱付き交響曲」という音楽作品に落とし込まれ、かつドイツ最大の音楽祭で再演されることによって、ドイツ愛国歌としての文脈を帯びた。ケルン選帝侯の宮廷で音楽をいとなんだ往年のコスモポリタンたちも、若い世代のナショナリストたちも、みな一体となって「ドイツ音楽」に酔いしれた。

その熱狂の渦を指揮棒で統べるのがフェルディナント・リースだった。宮廷音楽一家の末裔であり、ナポレオン戦争を乗り越えてキャリアを築いた四十歳の彼は、新旧の世代に橋をかけうる唯一無二の人材だった。指揮者とは時代の象徴であり、祭壇に捧げられた供物に他ならなかった。

## ラインへの挨拶とふたたびの告別

ニーダーライン音楽祭はフェルディナントを覚醒させた。あれほど夢見た「リタイア」生活は色褪せ、彼はだんだんと故郷での暮らしに耐えられなくなっていった。

たしかに、そこには「よき時代」を思い起こさせる幼い日の残照があった。父も、出版人のニコラウス・ジムロックも、幼なじみの何人かも健在だ。読書協会の集いに出席し、地場産のワインを飲み、だれかの誕生日を祝う。馬車を乗り回し、ゴーデスベルクの風光明媚な城跡を散歩し、ライン川に落ちる夕日を眺め、三人の子どもたちと遊ぶ。窓辺には、親友のフランツ・ゲルハルト・ヴェーゲラーから帰郷祝いに贈られた花が咲き乱れている。

しかし彼は凪のなかにとどまっていられなかった。音楽の世界に戻りたい。公の場に立ちたい。新しい世界を開拓したい。『ピアノ協奏曲第八番 変イ長調「ラインへの挨拶」』(op.151)は、その渇望のなかで書かれた。副題のとおり、主題は「父なるライン」下流ののどかな流れをイメージさせるが、後半に向かうにつれ波は極まり、ピアノが急流のようなほとばしりを奏でる。それまでの音楽記号では表現しきれなかった微妙な速度の緩急を演奏者にうながすため、彼は、譜面上の該当の箇所に線を引き、ジムロック社からの出版譜の一ページ目にその解説を添えた。彼はピアノ協奏曲の表現力を自分の手で拡張させようとしていた。

「隠居は早すぎたかもしれない」——彼は同い年のシュポアに告白する。フェルディナント・リースの音楽人生はふたたび船出のときを迎えていた。「かつてのぼくは音楽に明け暮れていた。でもいまはほんのわずかしか触れられていない。どうやったらこの状況を変えられるのか考えている[10]」

経済状況の変化も影響をおよぼした。ロンドンで彼の音楽生活を支援してくれたゴルトシュミット銀行が一八二六年二月十五日に破産。さらに破産手続き中に、社長のアブラハム・ゴルトシュミットが急死した。このショッキングなニュースはにわかに音楽関係者の耳にも届いた。「リースはゴルトシュミットの件で全財産を失いました」[11]――ベートーヴェンの秘書カール・ホルツが筆談用ノート「会話帳」に書きつけた一言はどこからか出回った根も葉もないゴシップにすぎなかったが、所持していた海外債券の一部が行き場を失ってしまったのは事実だった。

「唯一、神に感謝したのは、彼〔社長〕が病死であったことだ――あまりに突然だったので、とても懸念していた」[12]

彼は弟のヨーゼフに打ち明ける。自死あるいは他殺の可能性を思わず考えたということだろう。浮き沈みの激しい金融業界と懇ろになるリスクに身震いするには充分な出来事だった。フェルディナントが養わなければならないのは、いまや妻子だけではなかった。父のフランツ・アントンが七十歳をこえてなお元気なのは彼にとって嬉しいことだった。穏やかで愛情ぶかい父は、変わらず彼の精神的な支えであり、家父長の荷を担い続けてくれる心強い存在だった。だが、父の新しいパートナーの女性の生活費までも出さねばならないのは想定外だった。加えて、十人の妹弟たちの身の振り方を考え、ときに援助金を出してやるのは、いつの間にか長男である彼の役目になっていた。
七歳下の弟ヨーゼフは、優秀なビジネスマンとしてロンドンで働き続けている。十八歳下の末弟フーベルトは、父ゆずりの素晴らしいヴァイオリンの才能の持ち主で、フェルディナントはシュポアに頼み込んでこの弟を修業に出させた。そのかいあってフーベルトは、一八二四年にベルリンの王立劇場の一員となり、のちにコンサートマスターに出世した。問題はほかの弟妹だった。八歳下の弟フランツ・ヨーゼフは、ウィーンでピアノ製作事業に手を出したものの何度も経済的な危機に陥り、フェルディナントは彼を助けるために好みではないウィーン・アクションのピアノを買ってやらねばならない羽目になった。それ以外にも、将来に不安を抱えた弟妹がまだ何人か残っていた。
さらに、このタイミングで妻が四人目の子どもを宿した。プロイセン国内で出生すると、男子の場合は兵役の義務を負うことになる。子どもを自分の青年時代の二の舞にはさせたくない。すると残された道は、故郷からの退去しかなかった。

「宮廷の地位を望んでいる。オーケストラを一手に担うために」

彼はシュポアに書く。指揮者としてセカンドキャリアを歩むことを彼は考え始めていた。ドイツ語圏にいまだ残るいくつかの宮廷楽団は、すでに一定の成功を収めた音楽家の再就職先として理想的だった。しかし、宮廷を失ったところから始まり、宮廷の外でキャリアを築いた男の人生の帰結先としてその場所は本当にふさわしいだろうか。当のシュポアは、フェルディナントが若い頃に逃したカッセルの宮廷楽長の地位についている。ペンの運びは、必然的に人生相談の色を帯びる。

「旧い友人であるきみのアドバイスがほしい。どうするのがベストなのだろう。傾聴すべきアイデアがあれば検討したい。ジョージ・スマートは、ミュンヘンはどうかとさかんに勧めてくる。つまりはヴィンターの後釜だ(13)」

ペーター・フォン・ヴィンター。十代半ばの頃、ミュンヘンに滞在していた際に師事したと伝えられている宮廷楽長だ。彼は一八二五年十月に亡くなっている。翌年の六月には、ドレスデンの宮廷オペラ劇場で楽長を務めていたカール・マリア・フォン・ウェーバーが、三十九歳の若さにしてロンドンで客死した。しかしどちらの地位も、タイミング悪くフェルディナントの手には入らなかった。いっぽう、ベルギーのリエージュに新設された王立音楽院からの教授職のオファーは、好条件にもかかわらず蹴っている。彼はあくまで自らが舞台に立ち、大作を演奏できる環境を望んでいた。

そんなセカンドキャリアの模索を続けるさなか、まったく新しいプロジェクトが舞い込んできた。フェルディナント・リース、人生初のオペラ制作の話だった。

## 救済されるラウラ——オペラ『盗賊の花嫁』

「偉大なるクラシック作曲家」を志す者にとって、オペラの作曲は、いつかは挑むべき関門である。ニーダーライン音楽祭で声楽の大作を指揮したフェルディナントにとって、自作オペラの上演はすでに現実的な目標になっていた。

話が本格的に動き出したきっかけはわかっていない。劇場からのオファーがあったと考えるのが妥当だが、その証拠は残っていない。また、『盗賊の花嫁（Räuberbraut）』というテーマが誰の発案だったのか、詩人のヨハン・ヨーゼフ・ライフがどういう経緯で台本作家として選出されたのかもわかっていない。はっきりしているのは、台本の制作が、当初からフェルディナントの長年の友人であるヴェーゲラーの全面的な支援によって成り立っていたことだ。一八二六年十月十九日付の弟ヨーゼフ宛の手紙にはこんな一文がある。「ヴェーゲラーからたったいま受け取った手紙によると、ぼくのオペラの台本はすでに着手されているらしい！」(14)

ライフとヴェーゲラーはともにコブレンツに住んでいた。ヴェーゲラーが台本制作の仲介を引き受けたとしても不思議はない。しかしフェルディナントの手紙を見る限り、ヴェーゲラーは、単なる手助けの域を超えて台本の内容に深く関与している。この十九歳年上の友人が『盗賊の花嫁』の実質的な原案者だった可能性も否定できない。

『盗賊の花嫁』は、主人公が悪の手から愛する人を助け出すという、ナポレオン戦争期に流行した典型的な「救出オペラ」だ。ベートーヴェンの唯一のオペラ『フィデリオ』もこのジャンルに属する。台本制作のチームが、ベートーヴェンのこの作品を念頭に置いてあらすじを構想したことは疑いようがない。

それ自体はとくに驚くに当たらない。注目すべきは「盗賊（Räuber）」というテーマだろう。一八一一年、フェルディナントはバルト海を渡ってロシアに向かうさなか、イギリスの私掠船員――彼いわく「泥棒（Räuber）」――に船を乗っ取られている。この人生最大の危機が物語の主題になっているのは、果たして偶然だろうか。加えて、Räuberという単語は、フリードリヒ・シラーの戯曲『群盗（Räuber）』を彷彿とさせる。『群盗』の初演は一七八二年、フェルディナントが生まれる二年前。シラーの若き日の出世作であり、当時青年だったヴェーゲラーの世代に強烈な影響を与えている。

登場人物の名前にも注目すべき要素がある。テノールを歌う主人公の名前はフェルディナントをイタリア語形にした「フェルナンド」。さらにソプラノを歌うヒロインの名前は「ラウラ」だ。ラウラは、シラーが愛したかなわぬ恋の相手の名前として知られ、『あきらめ』の詩にも登場する。

わたしに女をわたしなさい、おまえの心の宝物、
おまえのラウラをよこしなさい、
墓の向こうでその痛みは報われるでしょう。
ぼくは傷ついた心臓から血の涙を流して
彼女を引き離し、声をあげて泣いた、
そして彼女を神々の娘に与えた。

『盗賊の花嫁』のラウラは、『あきらめ』のラウラと同じく悲しい天命を負っている。彼女は、政治的な陰謀に巻き込まれて故郷を追われようとしている父を助けるために、盗賊の頭領ロベルトとの望まない結婚に踏み切る。いっぽう『盗賊の花嫁』の主人公の軍人フェルナンドの行動は、『あきらめ』の主人公の青年とは対照的だ。フェルナンドは頭領に奪われたラウラを救い出そうと奮闘し、最後には頭領との決闘を受けて立つ。あたかも『あきらめ』のなかで失った愛をふたたび我が手に取り戻すかのように。

きみの望みに逆らおうとも

ぼくはきみを悪しき力から守る、
ぼくは誓う！　そしてまもなく
その誓いは満たされよう。

ゲーテに代表される旧き良き時代の博学の知識人であり、読書協会とフリーメーソンの主要メンバーであり、ラインラントきっての名士であるフランツ・ゲルハルト・ヴェーゲラー。彼にとってはこれこそが理想の「フェルディナント＝フェルナンド」像だったにちがいない。

ところが当の「フェルディナント」本人には、この台本がピンと来ない。彼は上がってきた初稿を読んですぐさま、ヴェーゲラーに長大な手紙を書き送った。「オペラはぼくにとってまったく新しいジャンルだ。だからぼくは燃えるような愛と情熱をもってこの初稿を理解しようとした。でも、全体を大きく変えなきゃだめだと思う。大半はよくできているけれど(15)」

フェルディナント自身が、どこまでこのオペラの自叙伝的な性格を理解していたのかはわからない。台本作家との間で「フェルナンド」のキャラクター・イメージに乖離があったのは確かだ。彼はヴェーゲラーにこう訴える。「第二幕第五場のフェルナンドのアリアが気に入らない。軍人らしいキャラクターを放棄している(16)」——フェルナンドがラウラと盗賊の頭領の婚姻関係を知って打ちひしがれる場面だ。ヴェーゲラーからすれば、この絶望があってこそのフェルナンドなのだと主張したいところだろう。「フェルナンド＝フェルディナント」は、その名の通り「大胆」で「冒険」的な男でこそあれ、ラウラへの愛に身を焦がすエモーショナルで等身大のキャラクターでなければならないのだ。実に一年にわたって、台本をめぐる議論は続けられた。

フランクフルト・アム・マインへの移住は、その長いやりとりのさなかに行われた。フェルディナントは一八二六年末から翌二月にかけて、大雪のなかライプツィヒ、ドレスデン、ベルリン、フランクフルトへの演奏旅行に出ている。このときのフランクフルトへの好印象が、転居先の決断のきっかけになったと思われる。現在のドイツ中部に位置するフランクフルトは、中世以来、「自由都市（自由帝国都市）」と呼ばれる、独立した小国家さながらの主権をもつ都市のひとつだった。ウィーン会議ではバイエルンに併合される案もあがったが、最終的には自由都市の名をふたたび冠せられ、ハンブルク、ブレーメン、リューベックと並び特権的な地位を保った。近辺の大国よりも市民の自治が重んじられ、徴兵制度はよりゆるやかだった。

新しい住まいで生まれた四人目の子は女児で、兵役の心配は杞憂に終わった。しかしフランクフルトへの転居は決して無駄ではなかった。自由都市ならではの闊達としたムード、銀行財閥ロスチャイルド家が君臨する経済都市の華やぎ、ドイツ連邦議会の開催地としての誇り、ヴォルフガング・ゲーテを生みおとした文化の底力が、フェルディナントにふたたび音楽家としての活力を与えた。彼は『盗賊の花嫁』を「ぼくのいちばん末の子ども[17]」と冗談めかして呼び、生まれたばかりの愛娘エレオノーラとともに、フランクフルトの巨大なふところのなかで育てていった。彼はオペラ制作に対する経験の浅さを自覚し、同業者たちに助言を求めることをいとわなかった。結果として台本の改訂は、フランクフルトの台本作家ゲオルク・デーリングに引き継がれた。初演の地もフランクフルトに決まった。

最終版の台本は、初演後にコブレンツで出版されたライフ版の戯曲『眠れる盗賊、あるいは盗賊の花嫁[18]』とは大幅な異同がある。しかしフェルディナントが当初不満を口にした「フェルナンドのアリア」は、ヴェーゲラーの説得があったのか削除されずにそのまま残され、原案のイメージが保たれた。

デーリング版のフィナーレは、元のライフ版よりもさらに大胆な表現が用いられている。フェルナンドが決闘の末に頭領ロベルトを倒すと、ラウラはこう叫ぶ。

「私は自由よ！」

そして、次のように合唱が続く。

「自由よ、よろこびよ！　祝福せよ、これがわたしたちの故郷」

「自由（Freiheit）」と「よろこび（Freude）」がワンフレーズで高らかに歌われる。まるで、シラーの「歓喜に寄す」の詩に秘められた真意を暴露するかのように。フェルディナントは、この輝かしいフィナーレを堂々たるハ長調で描いた。ベートーヴェンのオペラ『フィデリオ』のフィナーレとも同じ調性だ。

その晴れやかなラスト・シーンは、最大の師への追悼のメッセージでもあった。ベートーヴェンは、弟子が人生初のオペラ制作に取り組んでいることを知っていた。早くも一八二六年二月、秘書のホルツが会話帳に「リースはオペラを書いている[19]」という噂話を記入している。しかし完成の報を待つことなく、ベートーヴェンは翌年の一八二七年三月二十六日に五十六歳で亡くなった。フェルディナントは、弟ヨーゼフへの手紙にこう書いた。

「もういちどでも彼に会いたかった。彼はいつも愛着をもってぼくの名前を口にしてくれていたし、自分によろこび（Freude）をあたえてくれる唯一の弟子だとよく言っていた[20]」――一八〇九年にウィーンで別れて以来、手紙のなかでいくども再会の約束を交わしながらも、ついにその願いはかなわなかった。

オペラ『盗賊の花嫁』（op.156）の初演は、一八二八年十月十五日にフランクフルト劇場で行われた。空前の大成功だった。フェルディナント自身も予想しなかったほどの喝采が巻き起こった。フランクフルトの自宅は、成功を祝う客人たちが押しかけて夜どおしの大騒ぎになっ

**オペラ『盗賊の花嫁（全３幕）』（op.156）**
**作曲者本人による歌とピアノ編　出版譜**（1829 年）
オペラ『盗賊の花嫁』のヒットは出版にも影響を与え、「歌とピアノ編」「歌とギター編」「序曲のピアノ・ソロ編」「序曲の２台ピアノ編」「バレエ版」「バレエ版のピアノ編」など、数々の編曲譜があいついで刊行された。「歌とピアノ編」は作曲者本人のアレンジによるもので、ライプツィヒのペータース社から出版されている。盗賊の頭領ロベルト（上）が、ラウラ（中央右）の秘密を暴露しようとした雇い主ピエトロ(左から２番目)を射殺する第１幕のクライマックスの場面の画が挿入されている。

た。『一般音楽新聞』は三ページを超える長大な評を掲載し、序曲の「まったく新しいオリジナリティ」、フェルナンドのアリアの「自由かつ才気走った、風変わりであるが魅力的な表現」、フィナーレの「かぎりない悦びの力[21]」などを高く評価した。

「シュポアをのぞいて、ぼくたちはいまドイツ・オペラの作曲に重きを置いていない。だからこそ、このオペラは自分の未来において大きな意味を持つんだ[22]」

彼の野心は実を結んだ。まだ手直しは必要だ。彼自身はそう感じていたが、評判はヨーロッパじゅうに広がり、ライプツィヒ、アムステルダム、そしてロンドンでの再演が続々と決まった。因縁の大都市を去ってから四年。フェルディナント・リースは、ついに「あきらめ」からの再起を遂げた。

# 6 楽園の再生

## ——最後の十年、あるいは世代のはざまで

### 成功と代償

オペラ『盗賊の花嫁』は、フェルディナント・リースのセカンドキャリアの成功をヨーロッパじゅうに見せつけた。「ベートーヴェンの弟子」「ヴィルトゥオーゾ・ピアニスト」そして「あの『盗賊の花嫁』の作曲者」——彼のプロフィールには新しい一行が燦然と刻まれた。人生の舵をうまく切った。世間にそう思わせるにはじゅうぶんな戦果だった。

快進撃はつづいた。翌一八二九年のニーダーライン音楽祭では、人生初のオラトリオ『信仰の勝利』(op.157) が初演された。合唱とソロ・パートが「信仰」派と「非信仰」派に分かれ

て問答を繰り広げ、最後に「信仰」が勝つという筋で、台本は同郷ボン出身の若手作家ヨハン・バプティスト・ルソーが手がけた。オペラ成功の興奮もさめやらぬ一八二八年十一月、彼はさっそくこの作品の構想に取りかかっている。「小規模な一幕ものを選ぼうと考えている、『オリーヴ山上のキリスト』のように(1)」

ドイツ語のオラトリオは、ニーダーライン音楽祭の主役だった。ヘンデルの『メサイア』や『アレクサンダーの饗宴』、ハイドンの『四季』、ベートーヴェンの『オリーヴ山上のキリスト』といった誰もが認める巨匠の作品のみならず、フリードリヒ・シュナイダーの『ノアの洪水』、ベルナルド・クラインの『イェフタ』など、音楽ディレクター自身の作品が初演される年もあった。三年前に演奏された盟友ルイ・シュポアのオラトリオ『最後の審判』は、彼にとりわけ鮮烈な印象を与えた。一八二六年、フェルディナントとともにニーダーライン音楽祭のディレクターを務めたシュポアは、一日目のプログラムでこの自作オラトリオを指揮した。フェルディナントはリハーサルと本番に立ち会い、その興奮を弟のヨーゼフに報告している。「柔らかく美しい、そのいっぽうで全てにおいてシュポア的」「すばらしく効果的で、でも決して大規模ではないんだ(2)」

果たして自分は、ヘンデル、ハイドン、モーツァルト、ベートーヴェンらに連なる「偉大なるクラシック作曲家」として永遠の名声を手に入れられるのか。作曲家デビューした当初から抱いていた夢は、四十代中盤になった今、いよいよ現実になるか否かの正念場に達していた。「ハイドンはドイツの一級の音楽家に数えうるけれど個人的には好みじゃない〔……〕シュポアは生気にあふれ過ぎているきらいがある〔……〕モーツァルトは自然人で、豊かで美しい天性の才能に恵まれている〔……〕ベートーヴェンはとくに晩年になってからは規格外のものだけを求めた、ゆえに彼の美しい精神は踏みにじられ、苦しめられている〔……〕」(3)こうしたドイツ作曲家評を末弟のフーベルトに語って聞かせたとき、彼は、自分の名前がそこに連なる未来を少なからず意識していただろう。ベートーヴェン亡きいま、故人たちの栄光の冠を受け継ぐべきは次世代たるシュポアや自分のはずだ。そう彼は信じようとした。信じようとするあまり、この手の話題に対してナーヴァスな反応を示す瞬間もあった。『盗賊の花嫁』初演の四か月前、彼は古巣であるロンドン・フィルハーモニック協会でのよからぬ噂を聞きつけ、激しい怒りと皮肉を弟のヨーゼフに吐き出している。

「コルネガ夫人いわく、クラーマーはぼくの嬰ハ短調のピアノ協奏曲〔第三番〕をとくにこき下ろしているらしい。彼とディレクター連中は、この曲をフィルハーモニック協会で演奏することを許さないそうだ——間抜けめ——〔……〕クラーマーいわく、彼はクラシック音楽を演奏せねばならないのだそうだ。やつらがその言葉を知っているとは結構なことだ。イギリスの作曲家連中はクラシック音楽にろくに関心を持っちゃいないからね」(4)

セカンドキャリアは体力との闘いでもあった。健康の不安は四十代に入ってから少しずつ現れだした。ゴーデスベルクに帰郷して以来、フェルディナントは原因不明の唇の痛みに悩まされるようになっていた。妻のハリエットはまだ三十代だったが、ヨーロッパ大陸の気候が合わず以前よりも病気がちになっていた。寝込んだ妻を残して、心ならずも単身で演奏旅行に出かけることも増えた。

夫婦ともに持病を抱え、ともすると憂いを帯びがちな日々の暮らしのなかで、七十代になってもなお元気な父と、すくすくと成長する四人の子どもたちは大きな希望だった。しかしその希望も砕ける瞬間がやってくる。

末娘エレオノーラの死は突然だった。一八二九年九月六日。わずか二年半の生命だった。呼吸困難に陥ってもがき苦しむ娘を、彼は妻とともに看取り、小さな棺におさめてフランクフルトの墓地に埋葬した。

「妻のそばで、ぼくは自分を無にして平静を装っていた。それこそが自分の義務だと思っていた。でも心は粉々に砕けそうだった」(5)

弟ヨーゼフに報告したときには、すでに死から半月が経っていた。気落ちする妻やほかの子どもを落ち着かせ、ようやくペンを取れるようになるまでそれだけ時間がかかったということだろう。しかし彼が自分の精神的な異変を本当に自覚したのはそのあとだった。娘の死から一か月が経とうという頃、彼はふたたび弟に手紙を書いた。「熱に浮かされているような状態だ。まるで血管のなかの血がぜんぶ火を噴いているみたいに。——生まれもった、本来なら変わりようのないはずの人格が根こそぎにされてしまった。はっきりいって、こんなことは人生で初めてだ」

明らかな抑鬱状態だった。もちろん現代的な病識はない。いつの間にか転げ落ちてしまった精神の谷底で、彼はただただ呆然としている。「なんという恐ろしい運命だろう。ぼくはこれまでの人生を通して、すべての人にたくさんの善と幸福がもたらされてほしいと願ってきたし、喜んでそれに貢献してきた。それなのになぜ、世界でもっとも愛する、もっとも尊い子どものひとりを盗まれなければならないのだろう?(6)」答えのない問いを彼は書き殴る。ベートーヴェンの死の直後に生まれ、フランクフルトでの新生活と『盗賊の花嫁』の誕生とともにあった娘。エレオノーラは上の三人の兄姉とは異なり、唯一のドイツ生まれの子どもだった。無意識のうちに特別な思いを託していたのだろうか。苦しみは年の暮れになっても、年が明けてもつづく。「なんの喜びもなく仕事をしている(7)」「仕事を再開している。けれどもう昔のようにはなれない。心のすべてが変わってしまったみたいだ(8)」

気晴らしになるような出来事はいくつかあった。一八二九年末に、ヴァイオリニストのニコロ・パガニーニがフランクフルトへやってきた。彼は長年イタリアで活躍していたが、一八二八年にウィーンで大旋風を巻き起こし、いまはヨーロッパを大周遊する演奏旅行の真っ最中だった。この同世代のヴィルトゥオーゾをフェルディナントは快く迎え入れ、たびたび食事をともにし、彼が予定していたロンドンでの音楽活動のバックアップを申し出て、故郷のボンにも案内した。五月の末には、デュッセルドルフでニーダーライン音楽祭の開催が予定されていた。シラーの戯曲を素材にした自作の新しい序曲『メッシーナの花嫁』(op.162)、ヘンデルのオラトリオ『マカベウスのユダ』、ベートーヴェンの『交響曲第五番』とオラトリオ『オリーヴ山上のキリスト』——彼は盛りだくさんのプログラムの準備に追われた。

けれど、千人以上を収容するベッカー庭園ホールのにぎやかな現場に居ながらして、彼の心は荒廃していた。五月十九日、彼は現地からヨーゼフ宛にこう書いた。「仕事はうまくいっている、けれどももう昔とは心もやる気もちがう。自分でも愕然としている。あの子を亡くした喪失感がぼくの心をぜんぶめちゃくちゃにしてしまった。友人たちに泣きつくのも恥ずかしい[9]」——遠くの肉親への手紙だからこそ、かろうじて吐き出せた告白だった。フェルディナント・リースのこんな姿は誰にも見せてはいけない。弟以外のほかの家族にも、友人にも、演奏家たちにも、ラインラントの聴衆にも。

リウマチの発症は精神状態にますますの追い打ちをかけた。二月半ばから、彼は右手に強い違和感を覚えだした。ピアノがまったく弾けなくなるほどの重度ではなかったが、悪化と回復を不安定に繰り返し、彼の心をますます弱らせた。難波した船のなかに彼は身をひそめ、嵐が過ぎるのを孤独に待ち続けた。

とはいえ妻のハリエットは夫が陥った深刻な危機を見抜いていた。六月、彼女は夫が弟ヨーゼフに宛てて書いた手紙に短信を添えた。それはいわば決死のSOSだった。

「オラトリオの件はいま誰が取りしきっているの？　これは私のたっての願いなのだけど、もし可能なら彼に来年それを任せてもらえないかしら。彼自身が直接現地で指揮すべきと私は考えているの。もういちど昔のように生き生きした人生を取り戻して、私の故国〔イギリス〕の業界の人びとにそれを見てほしい。彼の精神にもきっといい影響を与えるでしょう。〔……〕私たちのために動いてほしいの、ジョー〔ヨーゼフの愛称〕。動けなくなった身体と精神から彼を解き放たなければ。彼が神様から与えられた自分の才能をないがしろにしているのを考えると、私の胸は半分張り裂けそうです(10)」

ヨーゼフは立ち上がった。彼は兄嫁の願いに応えるべく、「オラトリオの件」――つまり、一八三一年に開催予定のダブリン音楽祭への出演計画を練りはじめた。神に子どもを盗まれた

「フェルナンド」を救出するためには何が必要か。その答えは身内の目にも明らかであり、リース家の人びとはそれぞれの使命感でもって彼に手を差し伸べようとした。

連弾作品『ピアノ・ソナタ イ長調』(op.160)は、この一八三〇年前半の苦しみの時期に書かれている。去る一八二八年、彼はカール・チェルニーからソロ作品の『ソナタの形式による幻想曲(ピアノ・ソナタ第七番)ホ短調』(op.143)の献呈を受けており、このソナタは返礼のために作曲された。

第一楽章の冒頭で異様な十字架音型を叩きつけ、その後は、終盤でイ長調にたどりつくまで、転調に転調をかさねて暗い迷宮をさまよい続ける。ある種の自己回復の療法として、あるいは命綱として、彼はこの一作のソナタに向き合ったのだろうか。おそらく半年以上の時間を費やして作曲され、一八三一年に出版された。一八一三年以降、彼は楽器や編成にかかわらずソナタ作品に通し番号を付けており、この作品は記念すべき「第五〇番ソナタ」となった(11)。

フェルディナントが危機的な抑鬱状態からいつ脱し、凪を取り戻したのかはわからない。ただひとついえることがある。このソナタは、書いているあいだは彼にとって生きる支えだった。そして書き終えた後にはかつてのような日々が戻ってくるはずだった。ところが実際にはそうはならなかった。「心のすべてが変わってしまったみたいだ」と、かつて彼は弟に訴えた。しかしほんとうに変わってしまったのは、彼の心ではなく、むしろ外の世界だった。

一八三二年の暮れ、彼はベルリンの出版人トラウゴット・トラウトヴァインに宛てて手紙を書いた。彼はそのなかでとある老舗の出版社に関する愚痴を漏らしている。

「ここは私が長年いっしょにやってきた重要な会社でした。しかし何かのひずみが起き、いまや看過できない状況に陥ってしまっています(12)」

## ソナタの終焉と新世代の台頭

作品一の『二つのピアノ・ソナタ』以降、ライフワークとして彼の音楽生活を支えていたソナタは、ジャンルとして終焉を迎えつつあった。

もちろん、完全に消滅したわけではない。ソナタの名を冠した作品は、ロマン派以降、近現代に至るまで書かれ続けている。ただ、作曲家が人生を通してコンスタントに書き続け、それによってキャリアを積み、糧を得ていた「ソナタ」というジャンルは、一八二〇年代の半ばにはすでに斜陽となっていた。ベートーヴェンがフェルディナントに宛てた手紙のなかで、ピアノ・ソナタの作曲を「パンのため」と皮肉ったのは一八一九年。すでにひと昔前のことだった。

ソナタに代わって出版社の楽譜カタログを彩りはじめたのはピアノ小品だった。変奏曲、幻想曲、ロンド、ポロネーズ、ノクターン、ワルツ、あるいは人気オペラの編曲。それらの作品の多くには「華麗なる」という枕詞が添えられ、覚えやすい印象的なメロディや、聴き手を驚かせる派手なテクニックがふんだんに盛り込まれた。

フェルディナントにとって、それらは決して不得意なジャンルではなかった。むしろ彼は一八一〇年から二〇年代にかけて、その手の作品でもって一世を風靡した。しかし一八三〇年代に突入したいま、そうした流行りのジャンルを担うのは新しい世代だった。一八一〇年前後に生まれた二十代の若い音楽家たちが、続々と作曲家デビューを遂げ、新しい作品を生み出していた。彼らは、フンメル、カルクブレンナー、フィールド、リース、モシェレスらといった十八世紀後半生まれのヴィルトゥオーゾたちの作品を青少年時代に研究しつくし、それらを踏み台として世に颯爽と現れた人びとだった。

一八二〇年、九歳のフランツ・リストは、演奏会でフェルディナント・リースの『ピアノ協奏曲第二番 変ホ長調』(op.42)を弾いた。一八二四年、十三歳のフレデリック・ショパンは、ピアノ連弾作品『ムーアの国民歌による二つの変奏曲』(op.108)の楽譜を父親にねだり[13]、ほかの作品も仲間内でたびたび演奏した。一八三五年、二十五歳のロベルト・シューマンは、彼の交響曲を「はっきりとした独自性[14]」を持っていると賞賛した。フェルディナント・ヒラーとは家族ぐるみで親しく交友し、エクトル・ベルリオーズは『交響曲第四番 ヘ長調』(op.110)に対して好意的なレビューを書いた。フェルディナントは若い世代からじゅうぶんに認知され、尊敬されていた。いっぽう、彼らにとってフェルディナント・リースとは、遠い少年の日の思い出であり、いま新作を戦わせる相手ではなかった。

フェルディナント自身も、流行に準じたピアノ作品を書くには書いた。『「パリジェンヌ」による幻想曲 イ長調』(op.163)、『一八三四年のケルンのカーニヴァルのための舞曲 ハ短調』(op.178)、それから自作オペラのテーマを用いた『「盗賊の花嫁」の盗賊の合唱による変奏曲ニ長調』(op.159-1) ——ソナタに比べれば、これらの作品の受け入れ口は数多くあった。しかし、もはや彼は、若者たちの音楽文化に全力で食らいつくほどのモチベーションを保てなくなっていた。作曲家と同じく音楽出版社の内部も世代交代が進み、昔ほど彼に好意的ではなくなっていた。ライプツィヒの大手音楽出版社ペータース社の社長カール・フリードリヒは、一八二七年にすでに亡くなっていた。フェルディナントを実の子のように「きみ (du)」と呼び、作曲家として世に送り出してくれた「パパ」——ニコラウス・ジムロックも、一八三二年に惜しまれながら世を去った。

ニーダーライン音楽祭にも大きな変化が起きた。一八三三年より、一八〇九年生まれの若手音楽家フェリックス・メンデルスゾーンが、フェルディナントと交互にディレクターを担うことになった。

フェルディナントの書簡にメンデルスゾーンの名がはじめて登場するのは一八二二年。フェリックスの父アブラハムが経営する「メンデルスゾーン銀行」への送金に関するごく事務的な用件だった。誰もが知るユダヤ系の大銀行が、音楽家のパトロン役を担うにとどまらず、音楽家そのものを輩出するとは誰も想像しなかっただろう。芸術や文学全般にわたる恵まれた教育を受け、ゲーテの寵愛を受けながら育ったフェリックスは、わずか二十歳にしてヨハン・ゼバスティアン・バッハの『マタイ受難曲』を復活演奏し、注目を集めた。デュッセルドルフ市の音楽ディレクターと、それに伴うニーダーライン音楽祭での指揮は、若い彼に与えられた最初の報酬付きの仕事だった。彼は音楽祭の一日目のメインプログラムとして、ヘンデルのオラトリオ『エジプトのイスラエル人』を指揮し、満を持してデビューを果たした。

ドイツの古典的大作を次々と復活させるメンデルスゾーンは、「クラシック音楽」の何たるかを世に知らしめる若き伝道者だった。フェルディナントは彼の音楽の価値を認めていたが、音楽祭の現場を長年動かしてきた立場として苦々しさを抱いていた。「彼の尊大さはおしなべて非難されている。なぜかって？――才能は否定できないよ。でも要求するより前に、まずたくさんやるべきことがあるだろう」(15)対するメンデルスゾーンも、「ぼくは彼の人となりも活動も好かない」(16)と、二十五歳上のラインラントの重鎮に反発心を抱いていた。

メンデルスゾーンがイグナーツ・モシェレスの弟子であることも、フェルディナントにとって苛立ちの種だった。一七九四年にプラハで生まれ、同世代トップクラスのヴィルトゥオーゾ・ピアニストと謳われたモシェレスは、一八二一年、ゲストとしてロンドン・フィルハーモニック協会の定期演奏会に初登場。ほどなくロンドンで本格的に音楽活動を開始した。当初、フェルディナントとモシェレスの関係は良好だった。熱心なベートーヴェン・ファンでもあるモシェレスは彼にとって心強い味方であり、彼らは互いに当時初出版されたばかりのピアノ協奏曲を献呈し合った(17)。

ところがフェルディナントが「リタイア」のために帰郷したのち、モシェレスが彼の後釜に巧みにおさまって順調にキャリアを重ねていくと、だんだんと仲はこじれていった。モシェレスとメンデルスゾーンは、ともに銀行家と懇ろな関係にあるドイツ系ユダヤ人であり、経済力と文化的コネクションを存分に蓄えた音楽家だった。フェルディナントは彼らに対して越えがたい出自の壁を感じ、嫉妬と不信感をおぼえた。

メンデルスゾーンも、師モシェレスと同じくすでに華麗なロンドン・デビューを果たしていた。彼は師の力を借りて一八二九年にフィルハーモニック協会で初演奏。特注の美しい彫刻入りの指揮棒を振りかざして喝采を浴びた。『真夏の夜の夢』序曲の初演後には、こんな評がロンドンを賑わせた。「ベートーヴェンの死による大きな空白が、〔メンデルスゾーンによって〕埋められるかとさえ思われた(18)」――

「ベートーヴェンの死による大きな空白」を、指揮棒ではなく十本の指でもって埋めようとしたのがフランツ・リストだった。メンデルスゾーンより二歳年下の彼は、チェルニーの門下であり、ベートーヴェンの音楽的な血脈を受け継ぐ「正統」な孫弟子と謳われていた。彼は少年時代にベートーヴェンから「祝福のキス」を受けたと宣言し、ベートーヴェンのピアノ・ソナタを好んで弾き、ベートーヴェンの銅像をボンに建立する計画に名乗りをあげた。そのリストも後年に数多くの優秀な弟子を育て、ベートーヴェン門下のピアニストは、チェルニーとリストを経て二十一世紀までつながる壮大な系図となった。

フェルディナントも人生のときどきで弟子を取りはした。「頑張って練習して、勉強を重ねれば、きっとトップのピアニストになれるだろう」[19]と激励した才能の卵も何人かいた。しかし弟子たちは、プロになった者こそ何人かいたものの、時代を動かすほどの存在にはなれなかった。彼は温厚な師ではあったが、技術を体系的に教えたり、教育書やエチュード（練習曲）を書いたり、身を切ってキャリアをお膳立てしてやるほどには後進の育成にエネルギーを注げなかった。彼は自分自身が船に乗ることを人生の使命と考え、危険も楽しさも自ら味わわねば満足できない人間だった。彼に忠誠を尽くす弟子も、彼にそむいて冒険的なカデンツァを弾きはじめる弟子も、彼の門下にはついに現れなかった。

## 三つの大旅行――ロンドン－ダブリン、イタリア、ロンドン－パリ－アーヘン

時流の変化は避けがたかった。二度目の「リタイア」を考える瞬間もあったかもしれない。それでもフェルディナントは仕事を続けた。一八三〇年代の彼は、もはや時代の先頭を走るアーティストとは呼びがたい存在だった。その反面、これまで築いてきた名声と地位が急激に消え失せることはなかった。前線から退いた音楽家にはそれ相応の活動スタイルがあり、彼は求めに応じてその時々の仕事に精を出した。

彼に創作意欲と生きる力を与えたのはやはり旅だった。一八三一年五月、彼は七年ぶりにドーヴァー海峡を渡った。弟ヨーゼフが兄の精神状態を思いやってコーディネートした、約四か月におよぶ演奏旅行だった。ロンドンに到着してまもなく、イングリッシュ・オペラ・ハウスのディレクター、ウィリアム・ハーウェスから新作オペラ『魔女（ドイツ語タイトル『リスカ、あるいはギレンシュテーンの魔女』）』（op.164）の話が持ち上がる。無法者によって誘拐されたヒロインの女伯爵を、魔女に変装したメイド「リスカ」の助力によって救い出すという筋のオペラだった。彼は英語の台本をもとにすぐさまこの人生二作目のオペラにとりかかり、わずか二か月で完成させ、八月四日のアデルフィ劇場での初演に間に合わせた。フィルハーモニック協会の定期演奏会（六月六日）にも久々に登場し、ロンドン在住時代の最後に書かれた『交響曲第六番 ニ長調』（op.146）を演奏した。

旅のもうひとつの大イベントは「ダブリン音楽祭」への参加だった。ダブリンの音楽業界と縁の深いジョージ・スマートが現場を取りしきる、全五日間にわたる大がかりな音楽祭で、彼は八月三十一日にオラトリオ『信仰の勝利』の英語版を指揮した。前年にフランクフルトで親しく交友したパガニーニも招聘されており、巧みな技巧でダブリンの聴衆を沸かせた。

ロンドンからダブリンに向かう際、彼は前年九月に創業されたばかりの実用的な蒸気機関車による世界初の旅客鉄道「リヴァプール・マンチェスター鉄道」に乗車した。「こんなにびっくりしたのは人生ではじめてだ[20]」と、彼は弟ヨーゼフにこの貴重な体験を報告している。おそらく音楽家が鉄道で演奏旅行をおこなった最初期の事例だろう。アーティストが都市から都市へとスピーディーに飛び回って演奏を繰り広げる時代は目前にあり、彼は古い世代の生き残りとしてその誕生を見届けた。

翌一八三二年。ケルンでニーダーライン音楽祭の指揮を終えたあと、フェルディナントは妻ハリエットとともにイタリア旅行に出発した。チューリヒからベルン、ジュネーヴをめぐり、アルプスの山々を仰ぎながらイタリアに入り、ミラノ、ジェノヴァ、フィレンツェ、ローマ、ナポリ、ヴェネツィアをゆっくりと周遊する、半年を超える長旅だった。仕事上の大きな目的がある旅ではなかったが、妻の体調も良く、彼は幸福な心持ちで創作に取り組んだ。

『ピアノ・ソナタ 変イ長調』(op.176)、『ピアノ協奏曲第九番 ト短調』(op.177)、『弦楽四重奏曲 ヘ短調』(WoO48)が、この旅行中に書かれた。音楽出版界の趨勢を肌で感じるなか、長

**リヴァプール・マンチェスター鉄道**（1830 年）
1830 年 9 月 15 日に開通した、世界初の完全な蒸気機関による一般旅客者用鉄道。産業都市マンチェスターと、アイルランド島への航路をもつ港町リヴァプール間の約 50 キロを走行した。この鉄道は、イギリスの産業革命の威光を示す象徴的な存在でもあった。フェルディナントは弟ヨーゼフへの手紙に乗車の感想を記している。「ぼくは外側に乗ったよ、ぜんぶを見られるからね。まったく筆舌に尽くしがたかった」（1831 年 8 月 16 日付の手紙）――おそらく「外側」とは、このリトグラフの上半分に描かれている屋根なしの席のことだろう。
なおライン川には 1820 年代以降、旅客用の蒸気船が定期的に走るようになり、フェルディナントもたびたび乗船している。

年ライフワークにしてきた古典的なジャンルに取り組むには、旅という特殊なシチュエーションが必要だったのだろう。『ピアノ協奏曲第九番』は、彼の過去数作の協奏曲の傾向とは異なり、オーケストレーション、特に管楽器の厚みが増している。音楽祭での指揮活動を通して大規模なオーケストラを束ねるスキルが向上したこと、急激な技術開発によってピアノの音量が増大したことが、作品に新たな影響をおよぼしていた。フェルディナントはピアノ協奏曲というジャンルにまだ創意工夫の可能性を感じていたように見える。しかし彼は、この八作目を最後にペンを置いた。ピアノ・ソナタも弦楽四重奏曲も、イタリア旅行中の作品が人生の最終作となった。

最後の大旅行――「ロンドン－パリ－アーヘン旅行」は、一八三六年から三七年にかけて行われた。仕事の進捗に応じてロンドンとパリを弾丸往復し、最後にニーダーライン音楽祭を指揮するためにアーヘンに赴くという、一年近くにわたるハードな旅程だった。一八三一年の「ロンドン－ダブリン旅行」と同じく、弟ヨーゼフの助力によって実現した。

十二歳の長男フェルディナントはマールブルクの寄宿寮つきのギムナジウムに在学していたため、旅は妻ハリエットと、十七歳と十六歳になるロンドン生まれのふたりの娘ファニーとエミリエをともなう形となった。一八三六年七月、まず、家族でロンドンへ渡り、ドルリー・レーン劇場（現・ドルリー・レーン王立劇場）のディレクターや劇作家らとオペラ上演の打ち合わせ。当初の希望であった新作の制作はかなわなかったが、一八三五年に書き上げたものの上演に至っていなかった三作目のオペラ『レバノンの夜』（WoO51）をこの劇場向けに改訂し、一八三七年初頭に初演することで話がついた。

その後、十一月半ばには家族とともにパリへ移動した。駆け出しの頃、仕事を得られずに辛酸を舐めた鬼門の地は、三十年の歳月を経て大きく変貌していた。当時まだ建設計画がはじまったばかりだったエトワール凱旋門は、一八三六年にようやく完成。都市全体が洗練化され、才能あるアーティストがヨーロッパじゅうから集う最先端の芸術都市となっていた。作家のジョルジュ・サンドやアレクサンドル・デュマ、画家のウジェーヌ・ドラクロワ、音楽家のエクトル・ベルリオーズやフレデリック・ショパン。ことに一八三七年当時、パリの人びとを騒がせていたのは、ともに絢爛たる技巧を誇るトップピアニスト、フランツ・リストとジギスムント・タールベルクの対決だった。

パリの文化的な華やぎは、これまで数々の都市を渡り歩いてきた五十二歳の音楽家さえも驚かせた。「パリは〔ロンドンとは〕なんて違うのでしょうか！　心底びっくりしています。ここではアーティストが最高ランクの人間であり成功者とみなされているのです。才能があるという理由でもって」[21]「アーティストにとって最上の楽園（エリジウム）だ」[22]彼は友人や知人らに興奮をこめてそう語った。一流の服飾店やカフェが軒を連ねるパッサージュ。アーティストたちの交友と創造の源である大小のサロン。そこには新時代における芸術の理想郷があった。活躍していたのは必ずしも若い世代ばかりではなかった。グランド・オペラで何作もの大ヒットを重ねたジャコモ・マイヤベーア、かつてナポレオンに寵愛されたイタリア・オペラの作曲家フェルディナンド・パエール、フェルディナントと同い年で室内楽作品に長けたジョルジュ・オンスロウ、パリ音楽院（コンセルヴァトワール）の学長ルイジ・ケルビーニ。年長者には年長者のネットワークがあり、彼はこうした音楽家との接触によって自作の演奏チャンスを得た。

ブレイクは予想外のところで起きた。十一月二十四日、パリの月例コンサート・シリーズ「アテネ・ミュジカーレ」で演奏された『祝典序曲と勝利の行進曲』（op.172）が、聴衆から大喝采を浴びた。これをきっかけに、パリ一の人気指揮者フィリップ・ミュザールが自分のレパートリーとしてたびたび演奏するようになり、ほどなく街じゅうでこの作品が話題となった。タイトルの通り「序曲」と「行進曲」の二部から成るこのオーケストラ作品は、構成、テーマ、そして一般市民から高い人気を得たという意味で、師ベートーヴェンの往年のヒット作『ウェリントンの勝利（戦争交響曲）』ともよく似ていた。一八三二年にニーダーライン音楽祭で初演された際にも何度もアンコールを求められた作品だったが、パリ市民の熱狂はそれをはるかに超えていた。

「行進曲はたいそうフランス人のお気に召したようです。もう百四十回は演奏されています」(23)

——そんなうれしい悲鳴をあげるいっぽう、ロンドンの状況は暗礁に乗り上げていた。ドルリー・レーン劇場の経営難によりオペラの上演が難しくなったという報を受けたフェルディナントは、十二月下旬に単身でロンドンに舞い戻った。緊急の打ち合わせの結果、いったんの上演中止は免れないという結論に達したが、彼は仕切り直しのチャンスを狙って劇作家と英語版台本の相談を続行した。フィルハーモニック協会では、三月十三日に新作の劇的序曲『幻影』（WoO61）の初演が予定されており、そのリハーサルにも立ち会った。

渋い顔でドーヴァー海峡を渡ったフェルディナントだったが、戻ってきたパリではふたたび喝采が待っていた。三月十九日には、コンセルヴァトワールの演奏会で『交響曲第四番 へ長調』を演奏。ベルリオーズが『レビュー・ガゼット』紙で、成功を大きく報じた。これを受けてオラトリオ『信仰の勝利』のフランス語版上演の話も持ち上がり、マイヤベーアは彼のために王立音楽アカデミーのディレクターとの打ち合わせの場をセッティングした。

この多忙な日々の合間を縫って、フェルディナントはオラトリオ『イスラエルの王』（op.186）を書き上げた。この年のニーダーライン音楽祭で初演される予定の作品で、前作の『信仰の勝利』の倍近くの規模の大作だった。

「私は最善を尽くしてこれに取り組みます。不滅の称号を勝ち取るため、そして私の最後の仕事のつもりで」(24)――音楽祭の実行委員長ヴィルヘルム・オーシュコルヌに宛てて彼はそんな決意を書きつけた。ここまでの強い意欲を表明した背景にはメンデルスゾーンの存在があったに違いない。前年の音楽祭で新作オラトリオ『聖パウロ』を初演して成功をおさめたメンデルスゾーンは、音楽祭の内部改革にも力を入れていた。設立当初はアマチュア演奏者の比率が多く、市民イベントとしての趣が強かった音楽祭は、プロ音楽家の投入を増やした結果、演奏の質が大きく向上していた。八年ぶり二作目のオラトリオに取り組むには充分な条件が揃っていた。

長旅と作曲の過労がたたってか、フェルディナントはパリ滞在の終盤で病に倒れた。おそらく当時ヨーロッパで流行していたインフルエンザだった。これによってアーヘンへの移動が予定より遅れ、彼は合唱指揮のアントン・フェリックス・シンドラーに演奏指示の手紙を書き送って窮地をしのいだ。シンドラーはベートーヴェンの生前に秘書として仕え、一八三五年からアーヘン市の音楽監督をつとめている人物だった。

シンドラーの尽力もあって、音楽祭はリハーサル不足にもかかわらず成功に終わった。直後、フランクフルトの合唱団体チェチーリア協会からディレクター就任のオファーが舞い込んだ。一八一八年の創設以来、ドイツ語圏の声楽演奏の中心的な存在として成長し、メンデルスゾーンによる『マタイ受難曲』復活演奏にも大きくかかわった団体だった。創設者ヨハン・ネポムク・シェルブレが重病で死の床に伏せっており、団体は二代目のディレクターを緊急で探している最中だった。

冬シーズンをまた「楽園」のパリで過ごすという選択肢も想定できたものの、フェルディナントはそのオファーに応じる決断をした。『イスラエルの王』の作曲時に宣言した「最後の仕事のつもりで」という言葉はあっさりと撤回された。長旅の疲れも、パリでかかった流行病の名残りも、長い付き合いの持病であるリウマチも、ヴィースバーデンの温泉で静養すれば回復するだろう。そう彼は信じていた。

加えて、彼はもうひとつ秘密のオファーを受けていた。誘ったのは同郷の親友フランツ・ゲルハルト・ヴェーゲラー。――そのオファーは彼が人生の終盤に思いがけない作品を生み落とすきっかけとなった。

**最後の作品――『伝記的覚書』**

一八三〇年代は、若手台頭の時代であるいっぽう、ルートヴィヒ・ヴァン・ベートーヴェンの神格化の時代でもあった。生前すでに「クラシック作曲家」として殿堂入りを果たしていた彼の名声は、一八二七年の死を経てさらに揺るぎないものになった。ハスリンガー、ジムロックほかさまざまな出版社で作品全集が編纂され、生前のエピソードが新聞や書籍などで紹介され、人物や演奏解釈をめぐって論争が勃発した。

フェルディナントは、そうしたムーブメントに能動的に身を投じることはなかった。「ベートーヴェンの愛弟子」と名乗るのも、ベートーヴェンの作風やテーマ性を踏襲するのも、彼にとっては三十年以上前からのことであり、いわば音楽人生そのものだった。彼は依頼を受けたときのみ気が向く範囲で要望に応えた。ボンのミュンスター広場にベートーヴェンの銅像を建てる計画が持ち上がった際には、チャリティのために久しぶりにピアニストとして舞台に立ち、記念すべきデビュー作品であるベートーヴェンの『ピアノ協奏曲第三番 ハ短調』を演奏した。また、パリのシュレジンガー社からの依頼に応じて、ベートーヴェンのピアノ作品を弦楽四重奏曲や弦楽五重奏曲に編曲する仕事も引き受けている。(25)

ベートーヴェンの友人や仕事仲間らの間では、彼の伝記を世に送り出そうという動きが複数のコミュニティで起きていた。こうしたプロジェクトからも彼はずっと距離を置いていた。ヴェーゲラー、シンドラーと三人で共同の伝記を編もうという提案を、彼はいちど断ってさえいる。ところが、ふたりで伝記を書こうと動き出したヴェーゲラーとシンドラーが、シンドラー側の執筆作業の遅れによって決裂。親友のヴェーゲラーからその経緯を聞き、フェルディナント自身もシンドラーの言動に不信感を抱き始めた。そこでヴェーゲラーが、シンドラーをメンバーから外した上での共同執筆をふたたび彼に持ちかけた。

「どうしてそんなにもぼくの駄文を求めているのか不思議だけれど、あなたにとって必要ならば、ぼくは自分の考えを少し改めようと思う。知っておいてほしい。ぼくはあなたの『覚書』を書く。あなたの求めがあって、良きように舵を取ってくれるなら、ぼくはあなたのコントロールのままにすべてを委ねるよ[26]」

ニーダーライン音楽祭から二か月後の七月頃、彼はそんな承諾の手紙をヴェーゲラーに書き送った。その後、ヴェーゲラーとフェルディナントとの間で打ち合わせが行われたのが十月末。彼らは単に長年の友人というだけでなく、オペラ『盗賊の花嫁』の台本制作を四苦八苦しつつ乗り越えた仲でもあり、ヴェーゲラーはこの年下の友人のモチベーションを引き出す術をすでに心得ていた。

ヴェーゲラーはすでに原稿のほとんどを書き終えていた。彼はボンの身辺者が所持している資料や証言、そして自分自身の記憶に基づいて、ベートーヴェンの出生から青春時代までを綴った。フェルディナントはこれに続く「第二部」を担当し、ベートーヴェンとの計五年におよぶ師弟時代と、その後の手紙を介した交友を書き記すことになった。

ヴェーゲラーはフェルディナントに対して、時系列や、格調高い文体や、記憶の整合性の検証など、伝記として一般的に必要とされる要素を求めなかった。記憶をもとにした個人的な備忘録、つまり「覚書」であればよい。思い出した順に書き連ねていけばいい。そんな助言に勇気づけられて彼は執筆を開始した。

「ぼくは紹介状を持参していった。一八〇〇年にウィーンに到着したとき、彼はちょうどオラトリオ『オリーヴ山上のキリスト』の仕上げで忙しかった(27)」

回想とは、現在から過去にさかのぼるいとなみだ。一八三七年のフェルディナント・リースなくしては、このテキストのなかに息づく青年時代のフェルディナント・リースも存在し得ない。彼のペンは驚くほどあけっぴろげで自由なように見える。話はときに音楽から大きく逸れた。ベートーヴェンと素性の知れない女性との秘密の逢い引き。無礼な態度を取ったウェイターに腹を立てて料理の皿の中身を投げつけた珍事件。のちにシンドラーが「話しすぎている。これほど話すいわれはない(28)」と非難したほどに、彼はありとあらゆる記憶を、貴賤なく、ひたすら無作為に並べていった。

しかし彼のペンは慎重でもあった。クラシック作曲家の象徴として崇められているベートーヴェン。ドイツ・ナショナリズムの意匠を帯びたベートーヴェン。そのような「現代」的なベートーヴェン像をテキスト上で造形するのは、音楽家としての自分の仕事ではない。彼はそう考えたのだろう。だからこそ「第二部」の前書きに彼はこう記した。「ぼくはこれまでただ音楽作品を通して聴衆とコミュニケーションを取ってきた。だから文体の稚拙さはどうか大目にみてほしい(29)」——彼はできる限り当時に踏みとどまろうとした。踏みとどまろうとしつつ、その後の人生の奔流に足をとられて流された。

彼の記憶は、あるものは昨日見たように鮮明で、あるものはかなり混濁していた。彼は多くの日時や事実を誤認し、誤認したまま書き留めた。面白おかしい出来事を思い出すと、「それはホガースばりの一幅の絵だった」[30]「ぼくの気まずさを想像してほしい」[31]などと、つい「聴衆」を意識したひとことを書き足してしまった。長年忘れていた出来事を、フラッシュバックのように生々しく思い出しもした。事務仕事を手伝うにあたって、ベートーヴェンのふたりの弟が邪魔で仕方なかったこと。出版人のハンス・ゲオルク・ネーゲリとの厄介な裁判沙汰に巻き込まれたこと。一八〇九年に起きたカッセルの宮廷楽長の職をめぐっての大げんかについて書くとき、彼は自分がとうとう宮廷楽長にならないまま五十歳を過ぎてしまったこと、そしていま盟友のシュポアがその地位にいることを思い、こう書き添えずにはいられなかった。「すべては遅すぎた。宮廷楽長の地位をぼくは得ることができなかった。当時のぼくにとっては、幸運のひとくさりになったにちがいなかったのに[32]」

一八三七年の秋から冬は、フェルディナントにとって過去との対話の時間だった。チェチーリア協会のディレクターとしての新しい仕事に取り組みつつ彼は執筆を進めた。「さあ、親愛なる友よ、B〔ベートーヴェン〕に関するものはこれで全部だ。――かなりの部分はボツだろうけどね[33]」ようやく肩の荷が下りた、といわんばかりに、ヴェーゲラーに原稿を送ったのは十二月十三日。実に一か月半で、五十ページを超える本文を書き上げたことになる。

彼にとっては、音楽家としての本分とはかかわりのない、早急に片付けたい雑事にすぎなかったのだろう。それでも、若き日の記憶に立ち返った余韻はしばらく心に残りつづけた。一週間後に書かれた弟ヨーゼフ宛の手紙に、ふっとこんな言葉が現れる。

「新しい道を歩むには、もうぼくは年をとりすぎてしまった。だけどときおり思わずにはいられないんだ、父さんがぼくに洗礼を受けさせなかったらよかったのにと。そうしたらぼくはひとつの国に生きただろうし、まったく別の人生を送っていただろう(34)」

「新しい道」「洗礼を受けさせなかったら」「ひとつの国」――内省的な、暗号めいた言葉がつづく。兄の心の機微をよく知る弟でなければ、意味を読み取るのは難しい。しかし『伝記的覚書』の本文の冒頭と呼応していると考えるとしっくり来るだろう。

「父の手によって、ぼくはピアノの演奏と音楽全般に関する最初の徹底した教育を受けた。これは、ぼくの全人生を顧みるにとても恵まれたことだった。そしてボンは戦争によって非常に荒廃してしまったので、ほかの場所で勉強を続けるべきだと父は考えた。ぼくはまず十五歳でミュンヘンへ、そしてそこからウィーンに行くことになった(35)」

何から書いてもいい「覚書」を、彼は父から受けた教育に関する話からはじめた。これを踏まえると、先の手紙におけるさまざまな言葉の意味が見えてくる。おそらく「洗礼」は、彼が一七八四年十一月二十九日にミノーリテ教区教会で受けたカトリックの儀式を指すものではないだろう。赤子に洗礼をほどこすのは聖職者であり、「父さん（mein Vater）」が主語にはならないはずだ。彼は、ボンの宮廷音楽家フランツ・アントン・リースの息子として生まれ、「最初の徹底した音楽教育」を受け、次なる楽園を求めて旅する運命を課されたことを、象徴的に「洗礼」と呼んでいるのではないだろうか（「洗礼」は、フリーメーソンの思想における洗礼者ヨハネへの傾倒を暗示しているようにも見える）。ミュンヘンへ、ウィーンへ、パリへ、そして北欧へ。ナポレオン戦争下のヨーロッパとロシアをさまよい歩き、経済都市ロンドンに命運を託し、舞台に立ち、曲を書き続ける人生。その道中で出会う人、すれちがう人、ともに歩く人、去る人、裏切る人。

彼は、父の世代が抱いた理想主義的なコスモポリタニズムに身を置き続けることはできなかった。しかし「ひとつの国」を無邪気に信仰する新世代のナショナリストのようにもなれなかった。イギリス人やイギリスの音楽業界を批判しようとするとき、彼の意識には、イギリス人の妻と、イギリスとドイツの血を分けた子どもたちと、イギリスで築き上げた名誉と外貨がちらついた。先ごろのパリでの成功は、父と自分の人生を翻弄したフランス軍や、若き日の自分を冷遇した街への積年の恨みを溶かしつつあった。

「新しい道」と彼は書く。しかし正解の道があると考えていたわけでもなかった。シュポアはカッセルの宮廷楽長になって以降、ゆるやかに市民からの支持を失っていった。幼い彼に鮮烈な印象を与えたピアニストのヨハン・ネポムク・フンメルは、シュポアと同じく宮廷楽長として後半生を送ったが、先ごろ鬼籍に入った。宮廷は死臭を帯びた場所にちがいなかったが、フリーランスであれば自由で健康的な魂を持っていられるとも限らなかった。ベートーヴェンは、耳の病が高じるにつれ奇妙な曲を書くようになり、不幸な状態で死んだ――と彼は考えていた。ロシアで一世を風靡したジョン・フィールドは、愛人におぼれ、アルコールで身を持ち崩して癌で亡くなっていた。ロンドンに乗り込み成功をおさめたイグナーツ・モシェレスを、フェルディナントは「シャルラタン（いかさま師）」「あのユダヤ人めは……」と非難したが、それでも最後にはこんな一言を書き添えずにはいられなかった。「だけど、誰が正しいというのだろう？[36]」

「新しい道を歩むには、もうぼくは年をとりすぎてしまった」――意味深長な手紙の日付は十二月二十日、水曜日。彼が突然の発作に襲われたのは、まさにその日の夜のことだった。その一部始終は、十二月二十八日付のヴェーゲラー宛の手紙に綴られている。「水曜の夜、左足に痛風の痛みが来た」「木曜にはほとんどまともに歩けなくなった」「金曜には医者を来させた。医者はベッドに寝ていろと命じた。けどぼくはそうしなかった。いつもみたいに自分の小部屋で仕事をしていた。火をつけるのを忘れていて、すっかり冷えてしまい、十二時頃には胃がおかしくなってきた。五分ばかり激しい痛みにもだえていると、妻が医者を三人呼んできた。自分は重病にかかっていて、治ることなく死ぬのかもしれないと思ってしまった。二時までに四回、痛みが襲ってきた。三回は激痛だった。それ以降はよくなったよ。ずっとベッドにいなきゃならないけどね」

「さて、」——と、その手紙は続く。「ぼくらのベートーヴェンについてだ[37]」——以降、びっしり十項目以上にわたって、ヴェーゲラーから寄せられた『伝記的覚書』の疑問点への回答がしたためられていた。

ベッドの上で書かれたとはとても思えないような、丁寧かつ長大な手紙だった。ラインラントの医学界の権威であるヴェーゲラーでさえ、これを読んで、たった半月後に最悪の事態が起きようとは予測できなかった。ましてや彼と取り組んだ共著を、こんな書き出しで始めなければならなくなろうとは。

「ベートーヴェンの人生の思い出をリースと共同で手がけ、いざ出版に移らんとしていた一月十二日、私は彼の病状に関する最初の報告を受けた。そして次の日、このすばらしい友人の死という、痛ましい、予想だにしなかった知らせを受けて愕然とした。昼の一時、彼の妻と私の息子〔医師ユリウス・シュテファン〕の腕に抱かれてのことだった。そのショックは大変なものだった。たった一週間前に私は彼と一緒に過ごしていたし、十二月二十八日には、とても元気そうな長い手紙を送ってきていたのに。すべての友人知人はこう願うだろう。彼にはあと三十年は長生きしてほしかったと[38]」

一八三八年一月十三日、午後一時十五分。フェルディナント・リースは、フランクフルトの自宅で、五十三歳と一月半の人生を終えた。

ヴェーゲラーにとっての『伝記的覚書』の存在意義は、この日を境に一変した。ルートヴィヒ・ヴァン・ベートーヴェンの生と死と友情を伝えるべく書き始められた本は、いまやフェルディナント・リースの生と死と友情を伝えるための本に姿を変えた。彼は本の冒頭に、予定されていなかった「前書き」を挿入した。それは、先に逝った十九歳下の共同執筆者に対する愛と悲しみに満ちた追悼文だった。

「人間としてもリースは高い次元にあった。彼は言葉どおりに高潔な人で、嘘いつわりなく、きわめて気立てが良かった。まれにみるほどに人一倍の思いやりがあり、息子として、兄とし

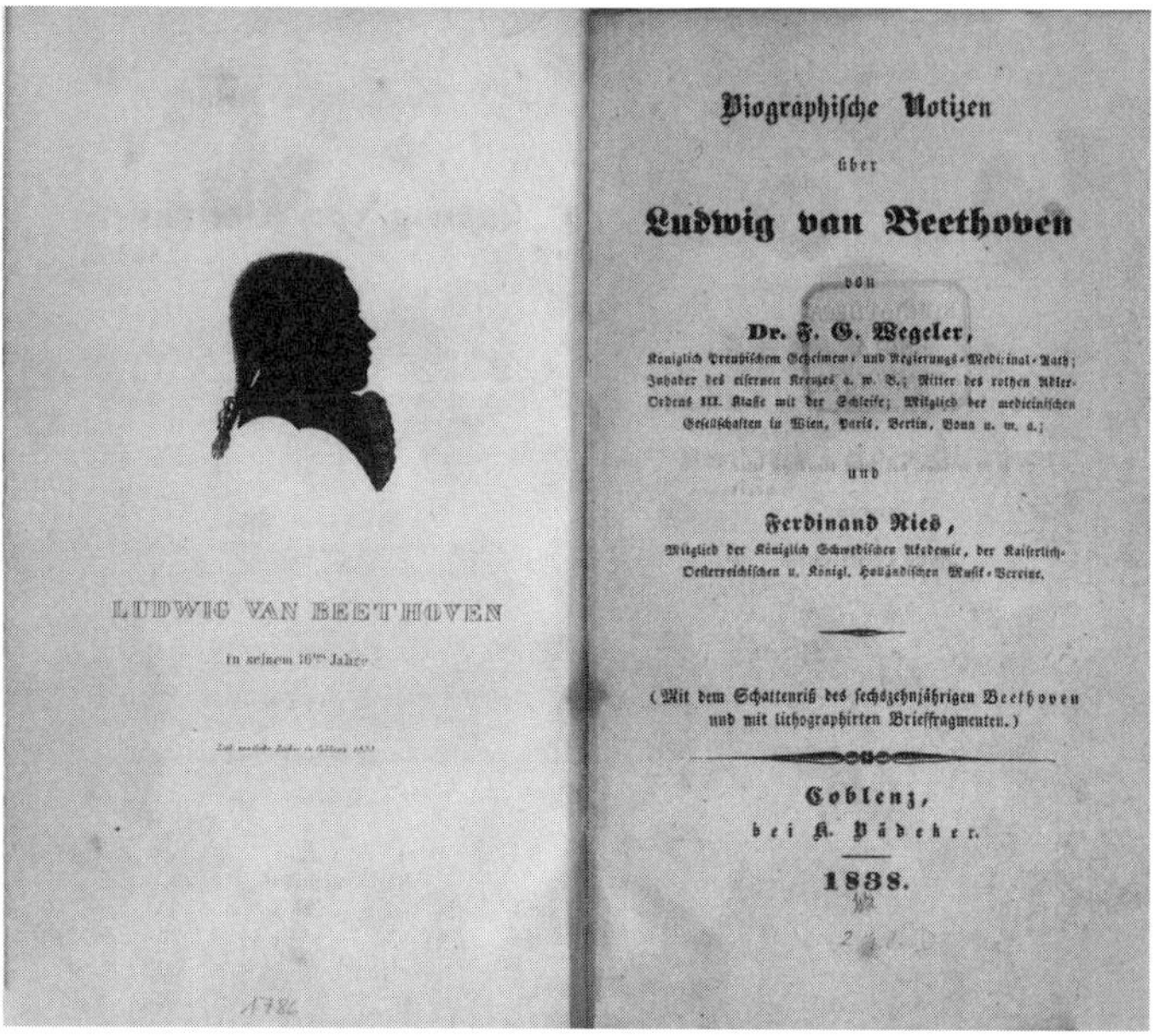
LUDWIG VAN BEETHOVEN
in seinem 16ten Jahre

Biographische Notizen
über
Ludwig van Beethoven
von
Dr. F. G. Wegeler,
Königlich Preußischem Geheimen- und Regierungs-Medicinal-Rath; Inhaber des eisernen Kreuzes a. w. B.; Ritter des rothen Adler-Ordens III. Klasse mit der Schleife; Mitglied der medicinischen Gesellschaften in Wien, Paris, Berlin, Bonn u. w. a.;
und
Ferdinand Ries,
Mitglied der Königlich Schwedischen Akademie, der Kaiserlich-Oesterreichischen u. Königl. Holländischen Musik-Vereine.
(Mit dem Schattenriß des sechszehnjährigen Beethoven und mit lithographirten Brieffragmenten.)
Coblenz,
bei K. Bädeker.
1838.

**フランツ・ゲルハルト・ヴェーゲラー＆フェルディナント・リース『ルートヴィヒ・ヴァン・ベートーヴェンに関する伝記的覚書』**（1838 年）

フェルディナント・リースの名を後世にとどめたのは、音楽作品ではなくこの『伝記的覚書』である。今日でもベートーヴェン伝でしばしば登場する「散歩中に羊飼いの笛の音を聞き取れなかった」「ナポレオンの皇帝即位のニュースを聞いて激怒した」などのエピソードは、この本を介して世に広められた。1838 年 7 月 18 日付の『一般音楽新聞』で、同書は 10 ページ半（5 枚超）にわたって大々的に紹介されており、音楽業界内でも空前の関心を集めたことがうかがえる。1839 年にフランス語版、1845 年にはヴェーゲラーの追記を加えた第 2 版が刊行されている。

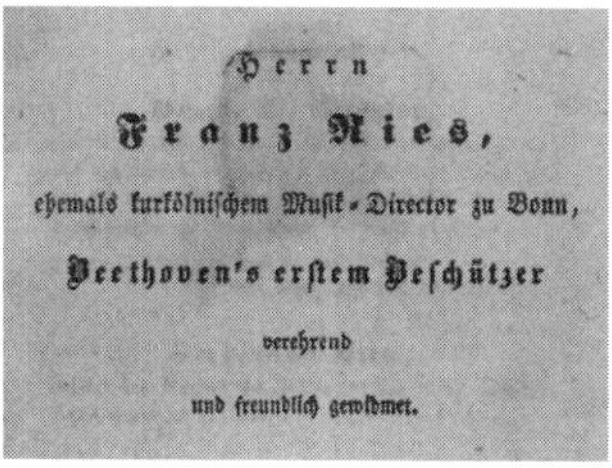
Herrn
Franz Ries,
ehemals kurkölnischem Musik-Director zu Bonn,
Beethoven's erstem Beschützer
verehrend
und freundlich gewidmet.

父フランツへの献辞

て、夫として、父として、友人として、手本のような誠実さと愛にあふれていた」(39)

『ルートヴィヒ・ヴァン・ベートーヴェンに関する伝記的覚書』は、一八三八年五月にコブレンツの出版社から刊行された。フェルディナントの父フランツ・アントンへの献辞の一ページを添えて。この献呈が生前に著者ふたりの間で相談されたものだったのか、ヴェーゲラーの意向だったのかはわからない。いずれにしても、死の衝撃は父にとってもただならぬものだった。よき時代の楽園の最後の落とし子と思って育て、使命をもって世に送り出し、大成した息子が、まさか自分よりも先に逝こうとは。ベートーヴェンもすでにこの世にいない。となると、楽園の最後の落とし子とは結局のところ誰だったのか。選帝侯も年下の音楽家たちもみな先に逝き、使命は彼の皺だらけの手のなかにふたたび戻ってきた。物語の最後を見届けるのはいまや彼の役目だった。

フェルディナント・リース死去のニュースはヨーロッパ各地で報じられ、ボン、アーヘン、ロンドンでは追悼演奏会が相次いで催された。五月のニーダーライン音楽祭では、メンデルスゾーンが第一日目の最初に、ロンドン時代の作品『交響曲第二番 ハ短調』(op.80) を指揮した。

死後に執り行われた演奏のいくつかは、生前に彼自身が進めていた企画だった。オラトリオ『信仰の勝利』のフランス語版は、死のちょうど一年後にあたる一八三九年一月十三日にパリで演奏された。いっぽうで、三作目のオペラ『レバノンの夜』は、死の直前までロンドン側と改訂版の交渉が続けられていたが、ついに上演に至らなかった。彼が生前に「最後の仕事のつもりで取り組む」と宣言したオラトリオ『イスラエルの王』は、奇しくも作品番号（opus）が付けられた最後の出版作（op.186）になった。

フランツ・アントン・リースは、息子の死からさらに八年の時を生きた。一八四五年にボンで開催された「ベートーヴェン像建立記念式典」にも、彼は元気な顔で姿を現した。ヴェーゲラーはこの式典のタイミングにあわせて『伝記的覚書』の第二版を刊行していた。ボンの街は、市民や観光客とともに、リスト、ベルリオーズ、モシェレス、シュポアといった新旧の音楽家たちが一同に会する華やかな場となった。おそらく最高齢の来賓だったであろう八十九歳のフランツ・アントンは、七十九歳のヴェーゲラーとともに、ミュンスター広場に屹立するルートヴィヒ・ヴァン・ベートーヴェン像を見届けた。それは往年の楽園がふたたびよみがえった瞬間であり、楽園を求めて五十三年の人生を駆け抜けた最愛の息子、フェルディナントへの深い哀惜の瞬間でもあった。

Enthüllung des Beethoven-Monuments zu Bonn am 12. August 1845.

**ボンのベートーヴェン像建立記念式典**（1845年）
『ライプツィヒ絵入り新聞』（1845年9月20日）より。ベートーヴェン像建立記念式典は、ベートーヴェンの生誕75年にあたる1845年8月12日に催された。著名な音楽家のほかにイギリスのヴィクトリア女王や、ベートーヴェンが『交響曲第9番』を献呈したプロイセン国王フリードリヒ・ヴィルヘルム3世なども列席した。ミュンスター広場にはプロイセン、イギリス、バイエルン、ボンなどさまざまな国や都市の旗が飾られ、除幕の瞬間には、祝砲、ファンファーレ、鐘の音などが高らかに鳴り響いたと伝えられている。このベートーヴェン像は今日に至るまでボンの街のシンボルとなっている。

ぼくの船はうつくしく泳ぐ
よろこびに満ちた海の上を
そして天から魔法がふりそそぎ
たのしい気分が辺りをたゆたう

ぼくは勇敢に嵐と洪水の間を漕ぐ
ぶどう酒だけが力をあたえ
歌はたのしい気分をもたらし
愛はぼくにそっとささやく

フェルディナント・リース　曲
ヨハン・ヨーゼフ・ライフ　詩
一八三三年作曲(40)
パートソング『人生の航海』（WoO44）

**フェルディナント・リースが眠るフランクフルト中央墓地の納骨堂**（Gruft Nr.45）
フェルディナント・リースは、フランクフルトでの友人一家クロッツ家の納骨堂に葬られた。クロッツ家は羊毛産業を営む裕福な一家で、リース家は1835年にホーホ通りに越して以降、近所に住むクロッツ家と家族ぐるみで親しくなり、インゲルハイムにある彼らの別荘でしばしば休暇を過ごした。どういう経緯でフェルディナントがこの家の納骨堂に葬られたかは不明であるが、末弟のフーベルトは、1861年に次兄ヨーゼフ宛の手紙で、長兄の眠る納骨堂を訪れたことを記している。（2015年撮影）

フェルディナントの名前が刻まれた墓碑

# 終

フェルディナント・リースの名前と作品は、死後、ゆるやかに忘れ去られた。

ピアノ協奏曲の何曲かは、しばらくの間、ピアニストの定番レパートリーであり続けた。死の前年にパリで人気を呼んだ『祝典序曲と勝利の行進曲』は、一八四〇年代までヒットナンバーとして愛奏された。しかし彼の作品が命を保ったのは、十九世紀後半にさしかかった頃までだった。その後、彼の音楽は、舞台上からも出版社のカタログからもひっそりと姿を消した。

いっぽう、彼がフィルハーモニック協会の定期演奏会やニーダーライン音楽祭で指揮した「偉大なるクラシック作曲家」の作品は、彼自身の作品よりもはるかに長く生き延びた。ヘンデルのオラトリオしかり、モーツァルトの序曲しかり、ベートーヴェンの交響曲しかり。それら綺羅星のなかにフェルディナント・リースの作品はない。彼の名は「ベートーヴェンの愛弟子」として、つまり偉大な楽聖の人生の目撃者として、ベートーヴェンの伝記のなかにわずかにうかがうことができるのみだ。彼のもっとも有名な著作物は、音楽作品ではなく、死の直前にわずか一か月半で書き上げた『ルートヴィヒ・ヴァン・ベートーヴェンに関する伝記的覚書』である。

なぜ忘れ去られたか。理由をあげるのはたやすい。最後の十年――本書第六章の彼からは、すでにその気配が前兆のように漂っている。時代のトレンドについていくのをどこかの段階であきらめたこと。ピアニストとしての活動から遠ざかってしまったこと。教育に関する業績をほとんど残さなかったこと。とりわけ、すぐれた後継者を持たず、ベートーヴェンの直弟子という希少な血脈を自分の代で断絶させてしまったこと。

彼は弟子のみならず、自分の子どもたちにもあまり熱心に音楽を教えようとしなかった。末娘のエレオノーレを亡くした翌年、彼は長男のフェルディナント・ジェームズをマールブルクの寄宿学校に預けている。娘の死に大きなショックを受け、もう何も奪わないでほしいと涙ながらに言った彼が、それから間もなく、ただひとりの息子を自分のもとから離す決断をしたのはどういう心境ゆえだったのだろうか。「商人か建築家にさせようかと思っている」(1)――彼はマールブルクの学校長にそう伝えている。宮廷音楽一家に生まれ、息子として弟子としての使命をまっとうした彼は、下の世代に同じ試練を課すことをためらっていたようにも見える。リース家の血筋に強くこだわり、息子たちを音楽家として育てた末弟のフーベルトとは対照的な人生観の持ち主だったともいえるだろうか。

生き残る困難は、生まれたときにすでに始まっていたともいえる。同郷の師ベートーヴェンとの十四歳という年齢差は、音楽のスタイルを新しい方向に大きく発展させるにはあまりに近すぎたのではないか。また、ショパンやリストら新世代との二十五歳という年齢差は、業績を踏み台にされるのにあまりに好都合だったのではないか。どこまでが世代特有の不遇で、どこからが彼自身の能力に帰すべき問題なのか。たとえば彼と同世代のルイ・シュポアやジョン・フィールドは、はたして「生き残った」側の音楽家といえるだろうか？　おそらく同世代の誰よりも「生き残った」音楽家であるカール・チェルニーでさえ、練習曲以外の作品はほとんど世に知られていない。

「あと三十年は長生きしてほしかった」とヴェーゲラーは嘆く。もしその悲願が現実になったとしたら、彼はいったいどんな余生を歩んだだろう。チェチーリア協会とニーダーライン音楽祭のディレクターの仕事を続け、声楽の分野でもうひと華咲かせていた可能性は充分にある。それでも、フランツ・リストがピアニストを引退してヴァイマールの宮廷楽長になり、リヒャルト・ヴァーグナーの大作を支援する時代はすぐ目前に迫っている。はたしてフェルディナント・リースのような音楽家が、一八四〇年代、一八五〇年代をしぶとく老獪に生き得ただろうか。想像するのはむずかしい。

ともあれ、歳月はそれから百年以上が過ぎた。

「忘れ去られた」彼の名前は、近年、さまざまなアーティストや研究者によってふたたび「見つけられ」ている。

特筆すべきは、二十世紀末以降における録音の飛躍的な増加である。室内楽のすぐれた演奏が毎年のようにリリースされているだけでなく、NAXOSレーベルの『ピアノ協奏曲全集』『ピアノ・ソナタ全集』、CPOレーベルの『交響曲全集』、さらにオラトリオ『信仰の勝利』『イスラエルの王』の全曲、オペラ『盗賊の花嫁』の全幕録音などの大プロジェクトも続々と実を結んでいる。

研究活動も活発化している。一九七〇年代以降にセシル・ヒルが行った作品と書簡の基礎調査をもとに、さまざまな発展的な研究がなされている。二〇〇八年にはボンに「フェルディナント・リース協会」が設立され、『リース・ジャーナル』を定期刊行。また、末弟フーベルトの末子フランツ・リースが創業したベルリンのリース&エルラー社からは、二〇一一年以降、『アバウト・リース』が定期刊行されている。二〇一〇年以降は、アメリカを中心に、若い研究者の手によって破竹の勢いでジャンル論や作品論が書かれている。

フェルディナント・リースはなぜいま関心を集めているのか。その理由はさまざまだ。ベートーヴェンとの関係性が出発点となっている場合もある。同時代の同ジャンル作品との比較が論じられる場合もある。ヴィルトゥオーゾ・ピアニストとしての華やかさが注目される場合も、交響曲や弦楽四重奏曲の作曲者として見直される場合もある。オリジナル楽器で演奏される場合も、モダン楽器で演奏される場合もある。とらえ方の多様性こそが、彼の多彩な作品を輝かせている。「偉大なるクラシック作曲家」という権威の磁場を逃れることによって、その魅力があらためて可視化されてきたといってもいいだろう。それは現代において、クラシック音楽というジャンルそのものが大きな変容を遂げている証である。

はたして現在の状況は、フェルディナント自身の本意だろうか？「不滅の称号を勝ち取るため」と宣言したオラトリオの録音がこの世にようやく一種類生まれたことを、彼は無邪気に喜んでくれるだろうか？ 思いをめぐらせる余地はあるかもしれないが、必ずしも重要な問題ではないだろう。彼が残した作品や手紙、その他のテキストは、何よりもまず彼自身の音楽人生の所産である。しかし、それらはすでに彼の肉体を離れて久しく、後世の人びとの受容のいとなみに託されているのだから。

# あとがき

筆者もまた、フェルディナント・リースを「見つけた」ひとりである。

名前はだいぶ前から知っていた。しかし、多くの一般的な音楽ファンと同じく、ベートーヴェンの愛弟子としてちょこちょこと伝記に現れる彼しか知らなかった。ウィーン郊外のハイリゲンシュタットでの散歩中、遠くの羊飼いの笛の音が聞こえないと絶望するベートーヴェンの横で、おろおろしている青年が彼だった。あるいは、ナポレオン・ボナパルトがフランス皇帝になったというニュースに激怒するベートーヴェンの横で、やはりおろおろしている青年が彼だった。ヴェーゲラーとの共著作『ルートヴィヒ・ヴァン・ベートーヴェンに関する伝記的覚書』はひととおり読んでいたが、それ以上の何かを知ることも、知ることができるとも思っていなかった。

きっかけは、たまたま手に取る機会を得た、セシル・ヒル編纂によるフェルディナント・リースの書簡集（*Briefe und Dokumente*）だった。九百ページ近くある、辞書のように分厚い本だ。ぱらぱらと眺める限りは、さほど意外性を感じなかった。『伝記的覚書』の軽妙で親しみやすいテイストは、この人の素のキャラクターそのものなのだなと納得した。だんだんと好感をおぼえ、毎日、適当なページを開いては拾い読みするのが楽しくなった。そのうち、さまざまな大小のエピソードが線でつながり、人生の起伏が見えるようになってきた。なぜ一八一七年にベートーヴェンをロンドンに招聘しようとしたのか、ベートーヴェン側の史料を読むだけではわからない事情が理解できるようになり、一八二九年に愛娘を喪ったあとの苦しみの手紙には我がことのように胸が痛んだ。新鮮な驚きもあった。トルストイが描いた『戦争と平和』の時代を、音楽家としてのキャリアアップの期間として生きた人がいる。ショパンやリストの青春時代を、音楽人生の黄昏の時間として生きた人がいる。一八一一年夏にバルト海の船上でピストルを突きつけられた手紙に出くわしたときは、冒険小説を読むかのようにわくわくした。ベートーヴェンもほかの音楽家も見せてくれなかった時代の風景がはっきりとそこにあった。

私がこの六、七年ばかりフェルディナント・リースに関心をいだき、追いかけているのは、右の理由がすべてである。本書出版のお声がけをいただいたとき、私がためらったのは、有名でない音楽家の伝記を世に送る動機としてしばしば語られる「不当に忘れ去られた音楽家（あるいは音楽作品）への再評価を促す」というモチベーションが自分自身に無いゆえだった。私は彼の作品、とくにピアノ協奏曲や室内楽作品の数々をとても愛しているが、その音楽的な価値を論じるのは自分の仕事ではないと考えている。そのためらいを汲んで「著者が面白いと思っているならばそれでいい」と終始一貫して言い切ってくれた編集担当の中川航氏のもとでなければ、私は彼の音楽人生を一冊の本としてまとめる勇気をもてなかっただろう。「ベートーヴェンのもうひとりの愛弟子」であるカール・チェルニーを専門とする同氏には、読むべき文献の教示から翻訳チェックまで、指導教員のごとくお力添えいただいたことを、最大の御礼とともに書き添えておきたい。

また、ピアノの楽器成立史については一橋大学大学院教授の小岩信治先生、フランス語翻訳については白沢達生氏、ナポレオン戦争時の徴兵についてはオーストリア近代史専門の田中慎一朗氏からご助言・ご助力をいただいた。ほかにも挙げればきりがないほど多くの方々から知見を頂戴した。有名でない音楽家の伝記を書くにあたっては、人生や音楽に対する「ちょっとした感想」こそがかけがえのないヒントとなる。私との対話につきあってくださったすべての方々に御礼を申し上げたい。

序で書いたとおり、本書はフェルディナント・リースの生涯を単独で一冊の本にまとめた、おそらく世界初の伝記である。最初に世に出る人物伝は、たたき台のような存在であると私は考えている。『幻想風ピアノ・ソナタ 嬰ヘ短調「不運」』をパリでの不遇の日々と、『シラーの詩「あきらめ」による幻想曲 変イ長調』をロンドンでの辞任騒動と重ねたのは、はたして妥当だっただろうか。今後フェルディナント・リースの名がより多く語られるようになり、本書の「フェルディナント」像が根底からくつがえるような新しい伝記が現れたとしたら、筆者にとってこれ以上のよろこびはない。

二〇二〇年一月十三日　フェルディナント・リースの命日に

かげはら史帆

註

年表

主要音楽家生没年一覧

フェルディナント・リース
ジャンル別 全作品リスト

アルバムガイド

主要参考文献、ウェブサイト

# 註

## 序

(1) Ferdinand Ries, Cecil Hill(Hg.), *Briefe und Dokumente*, Bonn 1982, S.78 (Nr.32)、1811年8月20日（以下 Hill）

(2) Franz Gerhard Wegeler und Ferdinand Ries, *Biographische Notizen über Ludwig van Beethoven*, Koblenz 1838, S.114（以下 Wegeler=Ries）

(3) Wegeler=Ries, S.74

## 1　楽園のゆりかご

(1) Carl Ludwig Junker, *Noch etwas vom kurköllnischen Orchester*, Bonn 1791, S.374-375（以下 Junker）

(2) Wegeler=Ries, S.59

(3) フェルディナント本人はこれを「7歳」つまり1792年頃と回想しているが（Hill, S.774 (Nr.449)、1837年10月21日）、おそらく1793年に行ったドイツ諸都市の演奏旅行を指していると推測される。

(4) Junker, S.373-376

(5) Barbara Mülhens Molderings, Ferdinand Ries Brief an Wilhelm Christian Müller vom 18. Juni 1830, in: *Ries Journal*, Berlin 2011, Ausgabe 1, S.24（以下 Ries Journal (Brief)）

(6) Anonymous, Memoir of Ferdinand Ries, in: *The Harmonicon*, No.XV, March 1824, p.34（以下 Harmonicon (Ries)）
なお、このとき手がけたピアノ編曲のうち、ハイドンの『天地創造』は1800年、『四季』は1802年にジムロック社から編曲者名の記載なしで刊行されている。

(7) Ludwig van Beethoven, Sieghard Brandenburg (Hg.), *Beethoven-Briefwechsel* Gesamtausgabe, Beethoven-Haus Bonn, München 1996, Band 1, S.81 (Nr.65)、1801年6月29日（以下 Brandenburg）

(8) Harmonicon (Ries), p.33

## 2　師の使命、師弟の葛藤

(1)　Harmonicon (Ries), pp.33-35
この記事は本人もしくは弟のヨーゼフへの取材に基づいて書かれたと考えられている。

(2)　Ries Journal (Brief), S.2-29

(3)　1803年説は以下の論考に詳しい。Jos van der Zanden, Ferdinand Ries in Wien. Neue Perspektiven zu den Notizen, in: *Bonner Beethoven-Studien* 4 , Bonn 2005, S.191-212
また、『伝記的覚書』内でのハイリゲンシュタットをめぐるエピソードは、いずれも1803年のオーバーデープリングへの滞在を指している可能性が高い。フェルディナントはベートーヴェンの『交響曲第3番 変ホ長調「英雄」』を1802年にハイリゲンシュタットで書かれた作品であると記している (Wegeler=Ries, S.77) が、これは明らかに1803年のオーバーデープリングを指している。また1803年もしくは1804年にベートーヴェンがフェルディナントに宛てて書いた以下の手紙は、彼ら師弟がオーバーデープリングとハイリゲンシュタットを近接した地域ととらえていた証拠である。「私の家はオーバーデープリング4番の通りの左手にある。ここはハイリゲンシュタットのふもとだ」(Brandenburg, Band 1, S.172-173（Nr.148))

(4)　Wegeler=Ries, S.75

(5)　Wegeler=Ries, S.76

(6)　Brandenburg, Band 1, S.79 (Nr.65)、1801年6月29日付

(7)　Wegeler=Ries, S.101

(8)　チェルニーの自伝内に「ベートーヴェンの親戚であるフェルディナント・リース」との文がある。Carl Czerny, Walter Kolneder (Hg.), *Erinnerungen aus meinen Leben*, Strasbourg 1968, S.20（以下 Czerny）

(9)　Hill, S.55 (Nr.5)、1803年5月6日付

(10)　Hill, S.60 (Nr.12)、1803年9月13日付

(11)　この1803年版『歓喜に寄す』の自筆譜は散逸しており、今日まで発見されていない。

(12)　Hill, S.61 (Nr.13)、1803年10月12日付

(13)　この作品（op.88）は『友情の幸せ (Das Glück der Freundschaft)』としてジムロック社とウィーンのレッセンコール社から出版されたが、ベートヴェン本人からの指摘により1803年末刊行のホフマイスタ

ー社版では『人生の幸せ（Lebensglück）』に修正されている。

(14) 発明から19世紀中盤までのピアノは、今日ではモダン・ピアノと区別して「フォルテピアノ」と呼ばれている。

(15) Wegeler=Ries, S.94-95

(16) Czerny, S.20

(17) Wegeler=Ries, S.94

(18) Rita Benton, London Music in 1815, as Seen by Camille Pleyel, in: *Music & Letters*, Vol.47, No.1, Oxford 1966, p.37

(19) Harmonicon (Ries), p.35

(20) Wegeler=Ries, S.94

(21) Wegeler=Ries, S.90-91

(22) Wegeler=Ries, S.101-102

(23) Wegeler=Ries, S.91

(24) Brandenburg, Band 3, S.228 (Nr.902)、1816年2月12日付

(25) Wegeler=Ries, S.100

(26) Hill, S.66 (Nr.16) /Brandenburg, Band 1, S.211 (Nr.180)、1804年6月末から7月初頭

(27) Wegeler=Ries, S.114

(28) 演奏会は1週間後の7月26日という可能性も指摘されている。Brandenburg, Band 1, S.213 (Nr.182)、註

(29) Wegeler=Ries, S.114

(30) Wegeler=Ries, S.114

(31) *Allgemeine musikalische Zeitung*, 15 August, 1804, S.777（以下AMZ）

(32) Wegeler=Ries, S.114

(33) バルバラ・スモレンスカ=ジェリンスカ『決定版「ショパンの生涯」』関口時正訳、音楽之友社、2001年、p.185

(34) Wegeler=Ries, S.100

(35) Czerny, S.23

(36) Anonymous, *Zeitung für die elegante Welt*, Nr.46, 16 April, 1803, S.364

## 3　マスケット銃かピアノか？

(1) Hill, S.72 (Nr.25)/Brandenburg, Band1, S.269-271 (Nr.240)、1805年11月13日以前

(2) この有名なエピソードは『伝記的覚書』におけるフェルディナント自身の証言にもとづいているが（S.77-79)、皇帝就任のニュースを

知らせた最初の人物が本当にフェルディナントだったのか、またベートーヴェンが激怒したという情報が事実なのかどうかは、近年、疑問視する声もある。詳細は以下の論考を参照。

大崎滋生『ベートーヴェン像再構築』春秋社、2018年、pp.557-577、第2巻第19章

(3) Wegeler=Ries, S.135

(4) Harmonicon (Ries), p.34

(5) The Napoleon Series (http://www.napoleon-series.org/)

(6) Harmonicon (Ries), p.34

(7) Harmonicon (Ries), p.34

(8) 以下の論考内での分析による。Cole N. Tutino, *The Cello Works of Ferdinand Ries*, Ph.D. Thesis, Indiana University 2016, pp.9-10

(9) Ferdinand Ries, Deux sonates pour le piano-forte, op.1, Bonn 1806（白沢達生訳による）

(10) AMZ, 4 März, 1807, S. 362-365

(11) フェルディナント・リースの作品番号（opus）および交響曲、協奏曲などの通し番号は実際の作曲順と大きな乖離がある。詳しくは巻末「全作品リスト」（p.(21)）を参照。

(12) Ries Journal (Brief), S.9

(13) AMZ, 21 Juni 1809, S.602-3

(14) Harmonicon (Ries), p.35

(15) Wegeler=Ries, S.96-97

(16) AMZ, 8 Feb, 1811, S.165-166

(17) Hill, S.78-79 (Nr.32)、1811年8月20日

(18) Hill, S.80 (Nr.33)、1812年9月22日

(19) AMZ, 12 Mai, 1813, S.321

(20) Gabriel Anders Sundström, Die abenteuerliche Reise eines jungen Komponisten im Zeitalter Napoleons, in: *Ries Journal*, Ausgabe 4, S.18-19

## 4 よろこびとあきらめ

(1) Hill, S.84 (Nr.37)、1813年7月9日付

(2) Louis Spohr, *Louis Spohr's Selbstbiographie*, Kassel und Göttingen 1860, Band II, S.76（以下 Spohr）

(3) Giacomo Meyerbeer, *The Diaries of Giacomo Meyerbeer*, Volume I, New Jersey 1999, p.334（以下 Meyerbeer）

(4) Mayerbeer, Vol.I, p.332

(5) ヨハン・ニコラウス・フォルケル『バッハの生涯と芸術』柴田治三郎訳、岩波書店、1988年（原著：1802年）、pp.15-16（以下フォルケル）

(6) フォルケル、p.21

(7) なおこの演奏会の目玉である『交響曲第1番 ハ長調』は、フォルケルのバッハ伝と同じく、ベートーヴェンのパトロンで熱心な音楽収集家であるゴットフリート・ヴァン・スヴィーティン男爵に献呈されている。この作品はそもそもケルン選帝侯マクシミリアン・フランツに献呈される予定だった。

(8) Myles Birket Foster, *History of the Philharmonic Society of London 1813-1912. A record of a hundred years' work in the cause of music*, London 1912, p.8（以下 Philharmonic Society）
同書中のプログラム一覧には CHACONNE, JOMELLE and MARCH ....Haydn と記載されているが、おそらく JOMELLE はイタリアの作曲家ニコロ・ヨンメッリ (Niccolò Jommelli) を指す。

(9) Philharmonic Society, p.13

(10) Hill, S.94 (Nr.45)、1815年10月17日付

(11) Hill, S.111 (Nr.58)、1816年12月10日付

(12) Hill, S.117-118 (Nr.62) / Brandenburg, Band 4, S.65 (Nr.1129)、1817年6月9日付

(13) Hill, S.96 (Nr.46) / Brandenburg, Band 3, S.180 (Nr.854)、1815年11月22日付

(14) Hill, S.98 (Nr.47) / Brandenburg, Band 3, S.208 (Nr.879)、1816年1月20日付

(15) Hill, S.117-118 (Nr.62) / Brandenburg, Band 4, S.80 (Nr.1140)、1817年7月9日付

(16) Spohr, Band II, S.82

(17) Spohr, Band II, S.86

(18) Spohr, Band II, S.86-87

(19) Spohr, Band II, S.87

(20) Hill, S.160 (Nr.91)、1822年4月30日付

(21) AMZ, 21 October, 1824, S.702-704

(22) Hill, S.166 (Nr.95)、1822年12月24日付

(23) Hill, S.168 (Nr.96) / Brandenburg, Band 5, S.26 (Nr.1549)、1823年2月5日付

(24) Hill, S.108 (Nr.55) / Brandenburg, Band 3, S.256 (Nr.933)、1816年5月8日
(25) Hill, S.174 (Nr.100) / Brandenburg, Band 5, S.118 (Nr.1641)、1823年5月初頭

## 5 帰還から再起へ

(1) Harmonicon (Ries), p.35
実際には告別演奏会は4月に行われている。
(2) Hill, S.242 (Nr.150)、1825年11月14日付
(3) *The Quarterly Musical Magazine and Review*, Vol.VI, No.XXI, 1824, p.141
(4) Hill, S.194 (Nr.120)、1824年7月20日付（ケルン新聞）
(5) Hill, S.195 (Nr.121)、1824年7月20日付
(6) Hill, S.208 (Nr.126)、1825年1月12日付
(7) Wilhelm Hauchecorne, *Blätter der Erinnerung an die fünfzigjährige Dauer der Niederrheinischen Musikfeste*, Köln 1868, Verzeichnisse S.9
(8) AMZ, 29 Juni, 1825, S.449
(9) AMZ, 29 Juni, 1825, S.449
(10) Hill, S.243 (Nr.151)、1825年11月25日付
(11) *Ludwig van Beethovens Konversationshefte*, herausgegeben im Auftrag der Deutschen Staatsbibliothek zu Berlin von Karl-Heinz Köhler, Leipzig 1993, Band 10, S.50（Heft 115, 14r）（以下BKh）
(12) Hill, S.255 (Nr.159)、1826年3月18日付
(13) Hill, S.243 (Nr.151)、1825年11月25日付
(14) Hill, S,278 (Nr.171)、1826年10月19日付
(15) Hill, S.300 (Nr.186)、1827年3月14日付
(16) Hill, S.301 (Nr.186)、1827年3月14日付
(17) Hill, S.379 (Nr.238)、1828年8月24日付
(18) Johann Joseph Reiff, *Der schlafende Räuber; oder, Die Räuberbraut*, Koblenz 1829
改訂をめぐってライフとオペラ制作チーム側で不和が発生し、それがこの出版に結びついたと推測される。デーリング版の台本は1834年にフランクフルトで出版されている（Georg Döring, *Die Räuberbraut; Oper in drei Aufzügen*, Frankfurt am main 1834）。なお、フェルディナントとライフはのちに和解し、1833年にライフの詩によるパートソング『人生の航海』（WoO44）が出版された。

(19) BKH, Band 9, S.55 (Heft 105, 4r)
(20) Hill, S.304 (Nr.187)、1827年4月3日付
(21) AMZ, 26 November, 1828, S.799-805
(22) Hill, S.332 (Nr.208)、1827年9月10日付

## 6 楽園の再生

(1) Hill, S.396 (Nr.250)、1828年11月19日付
(2) Hill, S.267 (Nr.165)、1826年6月2日付
(3) Hill, S.565 (Nr.360)、1832年8月11日付
(4) Hill, S.372 (Nr.231)、1828年6月18日付
(5) Hill, S.452 (Nr.292)、1829年9月21日付
(6) Hill, S.455 (Nr.294)、1829年10月3日付
(7) Hill, S.460 (Nr.296)、1829年12月11日付
(8) Hill, S.463 (Nr.297)、1830年1月2日付
(9) Hill, S.483 (Nr.308)、1830年5月19日付
(10) Hill, S.488 (Nr.310)、1830年6月26日付
(11) ソナタの通し番号に関しての詳細は巻末「全作品リスト」(p.(21))を参照。
(12) Hill, S.573 (Nr.363)、1832年12月20日付
(13) ゾフィア・ヘルマン、ズビグニェフ・スロヴロン、ハンナ・ヴルヴレフスカ=ストラウス編『ショパン全書簡 1816-1831年 ポーランド時代』岩波書店、2012年、p.27の見解による。ショパンの1824年8月10日付の書簡内の発言「申しわけありませんがパパにぜひともお願いしたいのは、ブジェジーナでAir Moore variée pour le piano forté à quatres mains par Riesを買って、持って来てもらいたいということ。」(同書p.22)にあてはまる作品はop.108とop.136があるが、同書はop.108説を採っている。
(14) ロベルト・シューマン『音楽と音楽家』、吉田秀和訳、岩波書店、1958年、p.58
(15) Hill, S.646 (Nr.414)、1834年10月10日付
(16) Felix Mendelssohn, Helmut Loos und Wilhelm Seidel (Hg.), *Felix Mendelssohn Bartholdy Samtliche Briefe*, Band 5, S.472
(17) フェルディナントは『ピアノ協奏曲第4番 ハ短調』(op.115)を、モシェレスは『ピアノ協奏曲第3番 ト短調』(op.58)を献呈している。
(18) ハーバート・クッファーバーグ『メンデルスゾーン家の人々——三

代のユダヤ人』横溝亮一訳、東京創元社、1985 年、p.197

(19) Hill, S.191 (Nr.116)、1824 年 6 月 14 日付

(20) Hill, S.525 (Nr.337)、1831 年 8 月 16 日付

(21) Hill, S.740 (Nr.471)、1836 年 12 月 30 日付

(22) John Ella, Music in Paris in 1837, in: *The Musical World*, Vol.VII, London 1837, p.241

(23) Hill, S.740 (Nr.471)、1836 年 12 月 30 日付

(24) Hill, S.733 (Nr.465)、1836 年 10 月 15 日付

(25) フェルディナントは 1837 年 7 月までに 9 曲の弦楽四重奏曲と 2 曲の弦楽五重奏曲を完成させているが、これらが出版された形跡はなく、自筆譜も散逸している。

(26) Hill, S.758 (Nr.487)、1837 年 7 月頃

(27) Wegeler=Ries, S.75

(28) Anton Felix Schindler, *Biographie von Ludwig van Beethoven*, Münster 1840, S.11

(29) Wegeler=Ries, S.74

(30) Wegeler=Ries, S.122

(31) Wegeler=Ries, S.91

(32) Wegeler=Ries, S.97

(33) Hill, S.779 (Nr.503)、1837 年 12 月 13 日付

(34) Hill, S.784 (Nr.505)、1837 年 12 月 20 日付

(35) Wegeler=Ries, S.75

(36) Hill, S.784 (Nr.505)、1837 年 12 月 20 日付

(37) Hill, S.786 (Nr.507)、1837 年 12 月 28 日付

(38) Wegeler=Ries, S.V

(39) Wegeler=Ries, S.VI

(40) *Berliner musikalische Zeitung*, 13 März, 1833

## 終

(1) Hill, S.737 (Nr.469)、1836 年 12 月 5 日付

# 年表

| | 西暦 | 年齢* | フェルディナント・リース／リース家の出来事 |
|---|---|---|---|
| 出生前 | 1723 | | 祖父ヨハン・リース生（日付不明） |
| | 1755 | | 父フランツ・アントン・リース生（11月10日） |
| | 1756 | | |
| | 1761 | | 母アンナ・ゲルハルディーナ・ホルスト生（7月27日受洗） |
| | 1770 | | |
| | 1774 | | |
| | 1778 | | フランツ・アントン、ウィーンで音楽修業（-1780） |
| | 1780 | | |
| | 1781 | | |
| | 1782 | | |
| | 1783 | | フランツ・アントンとアンナ・ゲルハルディーナ・ホルスト結婚（12月27日） |
| 幼少時代（第1章） | 1784 | 0 | 祖父ヨハン死去（日付不明）<br>フェルディナント・リース生（11月29日受洗） |
| | 1785 | 0 | フランツ・アントン、ベートーヴェンにヴァイオリンを教える（-1786） |
| | 1786 | 1 | |
| | 1787 | 2 | |
| | 1788 | 3 | |
| | 1789 | 4 | |
| | 1790 | 5 | この頃、父から最初の音楽の手ほどきを受ける。ベルンハルト・ロンベルクからはチェロを習う |
| | 1791 | 6 | フランツ・アントン、ボン宮廷の音楽ディレクターに就任<br>弟ペーター・ヨーゼフ（通称ヨーゼフ）生（4月6日受洗） |

*年齢は年初時点

| 歴史／社会的な出来事 | 音楽／文化的な出来事 |
|---|---|
| | |
| | |
| | モーツァルト生 |
| | |
| フランス国王ルイ16世と王妃マリー・アントワネット結婚 | ベートーヴェン生 |
| | ゲーテ『若きウェルテルの悩み』出版 |
| | フンメル生<br>アルタリア社、音楽出版に参入 |
| 女帝マリア・テレジア死去 | |
| ボンにイルミナティ設立 | シラー『群盗』、カント『純粋理性批判』出版<br>モーツァルト、ウィーンに移住 |
| | フィールド、パガニーニ生<br>ブロードウッド社(ピアノ製造)設立 |
| パリ条約締結、イギリスがアメリカの独立を承認 | |
| ケルン選帝侯マクシミリアン・フリードリヒ死去、マクシミリアン・フランツが就任 | シュポア生<br>この頃、ボンにシュタイン社製のピアノが持ち込まれる |
| | カルクブレンナー生 |
| プロイセン王フリードリヒ2世死去、フリードリヒ・ヴィルヘルム2世即位<br>ボンに読書協会設立 | ウェーバー生<br>シラー『ターリア 第2巻』自主出版<br>モーツァルト、オペラ『フィガロの結婚』初演 |
| | グルック死去 |
| | C. P. E. バッハ死去 |
| フランス革命勃発<br>ワシントンが初代アメリカ大統領に就任 | |
| 神聖ローマ帝国皇帝ヨーゼフ2世死去、レオポルト2世即位 | |
| | チェルニー、マイヤベーア生<br>ハイドン、ザロモンの招聘でロンドンに渡る(-1792/1794-95)<br>モーツァルト、オペラ『魔笛』初演、『レクイエム』作曲中に死去 |

| | 西暦 | 年齢 | フェルディナント・リース／リース家の出来事 |
|---|---|---|---|
| 幼少時代（第1章） | 1792 | 7 | フランツ・アントン、ゴーデスベルクの家を購入する |
| | 1793 | 8 | |
| | 1794 | 9 | メヌエットを作曲する（おそらく初の作曲） |
| | 1795 | 10 | |
| | 1796 | 11 | 父の誕生日に弦楽四重奏曲を贈る<br>ハリエット・マンジオン生（12月5日） |
| | 1797 | 12 | アルンスベルクのオルガニスト、ペルツァーのもとへ勉強に赴く（-1798）<br>以後は自習に専念 |
| | 1798 | 13 | 『3つの弦楽四重奏曲』（WoO1）ほか数作を作曲 |
| | 1799 | 14 | |
| | 1800 | 15 | ハイドンやモーツァルトの作品をピアノに編曲 |
| 修業時代（第2章） | 1801 | 16 | ミュンヘン滞在を経て秋頃ウィーン着（1802-1803年説あり）、ベートーヴェンに師事（-1805）<br>一時期アルブレヒツベルガーに作曲を師事 |
| | 1802 | 17 | ブロウネ伯爵、リヒノフスキー侯爵の邸宅でピアノの代理演奏を始める<br>末弟ペーター・ヨーゼフ・フーベルト（通称フーベルト）生（4月2日） |
| | 1803 | 18 | |
| | 1804 | 19 | ベートーヴェンの『ピアノ協奏曲第3番』を演奏してピアニスト・デビュー（7月19日） |
| | 1805 | 20 | 母アンナ・ゲルハルディーナ死去（4月1日）<br>フランス軍からの召集令状を受けてコブレンツの徴兵検査所へ赴く（11月）、徴兵免除のためボン近郊の実家へ戻る |

| 歴史／社会的な出来事 | 音楽／文化的な出来事 |
|---|---|
| フランス革命戦争勃発、フランス革命軍がボンを占領(-1794年)<br>神聖ローマ帝国皇帝レオポルト2世死去、フランツ2世即位 | ロッシーニ生<br>ハイドン、帰途でボンに立ち寄りベートーヴェンと面会<br>ベートーヴェン、ウィーンに定住 |
| ジャコバン派による恐怖政治、フランス国王ルイ16世と王妃マリー・アントワネット処刑<br>第一次対仏大同盟が結成 | ジムロック社(音楽出版)設立 |
| | モシェレス生<br>シュトライヒャー社(ピアノ製造)設立 |
| | パリ音楽院設立<br>ブライトコプフ・ウント・ヘルテル社(音楽出版)設立 |
| | |
| プロイセン王フリードリヒ・ヴィルヘルム2世死去、フリードリヒ・ヴィルヘルム3世即位 | シューベルト生 |
| 第二次対仏大同盟が結成 | ブライトコプフ・ウント・ヘルテル社、『一般音楽新聞』創刊 |
| フランス革命戦争からナポレオン戦争へ移行 | ディッタースドルフ死去<br>ハイドン、オラトリオ『天地創造』公開初演<br>ベートーヴェン、『ピアノ・ソナタ「悲愴」』出版 |
| | ベートーヴェン、初の自主演奏会で『交響曲第1番』初演<br>ペータース社(音楽出版)設立 |
| マクシミリアン・フランツ死去 | |
| | |
| | ベルリオーズ生<br>エラール社、ベートーヴェンにピアノを贈る |
| オーストリア帝国が成立、フランツ2世がオーストリア皇帝フランツ1世として即位<br>ナポレオンがフランス皇帝に即位 | |
| 第三次対仏大同盟が結成<br>トラファルガーの海戦でイギリス軍が勝利、アウステルリッツの戦いでフランス軍が勝利 | シラー死去<br>ベートーヴェン、オペラ『フィデリオ』初演 |

| | 西暦 | 年齢 | フェルディナント・リース／リース家の出来事 |
|---|---|---|---|
| ピアニスト時代（第3章） | 1806 | 21 | この頃フリーメーソンに入会<br>本格的に作曲活動を開始、初のオリジナル作品『2つのピアノ・ソナタ』(op.1)をジムロック社より出版<br>暮れ頃からパリに滞在(-1808) |
| | 1807 | 22 | 演奏の仕事に恵まれず、作曲に専念する |
| | 1808 | 23 | 『チェロ・ソナタ』(op.20、21)、『ピアノ・ソナタ「不運」』(op.26)などを作曲。パリに見切りをつけ、夏頃からウィーンに滞在(-1809) |
| | 1809 | 24 | オーストリア軍から徴兵。すぐに解放され、ボンに戻る(5月頃) |
| | 1810 | 25 | ケルンで父フランツ・アントンと合同演奏会を開催(12月15日)、『ピアノ協奏曲(おそらく第4番)』(op.115)『ヴァイオリン協奏曲第1番』(op.24)を初演。北欧＝ロシア大旅行に出発(-1813) |
| | 1811 | 26 | カッセル(2月)、ハンブルク(4月20日)で演奏会、夏にかけて北欧へ渡る。バルト海上でイギリスの船に拘束される(8月)。秋頃、サンクト・ペテルブルクに到着、旧師のロンベルクと再会。冬シーズンにリガ、ヴィーツェプスク、キエフを周遊。ロシアの旋律にもとづく作品を数多く作曲 |
| | 1812 | 27 | ナポレオンのロシア遠征によりモスクワ訪問計画を断念<br>『ピアノ協奏曲第3番』(op.55)作曲、ライプツィヒで『交響曲第1番』(op.23)初演 |
| ロンドン時代（第4章） | 1813 | 28 | トゥルクで演奏会(1月20日)、ストックホルムで演奏会(2月28日、3月14日)、スウェーデン王立音楽協会の外国人会員になる<br>ロンドンに到着(4月)、長期滞在を開始(-1824)<br>『夢』(op.49)を自費出版、これを機にロンドンでピアノ作品の大量出版が開始 |
| | 1814 | 29 | ハリエット・マンジオンと結婚(7月25日)<br>フィルハーモニック協会で『交響曲第5番』(op.112)『交響曲第2番』(op.80)などを初演 |
| | 1815 | 30 | フィルハーモニック協会ディレクターに就任(5月22日)<br>同協会で序曲『ドン・カルロス』(op.94)『交響曲第3番』(op.90)などを初演、以後多数の作品が演奏される |
| | 1816 | 31 | シュポアのロンドン招聘計画が開始 |
| | 1817 | 32 | ベートーヴェンのロンドン招聘計画が開始 |
| | 1818 | 33 | |
| | 1819 | 34 | 長女ファニー・アネッテ生(5月6日) |

| 歴史／社会的な出来事 | 音楽／文化的な出来事 |
|---|---|
| 国家連合「ライン同盟」成立により神聖ローマ帝国が解体<br>大陸封鎖令が発布<br>第四次対仏大同盟が結成 | |
| | |
| スペイン独立戦争勃発 | ゲーテ『ファウスト』第1部出版 |
| 第五次対仏大同盟が結成<br>フランス軍がウィーンに入城<br>メッテルニヒ、オーストリア外務大臣に任命 | メンデルスゾーン生<br>ハイドン死去 |
| ナポレオン、ハプスブルク皇女マリー・ルイーズと結婚 | ショパン、R.シューマン生 |
| イギリス国王ジョージ3世の摂政王太子としてジョージ（のちのジョージ4世）が就任 | リスト生 |
| 米英戦争（-1814）<br>フランス軍のロシア遠征が失敗に終わる | ウィーン楽友協会設立<br>バイロン『貴公子ハロルドの巡礼』（第1巻、第2巻）出版<br>ドゥシーク死去<br>フィールド、「ノクターン」を創始 |
| 第六次対仏大同盟が結成<br>ヴィットリアの戦い、ライプツィヒ諸国民戦争でフランス軍敗北 | ロンドン・フィルハーモニック協会設立<br>ワーグナー、ヴェルディ生 |
| 連合軍のパリ入城によりナポレオン戦争終結<br>ナポレオン退位、ルイ18世がフランス国王に即位<br>ウィーン会議開催（-1815年） | |
| ナポレオンの百日天下、ワーテルローの戦いで第七次対仏大同盟に敗北し、エルバ島に流刑<br>ウィーン議定書の締結 | ザロモン死去<br>メルツェル、メトロノームを発明 |
| | |
| | ブロードウッド社、ベートーヴェンにピアノを贈る |
| | ニーダーライン音楽祭、初開催 |
| 学生結社「ブルシェンシャフト」が鎮圧される<br>カールスバート決議が成立 | |

| | 西暦 | 年齢 | フェルディナント・リース／リース家の出来事 |
|---|---|---|---|
| ロンドン時代（第4章） | 1820 | 35 | シュポア訪英（2月）<br>次女エミリエ・ハンナ生（9月10日） |
| | 1821 | 36 | フィルハーモニック協会ディレクターを辞任<br>『シラーの詩「あきらめ」による幻想曲』（op.109）作曲 |
| | 1822 | 37 | |
| | 1823 | 38 | 長男フェルディナント・ジェームズ生（11月5日） |
| | 1824 | 39 | 告別演奏会で『ピアノ協奏曲第7番「イングランドへの告別」』（op.132）初演（4月）<br>妻子を連れて帰郷（7月）、ゴーデスベルクに滞在（-1827）<br>ボン読書協会に入会 |
| セカンドキャリア移行時代（第5章） | 1825 | 40 | ニーダーライン音楽祭ディレクターに初就任。同音楽祭（アーヘン）で『交響曲第3番』（op.90）、ベートーヴェンの『交響曲第9番』他を指揮（5月22-23日） |
| | 1826 | 41 | ニーダーライン音楽祭（デュッセルドルフ）で『交響曲第6番』（op.146）他を指揮（5月14-15日）<br>ドレスデン–ベルリン–ライプツィヒ–フランクフルト演奏旅行へ出発（12月-翌1月頃、豪雪のため一部旅程を断念）<br>オペラ『盗賊の花嫁』（op.156）制作プロジェクト開始 |
| | 1827 | 42 | フランクフルトに移住（4月）<br>三女エレオノーラ生（4月21日） |
| | 1828 | 43 | ニーダーライン音楽祭（ケルン）で序曲『ドン・カルロス』（op.94）他を指揮（5月25-26日）<br>フランクフルトでオペラ『盗賊の花嫁』（op.156）初演（10月15日） |
| セカンドキャリア時代（第6章） | 1829 | 44 | ニーダーライン音楽祭（アーヘン）で『交響曲第4番』（op.110）、オラトリオ『信仰の勝利』（op.157）他を指揮（6月7-8日）<br>ロンドンで『盗賊の花嫁（英語版）』初演（7月15日）<br>三女エレオノーラ死去（9月6日） |
| | 1830 | 45 | ニーダーライン音楽祭（デュッセルドルフ）で序曲『メッシーナの花嫁』（op.162）他を指揮（5月30-31日）<br>この頃からリウマチの兆候が現れる |

| 歴史／社会的な出来事 | 音楽／文化的な出来事 |
| --- | --- |
| イギリス国王ジョージ3世死去、ジョージ4世即位<br>スペイン立憲革命(-1823)<br>イタリアでナポリ革命（カルボナリの蜂起）(-1821) | リスト、リースの『ピアノ協奏曲第2番』を公開演奏 |
| ナポレオン死去<br>ギリシャ独立戦争勃発(-1829) | ウェーバー、オペラ『魔弾の射手』初演 |
| ブラジルがポルトガルから独立 | |
| | ショパン、リースの『ピアノ協奏曲（番号不明）』を公開演奏 |
| | ベートーヴェン『交響曲第9番』初演<br>ブルックナー生 |
| ロシアでデカブリストの乱 | ヨハン・シュトラウス2世生 |
| | ウェーバー死去 |
| | ベートーヴェン死去 |
| | シューベルト死去<br>パガニーニ、ウィーンで演奏会を開催。ヨーロッパでパガニーニ・ブームが起きる |
| ギリシャがオスマン・トルコ帝国から独立 | ショパン『ピアノ協奏曲第2番』初演<br>メンデルスゾーン、J.S.バッハ『マタイ受難曲』を復活演奏 |
| イギリス国王ジョージ4世死去、ウィリアム4世即位<br>フランス7月革命勃発、国王シャルル10世亡命、ルイ・フィリップ即位<br>ポーランド独立運動（11月蜂起）<br>リヴァプール・マンチェスター鉄道開通 | ベルリオーズ『幻想交響曲』初演 |

| | 西暦 | 年齢 | フェルディナント・リース／リース家の出来事 |
|---|---|---|---|
| セカンドキャリア時代（第6章） | 1831 | 46 | ロンドン-ダブリン旅行(5-9月)<br>フィルハーモニック協会で『交響曲第6番』(op.146)演奏(6月6日)、アデルフィ劇場でオペラ『魔女(リスカ)』(op.164)初演(8月4日)、ダブリン音楽祭でオラトリオ『信仰の勝利(英語版)』(op.157)を指揮(8月31日) |
| | 1832 | 47 | ニーダーライン音楽祭(ケルン)で『祝典序曲と勝利の行進曲』(op.172)他を指揮(6月10-11日)<br>イタリア旅行に出発(秋-翌5月頃)ミラノ、フィレンツェ、ローマ、ナポリを周遊 |
| | 1833 | 48 | イタリア滞在中に『ピアノ・ソナタ』(op.176)、『ピアノ協奏曲第9番』(op.177)、『弦楽四重奏曲』(WoO48)を作曲(各ジャンルの最終作品) |
| | 1834 | 49 | ニーダーライン音楽祭(アーヘン)で序曲『ドン・カルロス』(op.94)他を指揮(5月18-19日)<br>アーヘンの音楽ディレクター就任依頼を受ける(辞退) |
| | 1835 | 50 | オペラ『レバノンの夜』(WoO51)初稿版完成、上演には至らず |
| | 1836 | 51 | ボンのベートーヴェン像建立のためのチャリティ演奏会をフランクフルトで開催(6月)<br>ロンドン-パリ-アーヘン旅行に出発(7月-翌年5月)、パリで『祝典序曲と勝利の行進曲』(op.172)が流行 |
| | 1837 | 52 | フィルハーモニック協会で劇的序曲『幻影』(WoO61)初演(3月13日)、パリで『交響曲第4番』(op.110)演奏(3月19日)<br>ニーダーライン音楽祭(アーヘン)でオラトリオ『イスラエルの王』(op.186)他を指揮(5月14-15日)<br>『ベートーヴェンに関する伝記的覚書』執筆(10-12月)<br>チェチーリア協会ディレクターに就任、第1回演奏会開催(11月)<br>年末、急激に体調悪化 |
| | 1838 | 53 | 死去(1月13日午後1時15分)<br>フランクフルト中央墓地に埋葬、各地で報道と追悼演奏会の開催<br>『ベートーヴェンに関する伝記的覚書』出版(5月) |
| 死後 | 1845 | | 『ベートーヴェンに関する伝記的覚書』第2版出版 |
| | 1846 | | 父フランツ・アントン死去(11月1日) |
| | 1848 | | 長男フェルディナント・ジェームズ死去(8月18日) |
| | 1863 | | 妻ハリエット死去(1月17日) |
| | 1871 | | |

| 歴史／社会的な出来事 | 音楽／文化的な出来事 |
|---|---|
| | R.シューマン、『一般音楽新聞』でショパンを激賞 |
| | クレメンティ、ジムロック死去 |
| | ブラームス生<br>メンデルスゾーン、ニーダーライン音楽祭で初めて音楽ディレクターを務める |
| ドイツ関税同盟発足 | R.シューマン、『新音楽時報』創刊 |
| オーストリア皇帝フランツ1世死去、フェルディナント1世が即位 | |
| | |
| イギリス国王ウィリアム4世死去、ヴィクトリア女王即位 | リストとタールベルク、パリで対決<br>フィールド、フンメル死去 |
| | |
| | ボンでベートーヴェン像建立記念式典開催 |
| | |
| フランスで2月革命、ドイツで3月革命勃発、メッテルニヒがイギリスに亡命<br>オーストリア皇帝フェルディナント1世死去、フランツ・ヨーゼフ1世が即位 | ヴェーゲラー死去 |
| | |
| プロイセン国王ヴィルヘルム1世、ドイツ帝国の皇帝に即位(ドイツ統一) | |

## 主要音楽家生没年一覧

| 名前 | 生年 | | 没年 |
|---|---|---|---|
| **ヨハン・リース(祖父)** | **1723** | **－** | **1784** |
| フランツ・ヨーゼフ・ハイドン | 1732 | － | 1809 |
| ヨハン・ゲオルク・アルブレヒツベルガー | 1736 | － | 1809 |
| ヨハン・ペーター・ザロモン | 1745 | － | 1815 |
| ニコラウス・ジムロック | 1751 | － | 1832 |
| ムツィオ・クレメンティ | 1752 | － | 1832 |
| ペーター・フォン・ヴィンター | 1754 | － | 1825 |
| **フランツ・アントン・リース(父)** | **1755** | **－** | **1846** |
| ヴォルフガング・アマデウス・モーツァルト | 1756 | － | 1791 |
| ヤン・ラディスラフ・ドゥシーク | 1760 | － | 1812 |
| アンドレアス・ロンベルク | 1767 | － | 1821 |
| ベルンハルト・ロンベルク | 1767 | － | 1841 |
| ルートヴィヒ・ヴァン・ベートーヴェン | 1770 | － | 1827 |
| ヨハン・バプティスト・クラーマー | 1771 | － | 1858 |
| ジョージ・スマート | 1776 | － | 1867 |
| ヨハン・ネポムク・フンメル | 1778 | － | 1837 |
| ジョン・フィールド | 1782 | － | 1837 |
| ニコロ・パガニーニ | 1782 | － | 1840 |
| ルイ・シュポア | 1784 | － | 1859 |
| **フェルディナント・リース** | **1784** | **－** | **1838** |
| フリードリヒ・カルクブレンナー | 1785 | － | 1849 |
| カール・マリア・フォン・ウェーバー | 1786 | － | 1826 |
| ヘンリー・ビショップ | 1786 | － | 1855 |
| カール・チェルニー | 1791 | － | 1857 |
| ジャコモ・マイヤベーア | 1791 | － | 1864 |
| ジョアキーノ・ロッシーニ | 1792 | － | 1868 |
| イグナーツ・モシェレス | 1794 | － | 1870 |
| フランツ・シューベルト | 1797 | － | 1828 |
| エクトル・ベルリオーズ | 1803 | － | 1869 |
| フェリックス・メンデルスゾーン・バルトルディ | 1809 | － | 1847 |
| フレデリック・ショパン | 1810 | － | 1849 |
| ロベルト・シューマン | 1810 | － | 1856 |
| フランツ・リスト | 1811 | － | 1886 |
| フェルディナント・ヒラー | 1811 | － | 1885 |
| リヒャルト・ワーグナー | 1813 | － | 1883 |

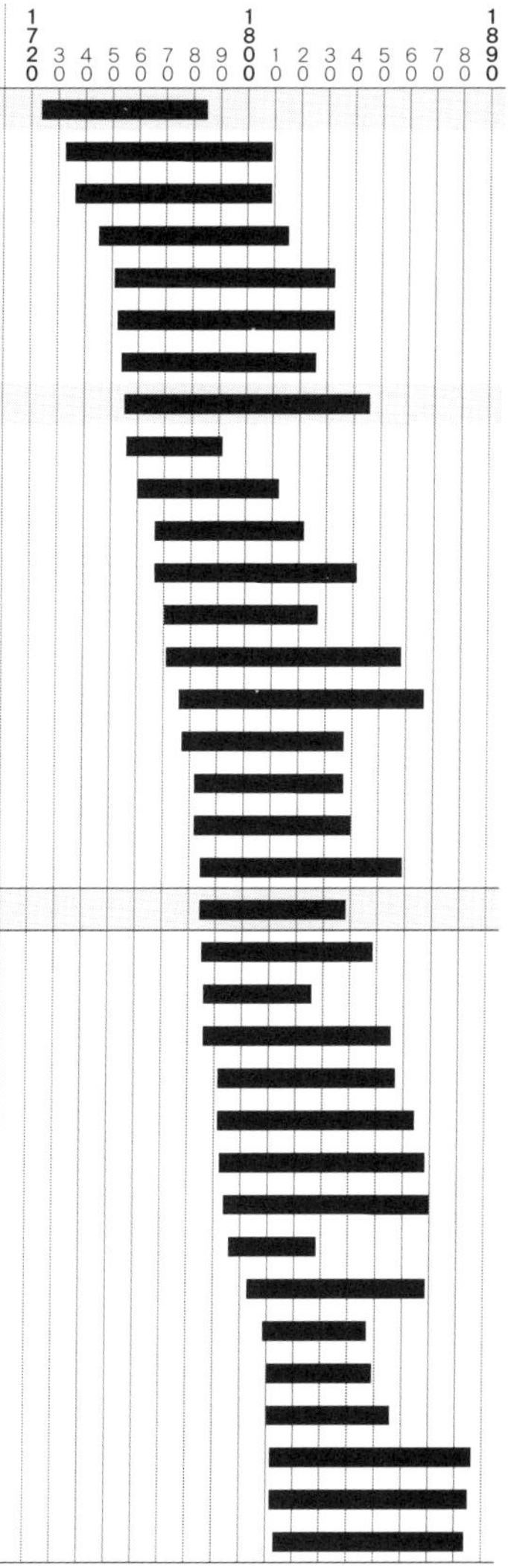

# フェルディナント・リース
# ジャンル別　全作品リスト

フェルディナント・リースは生涯に約300作品を残し、その多くが生前に出版された。出版譜の多くには作品番号（opus, op.）が付番されているものの、番号の重複やあとからの変更などかなりの混乱がみられる。生前にも本人作のオリジナルリスト、出版社のカタログ、音楽新聞の紙面上などで複数回にわたって作品の整理が行われたが、混乱は完全には解消されなかった。

今日、録音物や楽譜などで一般に使用されているop.とWoO（作品番号のない作品）は、セシル・ヒルが1977年に整理した目録（Cecil Hill, *Ferdinand Ries. A Thematic Catalogue*, University of New England 1977）にもとづいている。本書の作品リストは、同カタログおよび同カタログを元にしたフェルディナント・リース協会ウェブサイト上のリスト（http://www.ferdinand-ries.de/kompositionen.html）を参照し、可能な限り日本語に訳出したものである。なお作品名は、今日、汎用的に用いられている曲名表記方法に準じており、必ずしも出版譜上に記載されたタイトルではない。

交響曲、協奏曲、ソナタ、三重奏曲、五重奏曲、幻想曲、変奏曲、ポロネーズに関しては、本人の手によって楽器・編成を問わず通し番号が付番されている（例：ピアノ・ソナタ イ短調 op.1-2 ＝ソナタ第2番、ヴァイオリン・ソナタ ハ短調 op.3-1 ＝ソナタ第3番）。交響曲と協奏曲以外でこのジャンル別通し番号が用いられるのは今日では稀であるため、各曲タイトルの末尾にカッコ付きで添える形とした。（例：オペラ『フィガロの結婚』の主題による幻想曲［幻想曲第1番］）。なお、上記のジャンルに該当していても、通し番号が付けられていない作品もある。

op.／WoO／ジャンル別通し番号はいずれも、実際の作曲年順とは大きな乖離がある。このため本リストでは番号順ではなく、楽器・編成ごとに分類した上で、作曲年順に並べ直した。同じ作品番号内に複数の楽器・編成の曲が混在している場合は、作品全体においてより関係性の深いジャンルの方に分類した。また作品内の全曲ないし一部が録音されている作品は●で示している。

**楽器・編成　略記一覧**

| | | | |
|---|---|---|---|
| vn ヴァイオリン | fl フルート | pf ピアノ | S ソプラノ |
| va ヴィオラ | cl クラリネット | hrp ハープ | A アルト |
| vc チェロ | hr ホルン | gt ギター | T テノール |
| db コントラバス | fg ファゴット | org オルガン | B バス |
| orch オーケストラ | mil-b 軍楽隊 | Chor 合唱 | V 独唱 |

楽器名の（ ）は代替可能な楽器、[ ] は入れなくても成立する楽器（ad libitum）を示す

## ●オーケストラ曲

### 交響曲

| 作曲年 | 作品名 | 作品番号 | 楽器・編成 | 録音 |
|---|---|---|---|---|
| 1809-10 | 交響曲第1番 ニ長調 | op.23 | orch | ● |
| 1813 | 交響曲第5番 ニ短調 | op.112 | orch | ● |
| 1814 | 交響曲第2番 ハ短調 | op.80 | orch | ● |
| 1815 | 交響曲第3番 変ホ長調 | op.90 | orch | ● |
| 1818 | 交響曲第4番 ヘ長調 | op.110 | orch | ● |
| 1822 | 交響曲第6番 ニ長調 | op.146 | orch | ● |
| 1822 | 交響曲 変ホ長調[交響曲第8番] | WoO 30 | orch | ● |
| 1835 | 交響曲第7番 イ短調 | op.181 | orch | ● |

### 序曲／行進曲

| 作曲年 | 作品名 | 作品番号 | 楽器・編成 | 録音 |
|---|---|---|---|---|
| 1815 | シラーの悲劇による序曲「ドン・カルロス」 | op.94 | orch | ● |
| 1815 | 序曲「吟遊詩人」 | WoO 24 | orch | ● |
| 1829 | シラーの悲劇による序曲「メッシーナの花嫁」 | op.162 | orch | ● |
| 1831-32 | 祝典序曲と勝利の行進曲 | op.172 | orch | ● |
| 1836 | 劇的序曲「幻影」WoO 61 | WoO 61 | orch | ● |

## ●協奏曲

### ピアノ協奏曲

| 作曲年 | 作品名 | 作品番号 | 楽器・編成 | 録音 |
|---|---|---|---|---|
| 1806 | ピアノ協奏曲第6番 ハ長調 | op.123 | pf, orch | ● |
| 1809 | ピアノ協奏曲第4番 ハ短調 | op.115 | pf, orch | ● |

| 作曲年 | 作品名 | 作品番号 | 楽器・編成 | 録音 |
|---|---|---|---|---|
| 1811 | ピアノ協奏曲第2番 変ホ長調 | op.42 | pf, orch | ● |
| 1812 | ピアノ協奏曲第3番 嬰ハ短調 | op.55 | pf, orch | ● |
| 1814 | ピアノ協奏曲第5番 ニ長調「田園」 | op.120 | pf, orch | ● |
| 1823 | ピアノ協奏曲第7番 イ長調「イングランドへの告別」 | op.132 | pf, orch | ● |
| 1826 | ピアノ協奏曲第8番 変イ長調「ラインへの挨拶」 | op.151 | pf, orch | ● |
| 1832-33 | ピアノ協奏曲第9番 ト短調 | op.177 | pf, orch | ● |
| 1836 | ピアノ小協奏曲(散逸) | WoO 88 | pf, orch | |

## ピアノとオーケストラのための作品

| 作曲年 | 作品名 | 作品番号 | 楽器・編成 | 録音 |
|---|---|---|---|---|
| 1813 | スウェーデンの国民歌による変奏曲 | op.52 | pf, orch | ● |
| 1817 | 国民歌「ルール・ブリタニア」による変奏曲［変奏曲第39番］ | op.116 | pf, orch | ● |
| 1825 | 華麗なるロンド | op.144 | pf, orch | ● |
| 1832以前 | 序奏と華麗なる変奏曲 | op.170 | pf, orch | ● |
| 1833 | 序奏とポロネーズ | op.174 | pf, orch | ● |
| 1835 | 序奏と華麗なるロンド | WoO 54 | pf, orch | ● |

## ピアノ以外の協奏曲

| 作曲年 | 作品名 | 作品番号 | 楽器・編成 | 録音 |
|---|---|---|---|---|
| 1810 | ヴァイオリン協奏曲第1番 ホ短調 | op.24 | vn, orch | ● |
| 1811 | 2つのホルンのための協奏曲 変ホ長調 | WoO 19 | 2hr, orch | ● |

# ●室内楽曲

## ソナタ

| 作曲年 | 作品名 | 作品番号 | 楽器・編成 | 録音 |
|---|---|---|---|---|
| 1799 | チェロ・ソナタ ハ短調 | WoO 2 | pf, vc | ● |
| 1800? 03? | ヴァイオリン・ソナタ 変イ長調 | WoO 5 | pf, vn | |
| 1804 | ヴァイオリン・ソナタ 変ホ長調 | WoO 7 | pf, vn | |
| | 3つのヴァイオリン・ソナタ | op.16 | | |
| 1806 | —1. ハ長調［ソナタ第15番］ | | pf, vn | |
| 1806 | —2. 変ロ長調［ソナタ第16番］ | | pf, vn | ● |
| 1806 | —3. ニ長調［ソナタ第17番］ | | pf, vn | |
| | 2つのヴァイオリン・ソナタ | op.8 | | |
| 1807 | —1. ヘ長調［ソナタ第8番］ | | pf, vn | ● |
| 1807 | —2. ハ短調［ソナタ第9番］ | | pf, vn | ● |

| 作曲年 | 作品名 | 作品番号 | 楽器・編成 | 録音 |
|---|---|---|---|---|
| | 2つのヴァイオリン・ソナタ | op.81 | | |
| 1807 | —1. 変ホ長調［ソナタ第40番］ | | pf, [vn] | |
| 1807 | —2. ニ短調［ソナタ第41番］ | | pf, [vn] | |
| 1807-08 | ヴァイオリン・ソナタ 変ロ長調［ソナタ第12番］ | op.10 | pf, vn | |
| 1807-08 | チェロ・ソナタ イ長調［ソナタ第21番］ | op.21 | pf, vc | ● |
| | 2つのヴァイオリン・ソナタ | op.3 | | |
| 1808 | —1. ハ短調［ソナタ第3番］ | | pf, vn | |
| 1808 | —2. イ長調［ソナタ第4番］ | | pf, vn | |
| 1808 | チェロ・ソナタ ハ長調［ソナタ第20番］ | op.20 | pf, vc | ● |
| 1808 | ヴァイオリン・ソナタ ニ長調［ソナタ第42番］ | op.83 | pf, vn | ● |
| 1809 | クラリネット(ヴァイオリン)・ソナタ ト短調［ソナタ第23番］ | op.29 | pf, cl(vn) | ● |
| 1810 | ヴァイオリン・ソナタ 変ホ長調［ソナタ第18番］ | op.18 | pf, vn | ● |
| 1810 | ヴァイオリン・ソナタ ヘ短調［ソナタ第19番］ | op.19 | pf, vn | ● |
| | 3つのやさしいヴァイオリン・ソナタ | op.30 | | |
| 1811 | —1. ハ長調［ソナタ第24番］ | | pf, vn | |
| 1811 | —2. イ短調［ソナタ第25番］ | | pf, vn | |
| 1811 | —3. ヘ長調［ソナタ第26番］ | | pf, vn | |
| 1811 | ホルン(チェロ)・ソナタ ヘ長調［ソナタ第27番］ | op.34 | pf, hr(vc) | ● |
| | 3つのヴァイオリン・ソナタ | op.38 | | |
| 1811 | —1. ホ短調［ソナタ第28番］ | | pf, vn | ● |
| 1811 | —2. イ短調［ソナタ第29番］ | | pf, vn | ● |
| 1811 | —3. ト短調［ソナタ第30番］ | | pf, vn | ● |
| 1811 | ヴァイオリン・ソナタ 変ホ長調［ソナタ第36番］ | op.69 | pf, vn | |
| 1812 | ヴァイオリン・ソナタ 嬰ハ短調［ソナタ第37番］ | op.71 | pf, vn | ● |
| | 2つのヴァイオリン(フルート)・ソナタ | op.59 | | |
| 1813 | —1. ニ長調［ソナタ第34番］ | | pf, vn(fl) | |
| 1813 | —2. 変ロ長調［ソナタ第35番］ | | pf, vn(fl) | |
| 1814 | フルート・ソナタ ト長調［ソナタ第33番］ | op.48 | pf, [fl] | |
| 1814 | 感傷的なフルート(クラリネット)・ソナタ 変ホ長調［ソナタ第51番］ | op.169 | pf, fl(cl) | ● |
| | 2つのフルート・ソナタ | op.76 | | |
| 1817 | —1. ハ長調［ソナタ第38番］ | | pf, [fl] | |
| 1816 | —2. ト短調［ソナタ第39番］ | | pf, [fl] | |
| | 3つのヴァイオリン(フルート)・ソナタ | op.86 | | |
| 1819 | —1. ト短調［ソナタ第43番］ | | pf, [vn(fl)] | |
| 1819 | —2. ニ長調［ソナタ第44番］ | | pf, [vn(fl)] | |

| 作曲年 | 作品名 | 作品番号 | 楽器・編成 | 録音 |
|---|---|---|---|---|
| 1819 | —3. 変ホ長調[ソナタ第45番] | op.86 | pf, [vn(fl)] | |
| 1819 | フルート・ソナタ ト長調[ソナタ第46番] | op.87 | pf, fl | ● |
| 1823 | チェロ・ソナタ ト短調[ソナタ第48番] | op.125 | pf, vc | ● |

## ピアノを含む室内楽曲

| 作曲年 | 作品名 | 作品番号 | 楽器・編成 | 録音 |
|---|---|---|---|---|
| 1799 | 主題と変奏曲 イ短調 | WoO 3 | pf, va | |
| 1806? 09? | スペインの舞曲「ファンダンゴ」による変奏曲 イ短調[変奏曲第38番] | op.111 | pf, vn | |
| 1807 | 三重奏曲 変ホ長調[三重奏曲第1番] | op.2 | pf, vn, vc | ● |
| 1808 | 四重奏曲 へ短調 | op.13 | pf, vn, va, vc | ● |
| 1808 | 七重奏曲(五重奏曲) 変ホ長調 | op.25 | pf, cl, 2hr, vn, vc, db(2vn, va, vc) | ● |
| 1809 | 四重奏曲 変ホ長調 | op.17 | pf, vn, va, vc | ● |
| 1810 | 三重奏曲 変ロ長調[三重奏曲第2番] | op.28 | pf, cl(vn), vc | ● |
| 1812 | 3つのロシアの歌による変奏曲 | op.72 | pf, vc(vn) | ● |
| 1813? 15? | 序奏とロンド 変ロ長調 | op.57 | hrp(pf), pf | |
| 1814 | 六重奏曲(五重奏曲) ト短調 | op.142 | pf, hrp(pf), cl, hr, fg, db(vn, va, vc) | ● |
| 1815 | ディヴェルティメント ト長調 | op.62 | pf, fl | |
| 1815 | 三重奏曲 変ホ長調[三重奏曲第3番] | op.63 | pf, fl, vc | ● |
| 1815 | 五重奏曲 ロ短調 | op.74 | pf, vn, va, vc, db | ● |
| 1815 | ポーランドの舞曲「マズルカ」によるロンド 変ロ長調 | op.79 | pf, hrp(pf) | |
| 1815-16 | 八重奏曲 変イ長調 | op.128 | pf, vn, va, cl, hr, fg, vc, db | ● |
| 1817 | ハープと2台のピアノのための三重奏曲 変ホ長調 | op.95 | hrp, 2pf | |
| 1817-20 | 六重奏曲 ハ長調 | op.100 | pf, 2vn, va, vc, db | ● |
| 1819 | 夜想曲 ハ長調 | op.89 | pf, [fl] | |
| | 幻想曲と2つのロンド | op.85 | | |
| 1822以前 | —1. 2つのアイルランドの歌による幻想曲 ト短調[幻想曲第3番] | | pf(hrp) | |
| 1819 | —2. アイルランドの国民歌によるロンド ニ長調 | | pf | |
| 1819 | —3.「気まぐれな少年」によるロンド 変ロ長調 | | pf, [fl] | |
| 1820? 22? | 四重奏曲 ホ短調 | op.129 | pf, vn, va, vc | |

| 作曲年 | 作品名 | 作品番号 | 楽器・編成 | 録音 |
| --- | --- | --- | --- | --- |
| 1822 | 序奏とポロネーズ ヘ長調 | op.119 | pf, fl | ● |
|  | 2つのロンド | op.113 |  |  |
| 1823 | —1. 序奏とロシアの舞曲 変ホ長調 |  | pf, vc | ● |
| 1824 | —2. 序奏とロンド 変ホ長調 |  | pf, hr(vc) | ● |
|  | ロッシーニのオペラの人気の主題による2つの幻想曲 | op.133 |  |  |
| 1824 | —1. オペラ『アルミーダ』の人気の主題による幻想曲[幻想曲第10番] |  | pf, [fl] |  |
| 1823 | —2. オペラ『エジプトのモーゼ』の人気の主題による幻想曲[幻想曲第11番] |  | pf, [fl] |  |
| 1826 | 三重奏曲 ハ短調[三重奏曲第4番] | op.143 | pf, vn, vc | ● |
|  | 2つの変奏曲 | op.152 |  |  |
| 1826 | —1. ポルトガルの讃歌による変奏曲 イ長調 |  | pf, fl | ● |
| 1826 | —2. ヒンメルの人気の歌「アレクシス」による変奏曲 変ロ長調 |  | pf, fl |  |
| 1836以前 | 三重奏曲 ヘ短調[三重奏曲第5番] | WoO 86 | pf, vn, vc |  |
| 不明 | 六重奏曲 ハ長調 | WoO 76 | pf, vn, 2va, vc, db |  |
| 不明 | 変奏曲と行進曲 変ホ長調 | WoO 77 | pf, hrp, 2hr(cl)(fg), db |  |

## ピアノを含まない室内楽曲

| 作曲年 | 作品名 | 作品番号 | 楽器・編成 | 録音 |
| --- | --- | --- | --- | --- |
|  | 3つの弦楽四重奏曲 | WoO 1 |  |  |
| 1798 | —1. 変ホ長調 |  | 2vn, va, vc |  |
| 1798 | —2. イ長調 |  | 2vn, va, vc |  |
| 1798 | —3. ニ短調 |  | 2vn, va, vc |  |
| 1803 | 弦楽四重奏曲 ヘ長調 | WoO 6 | 2vn, va, vc |  |
| 1805 | 弦楽四重奏曲 変ホ長調 | WoO 10 | 2vn, va, vc | ● |
| 1809 | 弦楽五重奏曲 ハ長調[五重奏曲第1番] | op.37 | 2vn, 2va, vc |  |
|  | 3つの弦楽四重奏曲 | op.70 |  |  |
| 1812 | —1. ヘ長調 |  | 2vn, va, vc | ● |
| 1812 | —2. ト長調 |  | 2vn, va, vc | ● |
| 1809 | —3. 嬰ヘ短調 |  | 2vn, va, vc |  |
| 1811 | 弦楽五重奏曲 ニ短調[五重奏曲第2番] | op.68 | 2vn, 2va, vc | ● |
|  | 3つの弦楽四重奏曲 | op.126 |  |  |
| 1813 | —1. 変ロ長調 |  | 2vn, va, vc |  |
| 1815 | —2. ハ短調 |  | 2vn, va, vc | ● |

| 作曲年 | 作品名 | 作品番号 | 楽器・編成 | 録音 |
|---|---|---|---|---|
| 1817 | —3. イ長調 | | 2vn, va, vc | |
| | 3つのフルート四重奏曲 | op.145 | | |
| 1814-15 | —1. ハ長調 | | fl, vn, va, vc | ● |
| 1814-15 | —2. ホ短調 | | fl, vn, va, vc | ● |
| 1814-15 | —3. イ長調 | | fl, vn, va, vc | ● |
| 1818 | フルート五重奏曲 ロ短調[五重奏曲第3番] | op.107 | fl, vn, 2va, vc | ● |
| | 3つの弦楽四重奏曲 | op.150 | | |
| 1825-26 | —1. イ短調 | | 2vn, va, vc | |
| 1825-26 | —2. ホ短調 | | 2vn, va, vc | ● |
| 1823 | —3. ト短調 | | 2vn, va, vc | |
| 1825 | 弦楽四重奏曲 ホ長調 | WoO 34 | 2vn, va, vc | |
| | 2つの弦楽四重奏曲 | op.166 | | |
| 1825 | —1. 変ホ長調 | | 2vn, va, vc | |
| 1831 | —2. ト短調 | | 2vn, va, vc | |
| | 3つのフルート四重奏曲 | WoO 35 | | |
| 1826 | —1. ニ短調 | | fl, vn, va, vc | ● |
| 1827 | —2. ト長調 | | fl, vn, va, vc | ● |
| 1830 | —3. イ短調 | | fl, vn, va, vc | ● |
| 1826 | 弦楽四重奏曲 イ長調 | WoO 36 | 2vn, va, vc | |
| 1827 | 弦楽五重奏曲 イ短調[五重奏曲第4番] | op.167 | 2vn, 2va, vc | |
| 1827 | 弦楽四重奏曲 ハ長調 | WoO 37 | 2vn, va, vc | ● |
| 1833以前 | 弦楽五重奏曲 ト長調[五重奏曲第5番] | op.171 | 2vn, 2va, vc | ● |
| 1833 | 弦楽五重奏曲 変ホ長調「イタリアの思い出」[五重奏曲第6番] | op.183 | 2vn, va, vc(va), vc(db) | |
| 1833 | 弦楽四重奏曲 ヘ短調 | WoO 48 | 2vn, va, vc | ● |
| 1834 | 夜想曲 第1番 変ロ長調 | WoO 50 | fl, 2cl, hr, 2fg | ● |
| 1836 | 夜想曲 第2番 変ホ長調 | WoO 60 | fl, 2cl, hr, 2fg | ● |
| 1836 | 弦楽五重奏曲 ヘ短調[五重奏曲第7番] | WoO 62 | 2vn, va, 2vc | |
| 1836 | 弦楽六重奏曲 イ短調 | WoO 63 | 2vn, 2va, 2vc | |
| | 2つの弦楽三重奏曲 | WoO 70 | | |
| 不明 | —1. 変ホ長調 | | vn, va, vc(db) | ● |
| 不明 | —2. ホ短調 | | vn, va, vc(db) | ● |
| 不明 | 弦楽四重奏曲 ニ短調 | WoO 71 | 2vn, va, vc | |
| 不明 | 弦楽四重奏曲 ホ短調 | WoO 72 | 2vn, va, vc | |

| 作曲年 | 作品名 | 作品番号 | 楽器・編成 | 録音 |
|---|---|---|---|---|
| | 3つの弦楽四重奏曲 | WoO 73 | | |
| 不明 | —1. イ長調 | | 2vn, va, vc | |
| 不明 | —2. ハ短調 | | 2vn, va, vc | |
| 不明 | —3. ト長調 | | 2vn, va, vc | |
| 不明 | 弦楽四重奏曲 変ホ長調 | WoO 74 | 2vn, va, vc | |
| 不明 | 弦楽五重奏曲 イ長調 | WoO 75 | 2vn, 2va, vc | |
| 不明 | 作品(無題) | WoO 82 | 2vn, vc(db) | |

## ●ピアノ曲

### ソナタ、ソナチネ(連弾を含む)

| 作曲年 | 作品名 | 作品番号 | 楽器・編成 | 録音 |
|---|---|---|---|---|
| 1803? | ピアノ・ソナタ ロ短調 | WoO 11 | pf | ● |
| | 2つのピアノ・ソナタ | op.1 | | |
| 1806 | —1. ハ長調[ソナタ第1番] | | pf | ● |
| 1804 | —2. イ短調[ソナタ第2番] | | pf | ● |
| | 2つのピアノ・ソナタ | op.11 | | |
| 1807 | —1. 変ホ長調[ソナタ第13番] | | pf | ● |
| 1808 | —2. ヘ短調[ソナタ第14番] | | pf | ● |
| | 2つのピアノ・ソナタ | op.9 | | |
| 1808 | —1. ニ長調[ソナタ第10番] | | pf | ● |
| 1808 | —2. ハ長調[ソナタ第11番] | | pf | ● |
| 1808 | 幻想風ピアノ・ソナタ 嬰ヘ短調「不運」[ソナタ第22番] | op.26 | pf | ● |
| 1816 | ピアノ・ソナタ イ短調[ソナタ第31番] | op.45 | pf | ● |
| 1816 | ピアノ・ソナタ ロ長調[ソナタ第32番] | op.47 | pf duet | ● |
| | 2つのソナチネ | op.5 | | |
| 1821 | —1. 変ロ長調[ソナタ第5番] | | pf | ● |
| 1821 | —2. ヘ長調[ソナタ第6番] | | pf | ● |
| 1823以前 | ピアノ・ソナタ イ長調[ソナタ第47番] | op.114 | pf | ● |
| 1825 | ソナチネ ハ長調[ソナタ第7番] | op.6 | pf duet | ● |
| 1825-26 | ピアノ・ソナタ 変イ長調[ソナタ第49番] | op.141 | pf | ● |
| 1830 | ピアノ・ソナタ イ長調[ソナタ第50番] | op.160 | pf duet | ● |
| 1832 | ピアノ・ソナタ 変イ長調[ソナタ第52番] | op.176 | pf | ● |

## ピアノ・ソロ作品

| 作曲年 | 作品名 | 作品番号 | 録音 |
|---|---|---|---|
| 1800 | 8つのワルツ | WoO 4 | |
| | 3つの変奏曲 | op.33 | |
| 1802 | —1. メユールのオペラ『愚挙』の主題による7つの変奏曲 ト長調[変奏曲第3番] | | |
| 1809 | —2. ロシアの歌「美しきミンカ」による9つの変奏曲 イ短調[変奏曲第4番] | | |
| 1810 | —3. ベートーヴェンの歌曲「おお、なんという人生だ」(WoO91-1)による8つの変奏曲 変ホ長調[変奏曲第5番] | | |
| 1807以前 | ハンガリーの主題による16の変奏曲 ト短調[変奏曲第2番] | op.15 | |
| 1807 | モーツァルトのオペラ『フィガロの結婚』の有名なアリア「もう飛ぶまいぞこの蝶々」による華麗なる変奏曲 変ロ長調[変奏曲第11番] | op.51 | |
| | 3つの変奏曲 | op.82 | |
| 1807 | —1. パエールの祝祭オペラ『グリセルダ』の人気のアリアによる変奏曲 変ロ長調[変奏曲第22番] | | |
| 1807 | —2. ヴェネツィアの人気の歌『ゴンドラの美少女』による変奏曲 ヘ長調[変奏曲第23番] | | |
| 1807 | —3. フランスの人気の歌『すてきなガブリエル』による変奏曲 変ロ長調[変奏曲第24番] | | |
| | モーツァルトのオペラの主題による2つの幻想曲 | op.77 | |
| 1807 | —1. オペラ『フィガロの結婚』の主題による幻想曲[幻想曲第1番] | | |
| 1817 | —2. オペラ『フィガロの結婚』の主題による幻想曲[幻想曲第2番] | | |
| | 3つの変奏曲 | op.40 | |
| 1818 | —1. 人気のコサックの舞曲による序奏と変奏曲 ハ長調[変奏曲第7番] | | ● |
| 1810 | —2. ロシアの歌による変奏曲 ト短調[変奏曲第8番] | | |
| 1815 | —3. ドイツの歌による変奏曲 ハ長調[変奏曲第9番] | | |
| 1810頃 | 6つのワルツとエコセーズ | WoO 18 | |
| 1811 | 6つの練習曲(ハ短調/変ホ長調/イ長調/ニ短調/ニ長調/ハ短調) | op.31 | |
| 1811 | メユールのオペラ『ジョゼフ』の主題による8つの変奏曲 イ短調[変奏曲第10番] | op.46 | |
| 1811-23 | 6つのワルツ | WoO 21, 32, 33 | |
| 1812 | ロシアの歌による12の変奏曲 イ短調[変奏曲第6番] | op.39 | |
| 1812 | 小ロシアの歌による8つの変奏曲 ト長調[変奏曲第12番] | op.56 | |

| 作曲年 | 作品名 | 作品番号 | 録音 |
|---|---|---|---|
| 1812-15 | 12のささやかな小品 第1集 (ハ短調/変ロ長調/ホ長調/イ短調/ハ長調/ヘ短調)/第2集(ニ長調/変ト長調/変ロ長調/イ短調/ハ長調/変ホ長調) | op.58 | ● |
| | 2つの変奏曲 | op.73 | |
| 1812 | —1. ロシアの歌による変奏曲 イ短調[変奏曲第19番] | | |
| 1816 | —2. バシキールの歌による変奏曲 ハ長調[変奏曲第20番] | | |
| 1813 | 夢 | op.49 | ● |
| 1813 | ロシアの水夫の歌による序奏とロンド イ長調 | op.50 | |
| | 2つの変奏曲 | op.147 | |
| 1813 | —1.「万歳、アンリ4世」による変奏曲 ト長調[変奏曲第45番] | | |
| 1824 | —2. ドイツの歌による変奏曲 ト長調[変奏曲第46番] | | |
| | 3つの変奏曲 | op.118 | |
| 1813 | —1. ブランジーニのロマンス「去らねばならぬ」による変奏曲 ニ短調[変奏曲第40番] | | |
| 1823 | —2. ウェルシュの人気の歌「夜には雨が」による変奏曲 ハ長調[変奏曲第41番] | | |
| 1826以前 | —3. シールドの人気の歌「小川」による変奏曲 ヘ長調[変奏曲第42番] | | |
| | ロンドレットと田園風ロンド | op.54 | |
| 1814 | —1. ロンドレット 変ロ長調 | | |
| 1815 | —2. 田園風ロンド 変ホ長調 | | |
| 1815 | 40の長調と短調の前奏曲 | op.60 | |
| | 2つのロンド | op.64 | |
| 1815 | —1. 序奏とロンド 変ホ長調 | | |
| 1815 | —2. 序奏とロンド・スケルツァンド ハ長調 | | |
| | 3つの変奏曲 | op.66 | |
| 1815 | —1. モーツァルトのオペラ『フィガロの結婚』の「貞節な恋人たち」による変奏曲 ハ長調[変奏曲第16番] | | ● |
| 1816-17 | —2. フランスの人気の歌による変奏曲 変ロ長調[変奏曲第17番] | | |
| 1816 | —3. マジンギの歌「緑の森で陽気に」による変奏曲 変ロ長調[変奏曲第18番] | | |
| | 2つのロンド | op.67 | |
| 1816 | —1. ロシアのオリジナルの主題によるロンド イ短調 | | |
| 1817 | —2. アイルランドの有名なメロディによる序奏とロンド ヘ長調 | | |
| | 3つの変奏曲 | op.65 | |
| 1816 | —1. ビショップの主題による変奏曲 ニ長調[変奏曲第13番] | | |

| 作曲年 | 作品名 | 作品番号 | 録音 |
|---|---|---|---|
| 1816 | —2. ブラハムの有名な歌「ほほえみは涙をあらわす」による変奏曲 イ長調［変奏曲第14番］ | op.65 | |
| 1818 | —3. ビショップのメロドラマ『粉屋とあるじ』の一節「願わくばとどまれ」による変奏曲 変ホ長調［変奏曲第15番］ | | |
| 1816 | ライン川の人気の歌「われらの葡萄が育つライン」による変奏曲 ハ長調［変奏曲第21番］ | op.75 | |
| 1816? 33? | 幻想曲(散逸) | WoO 87 | |
| | 4つの変奏曲 | op.105 | |
| 1822 | —1. フランスの人気の歌「ラ・センティネル」による変奏曲 ヘ長調［変奏曲第32番］ | | ● |
| 1822 | —2. スコットランドの人気の歌「古いハイランド地方の若者」による変奏曲 ハ長調［変奏曲第33番］ | | ● |
| 1822 | —3. ビショップ編纂『世界のさまざまなメロディ』からドイツの歌「流れ星が光るとき」による変奏曲 ハ長調［変奏曲第34番］ | | |
| 1816 | —4. モルダウの歌による変奏曲 変ホ長調［変奏曲第35番］ | | |
| | 2つのロンド | op.78 | |
| 1817 | —1. 2つのロンドレット ヘ長調 | | |
| 1817 | —2. 行進曲とロンド ハ長調 | | |
| | 3つのロンドとポロネーズ | op.84 | |
| 1818 | —1. ビショップのメロドラマ『粉屋とあるじ』の輪唱「風が吹くとき」によるロンド ヘ長調 | | |
| 1818 | —2. 序奏とポロネーズ ト長調 | | |
| 1818 | —3. ハイバーニアンの歌によるロンド ニ長調 | | |
| 1821 | —4. アリア「エメラルドの島」による序奏とロンド ト長調 | | |
| | 4つの変奏曲 | op.96 | |
| 1821 | —1. ロッシーニのオペラ『タンクレディ』の行進曲による変奏曲 ニ長調［変奏曲第25番］ | | |
| 1818 | —2. ビショップのメロドラマ『粉屋とあるじ』の歌「グリンドルフとクラウディーネ」による変奏曲 ハ長調［変奏曲第26番］ | | |
| 1821 | —3. ビショップの軍隊歌による変奏曲 ニ長調［変奏曲第27番］ | | |
| 1821 | —4. ブラハムの国民歌「ネルソン」による序奏と変奏曲 ハ短調［変奏曲第28番］ | | |
| 1819 | ロッシーニのオペラ『泥棒かささぎ』の有名なカヴァティーナ「喜びに私の心は舞い上がる」によるロンド 変ホ長調 | op.95 | |
| 1819 | ディヴェルティメント 変イ長調 | op.117 | |
| | 3つのロンド | op.88 | |

| 作曲年 | 作品名 | 作品番号 | 録音 |
|---|---|---|---|
| 1819 | —1. ボワエルデューのオペラ『赤ずきんちゃん』の人気のロマンス「素敵なアネット」によるロンド ハ長調 | op.88 | |
| 1819 | —2. ロッシーニの有名なオペラ『セヴィリアの理髪師』の有名なアリア「いまの歌声は」によるロンド 変ホ長調 | | |
| 1820 | —3. モーツァルトのオペラ『後宮からの誘拐』の合唱「歌え、偉大なるパシャの歌を」によるロンド | | |
| 1820 | モーツァルトの有名なオペラ『魔笛』によるア・ラ・モードな幻想曲 変ホ長調[幻想曲第6番] | op.97 | ● |
| | 2つのロンド | op.98 | |
| 1820 | —1. ロッシーニのオペラ『泥棒かささぎ』のカヴァティーナ「喜びに私の心は舞い上がっている」によるロンド 変ホ長調 | | |
| 1820 | —2. モーツァルトのオペラ『後宮からの誘拐』の主題によるロンド ハ短調 | | |
| | ビショップの人気の歌による2つの幻想曲 | op.92 | |
| 1820 | —1. 「そして彼女は真実を失った」による幻想曲 ヘ短調[幻想曲第4番] | | |
| 1821 | —2. 「私とともに生き、恋人になれ」による幻想曲 ト長調[幻想曲第5番] | | |
| | スコットランドの人気のバラードによる3つの変奏曲 | op.101 | |
| 1821 | —1. 「We're Noddin at our Home at Hame」による変奏曲 ト長調[変奏曲第29番] | | |
| 1820 | —2. 「オー・ロジー・オー・バカン」による変奏曲 ハ長調[変奏曲第30番] | | |
| 1821 | —3. 「おお、父を見ませんでしたか」による変奏曲 ニ長調[変奏曲第31番] | | |
| 1821 | 2つの華麗なるアレグロ(ハ長調/変ロ長調) | op.99 | |
| 1821 | シラーの詩「あきらめ」による幻想曲 変イ長調[幻想曲第7番] | op.109 | ● |
| | スコットランドの人気のバラードによる3つのロンド | op.102 | |
| 1821 | —1.「O For ane and Twenty Tam」によるロンド ヘ長調 | | |
| 1821 | —2. 「O Kenmures on and awa Willie」によるロンド ニ長調 | | |
| 1822 | —3. 「There Grows a Bonie Briar Bush in our kail yard」によるロンド 変ロ長調 | | |
| | 2つのロンドとポロネーズ | op.104 | |
| 1821 | —1. ロッシーニの有名なオペラ『タンクレディ』による序奏とポロネーズ ニ長調 | | |
| 1821 | —2. ビショップの有名なデュエット「As It Fell Upon a Day」によるロンド 変ホ長調 | | |

| 作曲年 | 作品名 | 作品番号 | 録音 |
|---|---|---|---|
| 1822 | —3. ビショップのアリア「不名誉なるとき」による華麗なるロンド ヘ長調 | op.104 | |
| 1822以前 | ロッシーニの新作オペラ『ゼルミーラ』の人気の主題による幻想曲 ハ長調[幻想曲第8番] | op.121 | |
| 1822 | アレグロ・エロイカ ハ短調 | op.103 | |
| | 3つのロンド | op.106 | |
| 1822 | —1. ムーアの国民歌「When Love was a Child」によるロンド 変ロ長調 | | |
| 1825 | —2. ロンド ヘ長調 | | |
| 1825 | —3. ロンド形式によるバッカナール ハ長調 | | |
| 1823 | 序奏と優雅なるロンド 変イ長調 | op.122 | |
| | 2つのロンド | op.127 | |
| 1823 | —1. スコットランドの有名なバラード「ライ麦畑で出会うとき」によるロンド 変ホ長調 | | |
| 1826 | —2. ホースレーの人気の歌「わしら3人、どこでまた会おうか」による前奏曲とロンド | | |
| 1823 | ウェーバーのオペラ『魔弾の射手』の人気の主題による幻想曲 ハ短調[幻想曲第9番] | op.131 | |
| 1823-26? | ディヴェルティメント ハ長調 | op.130 | |
| | 2つの行進曲 | op.61 | |
| 1824 | —1. 行進曲 変ホ長調 | | |
| 1827 | —2. 行進曲 ニ長調 | | |
| 1824 | 15のやさしい小品 | op.124 | |
| | 2つの幻想曲 | op.134 | |
| 1824 | —1. ロッシーニのオペラ「セミラーミデ」の人気の主題による幻想曲 変ホ長調[幻想曲第12番] | | |
| 1824 | —2. イギリスの人気の歌「The Wealth of the Cottage」による幻想曲 ト短調[幻想曲第13番] | | |
| 1825? | 軍隊風ディヴェルティメント ニ長調 | op.137 | |
| 1825 | 序奏とロンド 変ホ長調 | op.139 | |
| | 2つの変奏曲 | op.149 | |
| 1825 | —1. デンマークの歌による変奏曲 ニ長調[変奏曲第49番] | | |
| 1825 | —2. ドイツの歌による変奏曲 ト長調[変奏曲第50番] | | |
| | 3つのロンド | op.153 | |
| 1828 | —1. ハイドンの歌曲「人魚の歌」によるロンド ハ長調 | | |
| 1830以前 | —2. オーベールのオペラ『ポルティチの娘(マサニエッロ)』の舟歌による序奏とロンド ト短調 | | |

| 作曲年 | 作品名 | 作品番号 | 録音 |
|---|---|---|---|
| 1830以前 | —3. オーベールのオペラ『ポルティチの娘(マサニエッロ)』の人気の市場の合唱によるロンド ニ長調 | op.153 | |
| | 2つのロンドとポロネーズ | op.158 | |
| 1830以前 | —1. ロンド 変ホ長調 | | |
| 1830以前 | —2. ロンド ニ長調 | | |
| 1830以前 | —3. リースのオペラ『盗賊の花嫁』によるポロネーズ 変ロ長調 | | |
| 1830 | 「パリジェンヌ」による幻想曲 イ長調[幻想曲第14番] | op.163 | |
| 1830 | リースのオペラ『盗賊の花嫁』のバレエ音楽 | op.168 | |
| | 3つの変奏曲 | op.159 | |
| 1830以前 | —1. リースのオペラ『盗賊の花嫁』の盗賊の合唱による変奏曲 ニ長調 | | |
| 1831以前 | —2. オーストリアの人気の歌による変奏曲 変ロ長調 | | |
| 1832以前 | —3. 「老いし船長」による変奏曲 変ホ長調 | | |
| 1831以前 | 序奏とロンド ホ長調 | op.161 | |
| 1831 | 前奏曲 変イ長調 | WoO 41 | |
| 1831 | 音楽のフレーズ(散逸) | WoO 89 | |
| | ディヴェルティメントと変奏曲 | op.165 | |
| 1831 | —1. フィッシャーによるシュタイアーマルクの歌「雪解け」によるディヴェルティメント ニ長調 | | |
| 1831 | —2. ラインの農民の歌による序奏と変奏曲 ハ長調 | | |
| 1835 | —3. ヘンデルの「スタフォードシャーの保守党選挙応援歌」による変奏曲 変ホ長調 | (WoO58) | |
| 1833以前 | オーストリアの歌曲による変奏曲(散逸) | WoO 91 | |
| 1833 | 小品 変イ長調 | WoO 47 | |
| 1833 | 「ローマのタランテラ」による変奏曲 ト短調 | WoO 49 | |
| 1834 | 1834年のケルンのカーニヴァルのための舞曲 ハ短調 | op.178 | |
| 1835 | 6つの練習曲(ハ長調/ト短調/変ホ長調/ホ短調/イ長調/嬰ハ短調) | WoO 78 | |
| | マイアベーアのオペラによる変奏曲と幻想曲 | op.185 | |
| 1836以前 | —1. オペラ『ユグノー教徒』による序奏と変奏曲 ロ短調 | | |
| 1835 | —2. オペラ『ユグノー教徒』による幻想曲 変ホ長調 | | |
| 1836以前 | フーバーのスイス・アルプスで人気の歌「故郷へのあこがれ」による序奏とロンド ト長調 | op.182 | |
| 1836 | リースのオペラ『リスカ』による華麗なる変奏曲 変イ長調 | WoO 64 | |
| 1837以前 | ジプシー風の序奏とロンド 変ホ長調 | op.184 | ● |
| 1837 | 小品(無題) ロ短調 | WoO 67 | |
| 1837 | 小品(無題) ヘ短調 | WoO 90 | |
| 不明 | コティヨン、メヌエットとドレーヤー ト長調 | WoO 68 | |

## ピアノ連弾・2台ピアノ作品

| 作曲年 | 作品名 | 作品番号 | 楽器・編成 | 録音 |
|---|---|---|---|---|
| | 3つの行進曲 | op.4 | | |
| 1807 | —1. 行進曲 変ホ長調 | | pf duet | |
| 1807 | —2. 行進曲 ハ短調 | | pf duet | |
| 1807 | —3. 行進曲 ハ長調 | | pf duet | |
| 1807 | ロシアの歌による変奏曲 変ホ長調[変奏曲第1番] | op.14 | pf duet | |
| | 3つの行進曲 | op.12 | | |
| 1809 | —1. 行進曲 ニ長調 | | pf duet | |
| 1809 | —2. 行進曲 ハ長調 | | pf duet | |
| 1809 | —3. 行進曲 ハ短調 | | pf duet | |
| | 3つの行進曲 | op.53 | | |
| 1814以前 | —1. 勝利の行進曲 ハ長調 | | pf duet | |
| 1809? | —2. 行進曲「軍隊の帰還」ニ長調 | | pf duet(mil-b)(orch) | |
| 1817 | —3. 摂政王太子のためにブライトンで演奏された序奏と行進曲 | | pf(hrp)(mil-b) | |
| | 3つの行進曲 | op.22 | | |
| 1810 | —1. 行進曲 変ホ長調 | | pf duet | |
| 1810 | —2. 行進曲 ハ短調 | | pf duet | |
| 1810 | —3. 行進曲 変ロ長調 | | pf duet | |
| 1812 | ポロネーズ ハ長調[ポロネーズ第1番] | op.41 | pf duet | |
| 1820以前 | ロッシーニのオペラ『タンクレディ』のカヴァティーナ「この胸の高鳴りは」による変奏曲 | WoO 28 | pf duet | |
| 1821 | 序奏とポロネーズ 変ロ長調[ポロネーズ第2番] | op.93 | pf duet | |
| | ムーアの国民歌による2つの変奏曲 | op.108 | | |
| 1822 | —1.「流れて輝く川よ」による変奏曲 変ホ長調[変奏曲第36番] | | pf duet | |
| 1822 | —2.「あの夕べの鐘」による変奏曲 ヘ長調[変奏曲第37番] | | pf duet | |
| 1824 | 序奏とロンド 変ホ長調 | op.135 | 2pf | |
| | ムーアの国民的メロディによる2つの変奏曲 | op.136 | | |
| 1824以前 | —1.「静けき時にはしばしば」による変奏曲 イ短調[変奏曲第43番] | | pf duet | |
| 1824以前 | —2.「Hark! The Vesper Hymn Is Stealing」による変奏曲 ヘ長調[変奏曲第44番] | | pf duet | |
| 1825 | ポロネーズ 変ホ長調[ポロネーズ第3番] | op.138 | pf duet | |

| 作曲年 | 作品名 | 作品番号 | 楽器・編成 | 録音 |
|---|---|---|---|---|
| 1825 | ポロネーズ ニ長調［ポロネーズ第4番］ | op.140 | pf duet | |
| | 2つの変奏曲 | op.148 | | |
| 1827以前 | ―1. マイゼーダーのオペラ『ゴルコンダの女王アリーヌ』の行進曲による変奏曲 イ長調［変奏曲第47番］ | | pf duet | |
| 1828以前 | ―2.「ラインのカーニヴァル」の歌による変奏曲 ハ長調［変奏曲第48番］ | | pf duet | |
| | 3つの変奏曲 | op.155 | | |
| 1829以前 | ―1. 人気の舞曲「3つのアルマンド」による序奏と変奏曲 ヘ長調 | | pf duet | |
| 1832以前 | ―2. ドイツの歌曲「おやすみ」による序奏と変奏曲 変ロ長調 | | pf duet | |
| 1830以前 | ―3. リースのオペラ『盗賊の花嫁』の歌による変奏曲 ロ短調 | | pf duet | |
| 1833 | 序奏とポロネーズ ニ長調［ポロネーズ第5番］ | op.175 | pf duet | |

## ●声楽曲

### ピアノ、オルガン、室内楽をともなう声楽曲

| 作曲年 | 作品名 | 作品番号 | 楽器・編成 | 録音 |
|---|---|---|---|---|
| 1804 | 歌曲「ぼくの恋人」 | WoO 8 | V, pf | |
| 1806 | 6つの歌曲 | op.7 | V, pf(gt) | ● |
| | 3つの催しのためのパートソング | op.44 | | |
| 1810 | ―1. クロプシュトックの詩「いざ亡骸を埋葬せよ」にもとづくパートソング | | S, Chor(2T2B), 2va, 2hr, 2fg, vc(db) | |
| 1806 | ―2. ボンのロッジのためのパートソング「フリーメーソンの祝祭」 | | T, Chor(2TB), pf | |
| 1818 | ―3. 1818年11月1日のW. M.とE. C. ブラーシュ夫妻のためのパートソング「すばらしき結婚式」 | | V, Chor(4S), pf | |
| 1807 | 歌曲「ロマンスの目覚め」 | WoO 12 | V, pf | |
| 1808 | 歌曲「さようなら」 | WoO 13 | V, pf | |
| 1809 | パートソング「この美しい日に」 | WoO 14 | Chor(4S), pf | |
| 1809 | パートソング「おまえの命名祝日に」 | WoO 15 | Chor(4S), pf | |
| 1809-10? | パートソング「尊き最上の父よ」 | WoO 81 | Chor(4S), pf | |

| 作曲年 | 作品名 | 作品番号 | 楽器・編成 | 録音 |
| --- | --- | --- | --- | --- |
| 1810 | パートソング「聴け、兄弟よ、聴け、マイスターが与えしものを」 | WoO 16 | V, Chor(2TB), 2vn, va, vc | |
| 1811 | ゲーテの詩による6つの歌曲 | op.32 | V, pf | |
| 1811 | 6つの歌曲 | op.35 | V, pf | |
| 1811 | 6つの歌曲 | op.36 | V, pf | |
| 1811 | E. ゾマーの詩「小舟」による歌曲 | WoO 20 | V, pf | |
| 1812 | L. B.ライジッヒの詩「あこがれ」による歌曲 | WoO 22 | V, pf | |
| 1813以前 | 「問い」のロマンスと「答え」のロンド | op.43 | V, pf | |
| | 4つの歌曲 | op.91 | | |
| 1817 | —1. 秋のすみれ色に | | V, pf | |
| 1824以前 | —2. ロマンス「いまはもう遅すぎた」 | | V, pf | |
| 1832以前 | —3. バイロン卿との別れ | | V, pf | |
| 1827以前 | —4. G. ソーンの詩「愛の神殿」による歌曲 | | V, pf | |
| 1820 | 歌曲「闘いの苦しみはすぐに消える」 | WoO 27 | V, pf | |
| 1821 | ムーアの歌曲「いま私は去らねばならぬ」 | WoO 29 | V, pf | |
| 1823 | ロマンス「私はまだ人生でひとりきり」 | WoO 31 | V, pf | |
| 1827-29 | 6つの歌曲 | op.154 | V, pf | |
| 1832 | 夜想曲「地面に優しい露が降りてきた」「なんて素敵でたくさんの甘い幸せ」 | WoO 42 | 2V, pf | |
| 1832 | W. スコットの詩「私たちはいつまた会えましょうか」による歌曲 | WoO 43 | V, pf | |
| 1833以前 | J. J. ライフの詩「人生の航海」によるパートソング | WoO 44 | V, [Chor(3S(3T))], pf | |
| 1833以前 | 6つのパートソング | op.173 | Chor(2T2B), pf | |
| 1834 | ド・モンティニーの詩「おはよう、いとしい人」による歌曲 | WoO 52 | V, pf | |
| 1835以前 | バイロン卿の詩による4つの歌曲 | op.179 | V, pf | |
| 1835以前 | E. オルトレップの詩「死の沈黙」による歌曲 | WoO 56 | V, pf | |
| 1835 | 3つの歌曲 | op.180 | V, pf | |
| 1835 | ド・モンティニーの詩「E.ウェルギフォッセ夫人の休日」によるロマンス | WoO 55 | V, pf | |
| 1835 | S. ルッフォ伯爵のためのバラード「私たち3人はまたいつか会えましょうか」 | WoO 57 | V, pf | |
| 1836 | キルツァーの詩「真実の愛」による夜想曲 | WoO 65 | S, A, pf | |
| 1836 | グリュナイゼンの詩「クリスマス」による夜想曲 | WoO 66 | S, A, pf | |
| 1836以前 | 6つの歌曲(散逸) | WoO 84 | V, pf | |

| 作曲年 | 作品名 | 作品番号 | 楽器・編成 | 録音 |
| --- | --- | --- | --- | --- |
| 1836以前 | M. スチュアートの詩「歴史的」による歌曲(散逸) | WoO 85 | V, (pf?) | |
| 不明 | 大いなる秘跡 | WoO 69 | S, Chor(SATB), org | |
| 不明 | レチタティーヴォとアリア「人生の終わりを明るくしよう」 | WoO 79 | T, pf | |

## オーケストラをともなう声楽曲

| 作曲年 | 作品名 | 作品番号 | 楽器・編成 | 録音 |
| --- | --- | --- | --- | --- |
| 1805 | ボンのフリーメーソンの催しのためのカンタータ「いざ兄弟よ」 | WoO 9 | T, Chor(2T2B), orch | |
| 1806 | カンタータ「朝」 | op.27 | Chor(SATB), orch | |
| 1810 | C. ブロイニング作『アウリスのイピゲネイア』の一場面 - いいえ!いいえ!私はあなたを死なせたくない。 | WoO 17 | S, orch | |
| 1815 | レクイエム(未完) | WoO 23 | Chor(SATB), orch | |
| 1827 | レチタティーヴォとアリア | WoO 38 | S, orch | |
| 1828 | アリア「天からいかにすばらしく降りてきたか」 | WoO 39 | V, orch | |
| 1829 | レチタティーヴォ「一緒に行くか、逃げるか」 | WoO 40 | V, orch | |
| 1829 | オラトリオ『信仰の勝利』 | op.157 | 2SATB, Chor(SATB), orch | ● |
| 1836-37 | オラトリオ『イスラエルの王』 | op.186 | S2AT3B, Chor(2S2A2T2B), orch | ● |
| 不明 | レチタティーヴォとアリア「なんと甘美なる瞬間」 | WoO 80 | V, orch | |

## オラトリオ・メロドラマ

| 作曲 | 作品名 | 作品番号 | 楽器編成 | 録音 |
| --- | --- | --- | --- | --- |
| 1826-28 | オペラ『盗賊の花嫁』 | op.156 | opera | ● |
| 1831 | オペラ『魔女(リスカ、あるいはギレンシュテーンの魔女)』 | op.164 | opera | ● |
| 1835 | メロドラマ『ジプシー』 | WoO 53 | melodrama | |
| 1833-35/1836-37 | オペラ『レバノンの夜』 | WoO 51 | opera | |

## カノン

| 作曲 | 作品名 | 作品番号 | 楽器編成 | 録音 |
|---|---|---|---|---|
| 1819 | 4声のカノン | WoO 25 | a4 | |
| 1820 | 4声のカノン | WoO 26 | a4 | |
| 1833 | 3声のカノン | WoO 45 | a3 | |
| 1833 | 3声のカノン | WoO 46 | a3 | |
| 1836 | 2声のカノン | WoO 59 | a2 | |
| 不明 | 4声のカノン | WoO 83 | a4 | |

# アルバムガイド

フェルディナント・リースの作品の録音は2000年前後から急激に増加し、交響曲、ピアノ協奏曲、ピアノ・ソナタの全集が完結しているほか、室内楽の録音もさかんである。ここではリース作品の体系的な録音が行われており、2019年末時点でCDもしくは音楽配信で容易に聴くことができるNAXOSレーベル、CPOレーベルのアルバムを紹介する。

https://haruaki.shunjusha.co.jp/posts/3368
上記特設ページにて音楽配信のリンク集を公開中。

〈凡例〉 ○アルバム名 (レーベル名 商品番号)（リリース年）
収録作品
♪アーティスト名

## ●オーケストラ曲（交響曲、序曲ほか）

リースの交響曲全8作を含むオーケストラ作品は、ハワード・グリフィスの指揮によってすべて録音されている（CPO）。

### 交響曲全集（全4タイトル）

○**交響曲第3番&第5番** (CPO 999547-2)（1997）
交響曲第3番 変ホ長調 op.90／交響曲第5番 ニ短調 op.112

○**交響曲第1番&第2番** (CPO 999716-2)（1999）
交響曲第1番 ニ長調 op.23／交響曲第2番 ハ短調 op.80

○**交響曲第4番&第6番** (CPO 999836-2)（2001）
交響曲第4番 ヘ長調 op.110／交響曲第6番 ニ長調 op.146

○**交響曲第7番&第8番** (CPO 999904-2)（2002）
交響曲第7番 イ短調 op.181／交響曲 変ホ長調［交響曲第8番］WoO 30
♪チューリッヒ室内管弦楽団／ハワード・グリフィス（指揮）

○**演奏会用序曲集** (CPO 777609-2) (2011)
シラーの悲劇による序曲『メッシーナの花嫁』op.162／シラーの悲劇による序曲『ドン・カルロス』op.94／祝典序曲と勝利の行進曲 op.172／序曲『吟遊詩人』WoO 24／劇的序曲『幻影』WoO 61
♪ケルン西ドイツ放送交響楽団／ハワード・グリフィス（指揮）

## ●協奏曲

リースのピアノ協奏曲全8作は、クリストファー・ヒンターフーバーとウーヴェ・グロットによって全曲が録音されている（NAXOS）。ピアノ協奏曲第3番はほかにもマリア・リッタウアー（Brilliant Classics）、フェリシア・ブルメンタール（Brana Records）演奏の録音がある。ヴァイオリン協奏曲、2つのホルンのための協奏曲はミヒャエル・アレクサンダー・ヴィレンズの指揮による録音が1枚のアルバムに収められている（CPO）。

### ピアノ協奏曲全集（全5タイトル）

○**ピアノ協奏曲第8番&第6番** (NAXOS 8.557638) (2005)
ピアノ協奏曲第8番 変イ長調「ラインへの挨拶」op.151／ピアノ協奏曲第6番 ハ長調 op.123

○**ピアノ協奏曲第3番&変奏曲 ほか** (NAXOS 8.557844) (2007)
スウェーデンの国民歌による変奏曲 op.52／序奏とポロネーズ op.174／ピアノ協奏曲第3番 嬰ハ短調 op.55

○**ピアノ協奏曲第7番&変奏曲 ほか** (NAXOS 8.570440) (2009)
ピアノ協奏曲第7番 イ長調「イングランドへの告別」op.132／国民歌「ルール・ブリタニア」による変奏曲 op.116／序奏と華麗なる変奏曲 op.170

○**ピアノ協奏曲第5番&第4番 ほか** (NAXOS 8.572088) (2010)
ピアノ協奏曲第5番 ニ長調「田園」op.120／ピアノ協奏曲第4番 ハ短調 op.115／序奏と華麗なるロンド WoO 54

**○ピアノ協奏曲第2番&第9番 ほか** NAXOS 8.572742 (2012)

ピアノ協奏曲第2番 変ホ長調 op.42/華麗なるロンド op.144/ピアノ協奏曲第9番ト短調 op.177

♪クリストファー・ヒンターフーバー(ピアノ)/ウーヴェ・グロット(指揮)/ニュージーランド交響楽団〈8.557638, 8.572742〉/イェヴレ交響楽団〈8.557844〉/ロイヤル・リヴァプール・フィルハーモニー管弦楽団〈8.570440〉/ボーンマス交響楽団〈8.572088〉

### ピアノ以外の協奏曲集

**○2つのホルンのための協奏曲&ヴァイオリン協奏曲第1番 ほか** CPO 777353-2 (2009)

オペラ『盗賊の花嫁』op.156 - 序曲/2つのホルンのための協奏曲 変ホ長調 WoO 19/オペラ『魔女(リスカ、あるいはギレンシュテーンの魔女)』op.164 - 序曲/ヴァイオリン協奏曲第1番 ホ短調 op.24

♪トゥーニス・ファン・デル・ズヴァールト(ホルン)/エルヴィン・ヴィーリンガ(ホルン)/アントン・シュテック(ヴァイオリン)/ケルン・アカデミー/ミヒャエル・アレクサンダー・ヴィレンズ(指揮)

## ●室内楽曲

室内楽曲はリースの作品ジャンルのなかでももっとも録音が多く、特にチェロとピアノの作品に関しては、ここで紹介しているマルティン・ルンメルのチェロ作品全集(NAXOS)以外にも、グイド・ラリシュ(CPO)、クラウス・シュトルク(SWR)、ガエタノ・ナジッロ(Brilliant Classics)、マルコ・テストーリ(Brilliant Classics)、アルトゥーロ・ボヌッチ(Dynamic)ほか多数の録音があり人気が高い。

### ヴァイオリン・ソナタ集(3タイトルまで進行中)

**○ヴァイオリン・ソナタ集 第1集** NAXOS 8.573193 (2015)

ヴァイオリン・ソナタ ヘ長調 op.8-1/ヴァイオリン・ソナタ ハ短調 op.8-2/ヴァイオリン・ソナタ ヘ短調 op.19

○**ヴァイオリン・ソナタ集 第2集** NAXOS 8.553717 (2017)
ヴァイオリン・ソナタ 変ロ長調 op.16-2／ヴァイオリン・ソナタ ホ短調 op.38-1／ヴァイオリン・ソナタ イ短調 op.38-2

○**ヴァイオリン・ソナタ集 第3集** NAXOS 8.573862 (2018)
ヴァイオリン・ソナタ 変ホ長調 op.18／ヴァイオリン・ソナタ ト短調 op.38-3／ヴァイオリン・ソナタ ニ長調 op.83
♪エリック・グロスマン（ヴァイオリン）／スーザン・カガン（ピアノ）

### チェロ作品全集（2タイトルまで進行中）

○**チェロ作品全集 第1集** NAXOS 8.573726 (2018)
チェロ・ソナタ ハ長調 op.20／チェロ・ソナタ イ長調 op.21／チェロ・ソナタ ト短調 op.125

○**チェロ作品全集 第2集** NAXOS 8.553851 (2019)
序奏とロシアの舞曲 変ホ長調 op.113-1／チェロ・ソナタ ハ短調 WoO 2／三重奏曲 変ホ長調 op.63／チェロ・ソナタ ヘ長調 op.34／3つのロシアの歌による変奏曲 op.72
♪マルティン・ルンメル（チェロ）／シュテファン・ストロイスニヒ（ピアノ）

### フルート作品集

○**フルート作品集** NAXOS 8.572038 (2010)
感傷的なフルート・ソナタ 変ホ長調 op.169／序奏とポロネーズ ヘ長調 op.119／フルート・ソナタ ト長調 op.87／ポルトガルの讃歌による変奏曲 イ長調 op.152-1
♪ウーヴェ・グロット（フルート）／マッテオ・ナポリ（ピアノ）

### クラリネット作品集

○**クラリネット作品集** CPO 777036-2 (2004)
三重奏曲 変ロ長調 op.28／クラリネット・ソナタ ト短調 op.29／感傷的なクラリネット・ソナタ 変ホ長調 op.169
♪ディーター・クレッカー（クラリネット）／アルミン・フロム（チェロ）／トーマス・ドゥイス（ピアノ）

### ピアノを含む重奏曲集

○**ピアノ三重奏曲集** CPO 777053-2 (2005)
三重奏曲 変ホ長調 op.2 ／三重奏曲 ハ短調 op.143
♪ベルリン・メンデルスゾーン・トリオ

○**ピアノ四重奏曲集** CPO 999885-2 (2003)
四重奏曲 ヘ短調 op.13 ／四重奏曲 変ホ長調 op.17
♪ベルリン・メンデルスゾーン・トリオ／ダニエル・ライスキン（ヴィオラ）

○**ピアノ五重奏曲 & 六重奏曲集** CPO 999622-2 (2000)
五重奏曲 ロ短調 op.74 ／六重奏曲 ハ長調 op.100 ／六重奏曲 ト短調 op.142
♪アンサンブル・コンチェルタント・フランクフルト

○**七重奏曲&八重奏曲** CPO 999937-2 (2005)
七重奏曲 変ホ長調 op.25 ／八重奏曲 変イ長調 op.128
♪リノス・アンサンブル

### 弦楽四重奏曲集（3 タイトルまで進行中）

○**弦楽四重奏曲集 第 1 集** CPO 777014-2 (2005)
弦楽四重奏曲 ハ長調 WoO 37 ／弦楽四重奏曲 変ホ長調 WoO 10

○**弦楽四重奏曲集 第 2 集** CPO 777227-2 (2008)
弦楽四重奏曲 ト長調 op.70-2 ／弦楽四重奏曲 ヘ短調 WoO 48

○**弦楽四重奏曲集 第 3 集** CPO 777305-2 (2018)
弦楽五重奏曲 ニ短調 op.68 ／弦楽四重奏曲 ヘ長調 op.70-1 ／弦楽四重奏曲 ハ短調 op.126-2
♪シュパンツィヒ四重奏団／ラケル・マサデス（ヴィオラ）〈777305-2〉

### フルート四重奏曲全集（2タイトルまで進行中）

○**フルート四重奏曲集 第1集** (CPO 555051-2) (2017)
フルート四重奏曲 ニ短調 WoO 35-1／弦楽三重奏曲 変ホ長調 WoO 70-1／フルート四重奏曲 ハ長調 op.145-1

○**フルート四重奏曲集 第2集** (CPO 555231-2) (2019)
フルート四重奏曲 ト長調 WoO 35-2／弦楽三重奏曲 ホ短調 WoO 70-2／フルート四重奏曲 ホ短調 op.145-2
♪アルディンゲロ・アンサンブル

### 管楽器アンサンブル集

○**リース：夜想曲＆モーツァルト：グラン・パルティータ** (CPO 777618-2) (2013)
夜想曲第1番 変ロ長調 WoO 50／夜想曲第2番 変ホ長調 WoO 60／セレナード第10番 変ロ長調「グラン・パルティータ」K.361（モーツァルト）
♪シュヴァイツァー管楽アンサンブル

## ●ピアノ曲

> ピアノ曲（2手および4手以上）は全体に音源が少なく、ピアノ・ソナタの体系的な録音はスーザン・カガン（NAXOS）以外には現在のところない。特にロンドン時代の幻想曲、変奏曲に関しては2019年末現在までほとんど音源がなく、今後の録音が期待される。

### ピアノ・ソナタとソナチネ全集（全6タイトル）

○**ピアノ・ソナタとソナチネ全集 第1集** (NAXOS 8.570796) (2008)
ピアノ・ソナタ ヘ短調 op.11-2／ピアノ・ソナタ 変ホ長調 op.11-1／ピアノ・ソナタ イ短調 op.45

○**ピアノ・ソナタとソナチネ全集 第2集** (NAXOS 8.570743)(2009)
ピアノ・ソナタ ハ長調 op.1-1 ／ピアノ・ソナタ イ短調 op.1-2 ／ソナチネ 変ロ長調 op.5-1 ／ソナチネ ヘ長調 op.5-2

○**ピアノ・ソナタとソナチネ全集 第3集** (NAXOS 8.572204)(2010)
ピアノ・ソナタ ハ長調 op.9-2 ／幻想風ピアノ・ソナタ 嬰ヘ短調「不運」op.26 ／夢 op.49

○**ピアノ・ソナタとソナチネ全集 第4集** (NAXOS 8.572299)(2011)
ピアノ・ソナタ ニ長調 op.9-1 ／ピアノ・ソナタ 変イ長調 op.141

○**ピアノ・ソナタとソナチネ全集 第5集** (NAXOS 8.572300)(2011)
ピアノ・ソナタ イ長調 op.114 ／ピアノ・ソナタ 変イ長調 op.176 ／ピアノ・ソナタ ロ短調 WoO 11

○**ピアノ・ソナタとソナチネ全集 第6集** (NAXOS 8.573063)(2013)
4手のピアノ・ソナチネ ハ長調 op.6 ／ 4手のピアノ・ソナタ 変ロ長調 op.47 ／ 4手のピアノ・ソナタ イ長調 op.160
♪スーザン・カガン（ピアノ）／ヴァシリー・プリマコフ（ピアノ）〈8.573063〉

## ピアノ作品集

○**変奏曲、幻想曲とロンド** (NAXOS 8.573628)(2016)
フランスの人気の歌「ラ・センティネル」による変奏曲 ヘ長調 op.105-1 ／夢 op.49 ／スコットランドの人気の歌「古いハイランド地方の若者」による変奏曲 ハ長調 op.105-2 ／シラーの詩「あきらめ」による幻想曲 変イ長調 op.109 ／人気のコサックの舞曲による序奏と変奏曲 ハ長調 op.40-1 ／ジプシー風の序奏とロンド 変ホ長調 op.184
♪ミヒャエル・ツァルカ（フォルテピアノ）

## ●声楽曲

リースの第1作オペラ『盗賊の花嫁』と2つのオラトリオ『信仰の勝利』『イスラエルの王』はCPOレーベルに録音がある。カンタータ、歌曲の録音はほとんど存在しない。

### オペラ

**○オペラ『盗賊の花嫁』(2枚組)** CPO 777655-2 (2013)
オペラ『盗賊の花嫁』op.156（全幕）
♪ルート・ツィーザク（ソプラノ［ラウラ］）／トーマス・ブロンデル（テノール［フェルナンド］）／ケルン西ドイツ放送合唱団／ケルン西ドイツ放送交響楽団／ハワード・グリフィス（指揮）

### オラトリオ

**○オラトリオ『信仰の勝利』** CPO 777738-2 (2013)
オラトリオ『信仰の勝利』op.157（全曲）

**○オラトリオ『イスラエルの王』(2枚組)** CPO 777221-2 (2008)
オラトリオ『イスラエルの王』op.186（全曲）
♪クリスティーネ・リボー（ソプラノ）〈7777382〉／ネーレ・グラムス（ソプラノ）〈7772212〉／マルクス・シェーファー（テノール）／ライニッシェ・カントライ／ダス・クライネ・コンツェルト／ヘルマン・マックス（指揮）

# 主要参考文献、ウェブサイト

・ウェブサイトはすべて2020年1月13日に参照
・録音物は本書「アルバムガイド」（p.(40)〜(47)）を参照

## リース本人による発言

〈著作・音楽作品内〉

Ries, Ferdinand, *Deux sonates pour le piano-forte*, op.1, Bonn 1806

Ries, Ferdinand, *Grüss an den Rhein(Salut au Rhin), Huitieme Concerto Pour le Piano-Forte, avec Accompagnement d'Orchestra*, op.151, Bonn 1828

Wegeler, Franz Gerhard und Ferdinand Ries, *Biographische Notizen über Ludwig van Beethoven*, Koblenz 1838/Wegeler, Franz Gerhard and Ferdinand Ries, *Beethoven Remembered: The Biographical Notes of Franz Wegeler and Ferdinand Ries*, foreword by Christopher Hogwood, introduction by Eva Badura-Skoda, Arlington 1987（注釈付き英訳）

〈書簡〉

Mülhens-Molderings, Barbara, Ferdinand Ries Brief an Wilhelm Christian Müller vom 18. Juni 1830, in: *Ries Journal*, Ausgabe 1, Berlin 2011

Ries, Ferdinand, Cecil Hill (Hg.), *Briefe und Dokumente*, Bonn 1982

〈取材記事〉

Anonymous, Memoir of Ferdinand Ries, in: *The Harmonicon*, No.XV, London March 1824, pp.33-35

Ella, John, Music in Paris in 1837, in: *The Musical World*, Vol. VII, London December 29, 1837, pp.241-244

## リースに関する言及がある同時代人の記録

*Ludwig van Beethovens Konversationshefte*, herausgegeben im Auftrag der Deutschen Staatsbibliothek zu Berlin von Karl-Heinz. Köhler, Band 1-11, Leipzig 1968-2001

Beethoven, Ludwig van, Sieghard Brandenburg (Hg.), *Beethoven-Briefwechsel Gesamtausgabe*, Beethoven-Haus Bonn, Band 1-6, München 1996-98

Benton, Rita, London Music in 1815, as Seen by Camille Pleyel, in: *Music & Letters*, Vol.47, No. 1, Oxford 1966, pp.34-47

Czerny, Carl, Walter Kolneder (Hg.), *Erinnerungen aus meinen Leben*, Strasbourg 1968/ 東川 清一『音楽家の自叙伝—クヴァンツ / ベンダ /E・バッハ / ツェルニー』、春秋社、2003 年（回想録部分の翻訳）

Mendelssohn, Felix, Helmut Loos und Wilhelm Seidel (Hg.), *Felix Mendelssohn Bartholdy Sämtliche Briefe*, Band 1-12, Kassel, 2008-2016

Meyerbeer, Giacomo, *The Diaries of Giacomo Meyerbeer*, Volume 1-4, New Jersey 1999-2004

Schindler, Anton Felix, *Biographie von Ludwig van Beethoven*, Münster 1840/ アントン・シントラー『ベートーヴェンの生涯』柿沼太郎訳、角川書店、1954 年

Schumann, Robert, *Gesammelte Schriften über Musik und Musiker*, Leipzig 1858/ ロベルト・シューマン『音楽と音楽家』吉田秀和訳、岩波書店、1958 年（抄訳）

Smart, George Thomas, *Leaves from the journals of Sir George Smart*, London and New York 1907

Spohr, Louis, *Louis Spohr's Selbstbiographie*, Kassel und Göttingen 1860

ゾフィア・ヘルマン、ズビグニェフ・スロヴロン、ハンナ・ヴルヴレフスカ=ストラウス編『ショパン全書簡 1816-1831 年 ポーランド時代』関口時正、重川真紀、平岩 理恵、西田諭子訳、岩波書店、2012 年（原著：2010 年）

## リースに関する言及がある同時代の新聞・雑誌

*Allgemeine musikalische Zeitung*, Leipzig 1798–1882

*Berliner musikalische Zeitung*, Berlin 1833

*The Harmonicon*, London 1823-1833

*The Musical World*, London 1836-1891

*The Quarterly Musical Magazine and Review*, London 1818-1828

*Revue et gazette musicale de Paris*, Paris 1835-1880

*Zeitung für die elegante Welt*, Berlin[u. a.] 1801-1856

## リースのオペラ作品に関連したテキスト

Döring, Georg, *Die Räuberbraut; Oper in drei Aufzügen*, Frankfurt am main 1834
Reiff, Johann Joseph, *Der schlafende Räuber; oder, Die Räuberbraut*, Koblenz 1829

## リースをメインテーマにした研究

〈活動全般〉

Hill, Cecil, *Ferdinand Ries. A Study and Addenda*, University of New England 1982
Sand, William Eugene, *The Life and Works of Ferdinand Ries*, Ph.D. Thesis, University of Wisconsin 1973
Zanden, Jos van der, Ferdinand Ries in Wien. Neue Perspektiven zu den Notizen, in: *Bonner Beethoven-Studien* 4 , Bonn 2005, S.191-212

〈作品・ジャンル論〉

Eklund, Jeniffer Lynn, *Ferdinand Ries and the Concerted Fantasy*, M.M. Thesis, California State University 2010
Hill, Cecil, *Ferdinand Ries. A Thematic Catalogue*, Armidale 1977
Lamkin, Kathleen Joyce, *The solo piano sonatas of Ferdinand Ries: a stylistic study*, Ph.D. Thesis, Northwestern University 1981
McGorray, Ian, *Ferdinand Ries and the Piano Concerto: Beethoven's Shadow and the Early Romantic Concerto*, M.M. Thesis, University of Cincinnati 2015
Schewe, Gisela, *Untersuchungen zu den Streichquartetten von Ferdinand Ries*, phil. Diss. Bonn 1992, Kassel 1993
Stanek, Emily, *New insights into the Flute Quartet genre: Historical and analytical background to the Flute Quartets, Opus 145, by Ferdinand Ries*, Ph.D. Thesis, Ball State University 2014
Tutino, Cole N., *The Cello Works of Ferdinand Ries*, Ph.D. Thesis, Indiana University 2016

〈研究機関誌・ウェブサイト〉

Ries & Erler Berlin, Jin-Ah Kim und Bert Hagels (Hg.), *Über Ries (About Ries)*, Vol. 1-3, Berlin 2011-2016
Ferdinand Ries Gesellschaft, *Ries Journal*, Ausgabe 1-5, Berlin 2011-2018
Ferdinand Ries Gesellschaft　http://www.ferdinand-ries.de/

## その他の文献

〈音楽家〉

Blondow, Martin, *Bernhard Romberg(1767-1841) Leben und Werken des großen Violincello-Virtuosen*, München-Salzburg 2013

Klein, Rudolf, *Beethoven Stätten in Österreich,* Wien 1970

Kroll, Mark, *Johann Nepomuk Hummel: A Musician's Life and World*, Lanham, Toronto and Plymouth, 2007

Walker, Alan, *Franz Liszt,* Volume 1-3, Ithaca 1987-1997

Beethoven-Haus Bonn　https://www.beethoven.de/

Mülhens-Molderings, Barbara, Franz Anton Ries, in: *Internetportal Rheinische Geschichte*　http://rheinische-geschichte.lvr.de/Persoenlichkeiten/franz-anton-ries/DE-2086/lido/57cd203362e899.31398211

ハーバート・クッファーバーグ『メンデルスゾーン家の人々：三代のユダヤ人』横溝亮一訳、東京創元社、1985 年（原著 : 1971 年）

バルバラ・スモレンスカ=ジェリンスカ『決定版 ショパンの生涯』関口時正訳、音楽之友社、2001 年（原著：1995 年）

アレクサンダー・ウィーロック・セイヤー、エリオット・フォーブス校訂『ベートーヴェンの生涯』大築邦雄訳、音楽之友社、1974 年（原著 : 1967 年）

ヨハン・ニコラウス・フォルケル『バッハの生涯と芸術』柴田治三郎訳、岩波書店、1988 年（原著：1802 年）

大崎滋生『ベートーヴェン像再構築』（合本）春秋社、2018 年

平野昭、土田英三郎、西原稔編著『ベートーヴェン事典』東京書籍、1999 年

前田昭雄ほか『ベートーヴェン全集』（全 10 巻）講談社、1999 年

日本ベートーヴェンクライス レクチャー・コンサート『若きベートーヴェンとチェリストたちの挑戦　チェロ・ソナタによる伝統と革新』2019 年（演奏会プログラム）

メンデルスゾーン基金日本支部 2014 年秋の集い『メンデルスゾーンとオラトリオ《パウルス》』2014 年（演奏会プログラム）

〈ピアノ・ピアニスト〉

Ellsworth, Therese Marie, *The Piano concerto in London concert life between 1801 and 1850,* Ph.D. Thesis, University of Cincinnati 1991

スチュアート・アイサコフ『ピアノの歴史』中村友訳、河出書房新社、

2013年（原著：2012年）
ハロルド・C・ショーンバーグ『ピアノ音楽の巨匠たち』後藤泰子訳、シンコーミュージック、2015年（原著：1995年）
小倉貴久子『カラー図解 ピアノの歴史』河出書房新社、2009年
小岩信治『ピアノ協奏曲の誕生：19世紀ヴィルトゥオーゾ音楽史』春秋社、2012年
芹澤尚子「J. ハイドンのクラヴィーア音楽――フォルテピアノとの関わりを中心に」、『大阪芸術大学紀要「藝術」』第24号、2001年、pp.165-172
西原稔『ピアノ大陸ヨーロッパ：19世紀・市民音楽とクラシックの誕生』アルテスパブリッシング、2010年
渡辺順生『チェンバロ フォルテピアノ』東京書籍、2000年
筒井一貴　オフィシャルサイト　http://bergheil.music.coocan.jp/

〈音楽全般〉
Foster, Myles Birket, *History of the Philharmonic society of London 1813-1912. A record of a hundred years' work in the cause of music*, London 1912
Hauchecorne, Wilhelm, *Blätter der Erinnerung an die fünfzigjährige Dauer der Niederrheinischen Musikfeste*, Köln 1868
Junker, Carl Ludwig, *Noch etwas vom kurköllnischen Orchester*, Bonn 1791
ウィリアム・ウェーバー『音楽テイストの大転換：ハイドンからブラームスまでの演奏会プログラム』松田健訳、法政大学出版局、2016年
マーク・エヴァン・ボンズ『「聴くこと」の革命：ベートーヴェン時代の耳は「交響曲」をどう聴いたか』近藤譲、井上登美子訳、アルテスパブリッシング、2015年
クリストフ=ヘルムート・マーリンク『オーケストラの社会史：ドイツのオーケストラと楽員たちの歩み』大崎滋生訳、音楽之友社、1990年
大崎滋生『文化としてのシンフォニー (1)18世紀から19世紀中頃まで』平凡社、2005年
瀬尾文子『近代市民社会と宗教音楽――《エリヤ》に至るオラトリオの世俗化の論理』東京大学大学院人文社会系研究科博士論文、2018年
吉田寛『〈音楽の国ドイツ〉の系譜学3　絶対音楽の美学と分裂する〈ドイツ〉』青弓社、2015年
吉成順『〈クラシック〉と〈ポピュラー〉：公開演奏会と近代音楽文化の成立』アルテスパブリッシング、2014年

〈歴史・地理・文化・人物〉
Laxton, Paul and Joseph Wisdom, *The A to Z of Regency London,* London 1985
Prößler, Berthold, *Franz Gerhard Wegeler: ein rheinischer Arzt, Univ.-Professor, Medizinal-Beamter und Freund Beethovens,* Bonn 2000
Wolfshohl, Alexander, *Lichtstrahlen der Aufklärung, Die Bonner Lese-Gesellschaft, Geistiger Nährboden für Beethoven und seine Zeitgenossen,* Bonn 2018
キャロリー・エリクソン『イギリス摂政時代の肖像：ジョージ四世と激動の日々』古賀秀男訳、ミネルヴァ書房、2013年
ジョージ・ゴードン・バイロン『対訳 バイロン詩集 イギリス詩人選8』笠原順路編訳、岩波書店、2009年
ヘルムート・ラインアルター『フリーメイソンの歴史と思想』増谷英樹、上村敏郎訳、三和書籍、2016年
江村洋『マリア・テレジア：ハプスブルク唯一の「女帝」』河出書房新社、2013年
田中亮平、伊藤貴雄「シラー初期詩篇——初稿を中心に」、『創価大学外国語学科紀要』第13号、2003年、pp.177-215
The Napoleon Series　http://www.napoleon-series.org/

〈事典〉
『ニューグローヴ世界音楽大事典』（全21巻）講談社、1993-1995年

**図版出典一覧**

本文——Google books（p.151, 209）／International Music Score Library Project（p.71, 139, 175）／Wikimedia Commons（p.15, 23, 31, 37, 58, 64上, 65, 81, 115上, 121, 127, 154上, 162, 193）／オーストリア国立図書館（p.64下, 212）／古書からの複写（p.49, 51）／筆者撮影（p.115下, 154, p.214）／個人蔵（p.4, 148）

地図——Wikimedia Commons: Alphathon / maix [CC BY-SA]（p.viii）／d-maps.com（p.6）／ダルムシュタット工科大学古地図コレクション（p.34, 105）

扉および目次

I　ピアノ・ソナタ ロ短調 WoO 11（ベルリン州立図書館）
II　チェロ・ソナタ ト短調 op.125（バイエルン州立図書館）
III　キルツァーの詩「真実の愛」による夜想曲 WoO 65（ベルリン州立図書館）
註ほか　トラウゴット・トラウトヴァイン宛の手紙 1833年2月21日付（ベルリン州立図書館）

**プロフィール**

**かげはら 史帆**　*Shiho Kagehara*

1982年、東京郊外生まれ。一橋大学大学院言語社会研究科修士課程修了。著書『ベートーヴェン捏造　名プロデューサーは嘘をつく』（柏書房）。ほか音楽雑誌、文芸誌、ウェブメディアにエッセイ、書評などを寄稿。

Web: https://note.com/kage_mushi
Twitter: @kage_mushi

# ベートーヴェンの愛弟子

## フェルディナント・リースの数奇なる運命

2020年4月22日　初版第1刷発行

**著者**――――――かげはら史帆
**発行者**―――――神田　明
**発行所**―――――株式会社 **春秋社**
〒101-0021 東京都千代田区外神田2-18-6
電話 03-3255-9611
振替 00180-6-24861
https://www.shunjusha.co.jp/
**印刷・製本**―――萩原印刷 株式会社
**装幀**――――――伊藤滋章


Printed in Japan, Shunjusha.
ISBN 978-4-393-93220-9 C0073
定価はカバー等に表示してあります